現代カント研究　16

同時代思想との対峙

カント研究会
増山浩人・小谷英生 編

晃洋書房

『現代カント研究』第十六巻刊行にあたって

「全ての哲学はカントへ流れ込み、カントから再び流れ出す」と言われることがある。実際、カントの著作を紐解けば、彼がきわめて多くの哲学者から影響を受けたことを見て取ることができる。さらに、こうした影響関係を論じることは、カント研究の主要なトピックの一つでもある。特に、プラトン、アリストテレス、デカルト、ニュートン、ヒューム、ルソーといった哲学史上のビックネームとカントの影響関係について論じた論文や著作は膨大な数にのぼる。他方で、同時代のドイツの哲学者とカントの影響関係についても、特に二〇一〇年以降、急速に研究が進められている。まず英語圏では、カントが講義教科書として使用していたバウムガルテンやマイアーの著作の英訳や、彼らとカントとの関係を扱った論文集が多数出版されている。さらに、ドイツ語圏でも、二〇一一年に一七、一八世紀ドイツの思想家に焦点を当てたWerkprofileシリーズの刊行が始まった。

それでも、同時代のドイツの哲学者とカントの影響関係に関する研究は、まだ発展の余地を残している。確かに、ヴォルフ、バウムガルテン、クルージウス、ランベルト、テーテンスを扱った研究は、すでに国内外に一定の蓄積がある。しかし、これまでの研究が明らかにしたのは、彼らの哲学とカント哲学との関連のごく一部にすぎない。さらに、ガルヴェやフェーダーといった通俗哲学者、プラトナーとブルーメンバッハといった当時の人類学者とカントとの関連を明らかにするための研究はまだ始まったばかりである。こうした研究史上の空隙を埋めることは、カント哲学をよりよく理解するために不可欠である。

そこで本巻では、同時代のドイツの思想にカントがどのように対峙したのかという点に着目することで、カント哲学の哲学史上の位置づけや独自性を明らかにすることを目指した。とはいえ、この目的を達成するのは簡単ではない。というのも、カントは、公刊著作において、批判を向けた哲学者の著作の書誌情報を明示しない傾向があるからである。実際、カントはしばしば「有名なヴォルフ」、「鋭敏なバウムガルテン」といった形で哲学者の名前のみを挙げ、彼らの学説に批判を加えることがある。それどころか、彼は、その名前すら挙げずに、特定の哲学者の理論を暗示的に批判することも少なくないのである。こうしたカントの批判を公正に評価するためには、カントがどの哲学者のどの著作に批判を向けたのかを特定した上で、批判が向けられた著作を正しく理解しなくてはならない。もちろん、この作業は、哲学史上のビックネームからカントが受けた影響を論じる際にも必要である。しかし、同時代のドイツの哲学者の著作の各国語訳や研究書はまだ少ない。そのため、彼らの著作にカントがどのように対峙したのかを解明するのはいっそう困難なのである。この困難に、本巻に論文を寄稿した五人の著者は、それぞれ独自のアプローチで立ち向かっている。

増山論文は、バウムガルテンとカントの形而上学定義を比較検討することによって、『純粋理性批判』「純粋理性の建築術」章におけるカント自身の新たな形而上学体系に関する議論が、バウムガルテンによる実践哲学の基礎づけに対する批判として解釈できることを明らかにしている。

小谷論文は、ガルヴェの『キケロ論』とカントの『人倫の形而上学の基礎づけ』を比較検討することによって、義務にかなった行為/義務に基づく行為、定言命法/仮言命法といったカント倫理学の二分法的な用語群が、ガルヴェの『キケロ論』を反駁するための道具立てとして解釈できることを裏付けている。

千葉論文は、シュヴァープが、ヴォルフ学派の「他人の完全性」を促進する義務を擁護しつつ、この義務を否定するカントを批判する道筋を紹介している。さらに、この紹介とヴォルフ学派の倫理学の分析を下敷きにして、千葉はカントがヴォルフ学派の「他人の完全性」を促進する義務を否定した理由と意義を明らかにしている。

李論文は一連の人間学講義録の分析を通じて、カントがプラトナーと対峙しながら自身の実用的人間学の概念を形成していく過程を描き出している。このことによって、李は、カントからプラトナーへの影響を重視する従来の研究から距離を取りつつ、プラトナーがカントに重大な影響を与えていたことを裏付けている。

渡邉論文は、「クヌッツェンはカントの師である」という通説の是非を、関連する二次文献の精査を通じて、吟味している。このことによって、渡邉は、クヌッツェンとカントの師弟関係を否定するキューンの新説が二つの不確かな前提から成り立っていることを暴露した上で、通説を支持する余地は十分残っていると結論づけている。

以上の五本の論文は、いずれもカント研究会例会での公開査読を経ている。査読の場においては、いずれの論文にも厳しい改善要求が突き付けられた。この要求に対処することを通じて、本巻に掲載された論文の質が劇的に向上したのは間違いない。査読をしてくださった会員のみなさまに改めてお礼申し上げる。

さらに、本巻には、二本の書評とそれに対する著者の応答、研究動向、カント生誕三〇〇年記念企画が収録されている。研究動向には、本巻のテーマと関連が深い Werkprofile シリーズに関する紹介記事を収録した。カント生誕三〇〇年記念企画「カント研究会のこれまでとこれから」では、現在進行形で会との関わりが深い三人の会員に、カント研究会で体験したこととカント研究会に今後望むことを自由に綴っていただいた。巻末には、「カント文献目録」を浜野喬士会員のご尽力のおかげで納めることができた。

最後に、出版不況と物価高のただなかで、私達の活動を支援し、『現代カント研究』シリーズの出版を継続してくださる晃洋書房のみなさまに深く感謝申し上げる。

二〇二四年五月一五日

第一六巻共編者　増山浩人

凡例

一、カントの著作、書簡、講義録からの引用・参照は、アカデミー版カント全集（旧版）に基づき、原則として、巻数をローマ数字、頁数をアラビア数字で表記し、丸括弧を用いて本文中に挿入する。ただし、『純粋理性批判』からの引用に関しては、慣例に従って、第一版（Aと表記）、第二版（Bと表記）の頁数を記す。

二、原則として、カントの著作、書簡、講義録からの引用の訳文は、引用者による。訳出に当たっては、岩波書店版『カント全集』をはじめ諸訳を参照した。

三、原語の引用は（　）を用いて行う。

四、引用文中の引用者による補足は〔　〕を用いて行う。

五、引用文中の〔…〕は中略を示す。

六、各論文に登場するカントと同時代の哲学者のフルネーム、生没年は、初出の際に記した。

七、本巻に収録されている論文では、カントと同時代の哲学者の一次文献が頻繁に引用されている。これらの文献の引用方法については、各論文の執筆者の指示による。

同時代思想との対峙（現代カント研究16）目　次

Ⅰ　哲学の「世界概念」にしたがった形而上学の体系化
――カントによるバウムガルテンの形而上学定義との対峙――

増山浩人

はじめに

本稿の目的は、学問的美学の創始者とされるバウムガルテン（Alexander Gottlieb Baumgarten 1714-1762）の形而上学定義にカントがどのように対峙したのかを考察することを通じて、カントの形而上学の独自性を明らかにすることである。従来、バウムガルテンとカントの形而上学を比較検討する際には、一般形而上学（存在論）と特殊形而上学（心理学、世界論、自然神学）という区分がしばしば用いられてきた。確かに、『純粋理性批判』（以下『批判』）の「超越論的論理学」とバウムガルテンの『形而上学』は、どちらも一般形而上学と特殊形而上学に相当する議論を含んでいる。それゆえ、一般形而上学と特殊形而上学という区分が、バウムガルテンとカントの形而上学を比較検討する際に、一定の有用性を持つことは間違いない。しかし、『形而上学』において、当のバウムガルテンはこの区分を前面には押し出しておらず、特殊形而上学という用語に至っては一度も使用していない。したがって、この区分に依拠した従来の研究は、バウムガルテンの形而上学の本質を十分に捉えていない可能性がある。

これに対し、本稿は「人間的認識における第一諸原理に関する学」（M. §1）というバウムガルテン自身の形而上学定義に着目する。アカデミー版28、29巻に収録されている一連の形而上学講義録からは、一七六〇年代以降カントがこの定義に批判を加え続けてきた痕跡が見て取れる。(1) さらに、『批判』の「純粋理性の建築術」章（以下「建築術」章）においても、カントはこの定義を批判しつつ、「体系的連関のうちにある、純粋理性にもとづく（真の、ならびに見せかけの）哲学的認識の全体」（A 841/B 869）という彼独自の形而上学定義と形而上学体系の概略を提示しているのである。したがって、「建築術」章のバウムガルテン批判を分析することは、カントの形而上学の独自性を明らかにするためには不可欠である。

確かに、類似の分析は、すでにスウィツァーとデボーアによって行われている。まず、スウィツァーは、カントが形而上学一般を存在論、世界論、心理学、自然神学に区分していくバウムガルテンの「樹形的図式（arboreal scheme）」を固守していると主張する（cf. Switzer 2014, p. 152）。その上で、彼は、カントの形而上学の独自性は批判哲学の成果を用いてバウムガルテンの形而上学に欠けていた完備性と体系性を補った点にあることを強調している（cf. op.cit., p. 162）。他方、デボーアは、カントが、①経験的な内容を除外する、②アプリオリな概念や原則をカテゴリー表を手引きに体系的に展開する、という方針でバウムガルテンの形而上学を改革したと主張している（cf. De Boer 2020, p. 253）。以上のように、彼らは、カントが、バウムガルテンの形而上学の純化と体系化を通じて、新たな「自然の形而上学（Metaphysik der Natur）」を作り上げようとしていたことを適切に指摘している。

しかし、カントの形而上学の独自性は「自然の形而上学」に「人倫の形而上学（Metaphysik der Sitten）」という新たな部門を付け加えた点にもある。にもかかわらず、彼らはカントが「自然の形而上学」に「人倫の形而上学」という部門を付け加えなければならなかった理由を十分に説明していない。この欠如の原因は二つある。まず、彼らは哲学の「学校概念（Schulbegriff）」と「世界概念（Weltbegriff）」の区別を十分に考慮していない。実際、スウィツァーはこの対概念について全く言及していない。これに比べると、デボーアはカントの「自然の形而上学」が「世界概念」の哲学が目指す人間の究極目的としての最高善の可能性を説明する手段でしかないことを示唆してはいる（cf. De Boer, 2020 p. 248f.）。しかし、彼女はその前段階である「自然の形而上学」と「人倫の形而上学」の区分がすでに「世界概念」にしたがっていることを見落としている。[2] さらに、スウィツァーとデボーアは、バウムガルテンの実践哲学とカントの「人倫の形而上学」を主な考察対象からはずしている。その結果として、「自然の形而上学」

と「人倫の形而上学」からなる形而上学体系によって、カントがバウムガルテンの形而上学と実践哲学の何を変えようとしたのかが見えにくくなってしまうのである。

以上の点を受けて、本稿では、哲学の「学校概念」と「世界概念」の区別に着目しつつ、カントがバウムガルテンの形而上学および実践哲学とどのように対峙したのかを考察することで、当初の目的を達成したい。さらに、議論の明晰性を上げるために、本稿では基礎づけというキーワードを軸に議論を進める。ここでの基礎づけとは、ある学問の諸命題をより根本的な概念と原則によって正当化することである。基礎付けというキーワードに着目した場合、本稿が裏付けることを目指す主張は、①バウムガルテンの形而上学は彼の実践哲学を基礎づける理論でもあること、②「自然の形而上学」と「人倫の形而上学」を区別することによって、カントはバウムガルテンによる実践哲学の基礎付けを否定したこと、という二つに集約できる。

議論は以下のように進められる。第一節と第二節では上記の主張①を裏付ける。まず第一節では、「人間的認識における第一諸原理に関する学」というバウムガルテンの形而上学定義の分析を通じて、彼が形而上学を諸学を基礎づけるための概念・原則を扱う学と定義したことを確認する。次に第二節では、バウムガルテンが形而上学によって実践哲学を基礎づけるプロセスを例示する。さらに第三節から第四節では、「建築術」章におけるカントの形而上学定義の分析を通じて、主張②を裏付ける。第三節では、自らの形而上学定義によって、カントが形而上学に属する認識の範囲をどのように確定したのかを示す。第四節では、カントが哲学の「世界概念」にしたがって形而上学を体系化する二段階のプロセスを提示する。ここまでの議論によって、カントの形而上学定義の独自性は、a. 形而上学を諸学を基礎づけるアプリオリな認識のみを扱う学と定義したこと、b. 自然に関する学を基礎づけるアプリオリな認識と道徳に関する学を基礎づけるアプリオリな認識を明確に区別したこと、の二点にあることを明らかにする。その上で、形而上学にa. とb. の特徴を与えることによって、カントがバウムガルテンによる実践哲学の基礎付けを否定したという結論を提示する。最後に第五節では、この結論を補強するために、カントが特殊形而上学を「純粋理性の自然学（Physiologie der reinen Vernunft）」と名付けたことにもa．とb．の特徴が反映されていることを明らかにする。

なお、バウムガルテンの『形而上学』の記述は簡潔すぎて単独では理解が困難な場合がある。その場合には、彼の弟子であるマイアー（Georg Friedrich Meier 1718-1777）の4巻本の解説書『形而上学』を適宜参照することで、バウムガルテンの議論が持つ含意を明らかにする[3]。

一　バウムガルテンの形而上学定義——学問基礎論としての形而上学

本節では、バウムガルテンの形而上学定義の特色を明らかにする。『形而上学』1項で彼は「《形而上学》は人間的認識における第一諸原理に関する学である」（M. §1）と述べた上で、2項で「形而上学には存在論、世界論、心理学、自然神学が属する」（M. §2）と付け加えている。1項では形而上学という概念の内包が、2項ではこの概念の外延が定義されている。したがって、ローテンストライヒも指摘しているように、1項と2項の記述はそれぞれ異なる角度から形而上学を定義しているのである（cf. Rotenstreich 1954, p. 395f.）[4]。しかし、以下では1項の定義をバウムガルテンの形而上学定義と呼んで議論を進めよう。

では、形而上学が扱う「第一諸原理」とは何か。バウムガルテンは原理を「他のものの理由を含むもの」（M. §307）と定義した上で、他の存在者の可能性の理由を含む「存在原理（principium essendi）」、他の存在者の現実性の理由を含む「生成原理（principium fiendi）」、他の認識の真偽の理由を含む「認識原理（principium cognoscendi）」の三種類に区分した（cf. M. §311）[5]。形而上学の扱う「第一諸原理」がこの三つのうちのどれを指すかという点について、バウムガルテンの説明は若干曖昧である。しかし、4巻本『形而上学』において、マイアーは形而上学が扱う「第一諸原理」を「第一根本諸真理（die ersten Grundwahrheiten）」（Meier *Metaphysik* I §3）と言い換えた上で、「形而上学における普遍的諸真理は、そこから我々人間が諸物の我々の認識を導出するところの認識原理である」(Meier *Metaphysik* I §236) と述べている。マイアーの解説からは、形而上学の扱う原理が「認識原理」、つまり他の認識や原則の真偽を証明するための真なる概念や原則であることがわかる。したがって、マイアーと同様、バウムガルテンも形而上学を「人間的認識」の「認識原理」を扱う学と定義していたと考えるのが自然である。

とはいえ、これらの「認識原理」によって証明される「人間的認識」とは何を意味するのだろうか。この点を、バウムガルテンは、『形而上学』の各部門の「序論 (prolegomena)」において、以下のように説明している。

(引用1)「存在者のより一般的な諸述語は人間的認識の第一諸原理である。したがって、存在論が形而上学に属するのは (§2) 当然である (§1, 4)。」(M. §5)

(引用2)「世界論は心理学、諸神学、自然学、目的論、実践哲学の第一諸原理を含むので、世界論が形而上学 (§1) に属するのは (§2) 当然である。」(M. §352)

(引用3)「心理学は、諸神学、美学、論理学、実践的諸学の第一諸原理を含むので、心理学が形而上学 (§1) に属するのは (§2) 当然である (§501)。」(M. §502)

(引用4)「自然神学は、実践哲学、目的論、啓示神学の第一諸原理を含む。したがって、自然神学が形而上学 (§1) に属するのは (§2) 当然である。」(M. §801)

これらの箇所からは、バウムガルテンが形而上学定義中の「人間的認識」を主に諸学における認識という意味で使っていることがわかる。(引用2)～(引用4) では、世界論、心理学、自然神学が様々な諸学の「第一諸原理」を含むと言われているからである。さらに、これらの諸学は、(1)形而上学に属する諸学 (心理学、自然神学) と(2)形而上学外部の諸学（自然学、目的論、実践哲学 etc.）に区分される。その上で、バウムガルテンは形而上学を(2)の「第一諸原理」を含む学と定義していることがわかる。

確かに、形而上学が扱う認識の「第一諸原理」の外延をここまで広くとるのは奇異に聞こえるかもしれない。通常、認識の「第一諸原理」と言えば、全ての認識の基礎原理である「矛盾律」や「充足理由律」を連想しがちだからである。しかし、マイアーは形而上学で扱う認識の「第一諸原理」、彼の言い方では「第一根本諸真理」について以下のように述べている。「これらの根本諸真理を、我々は、人間のあらゆる認識の根拠であり、確実であるにもかかわらず我々人間が全く正しく証明できないような真理（Wahrheit）としてだけでなく、我々によって証明可能であり、人間的認識の大部分の根底にある諸真理（Wahrheiten）としても理解する」（Meier *Metaphysik* I §3）。ここでマイアーは、人間が行うあらゆる認識を基礎づける証明不可能で確実な唯一の原理と人間が行う大部分の認識を基礎づける証明可能な諸原理を区別した上で、両者がともに形而上学が扱う「第一諸原理」だと主張している。前者は認識の絶対的な第一原理である矛盾律を指す。これに対し、後者は矛盾律を起点にして証明され、他の派生的な認識を基礎づける真なる概念と真なる原則を指す。これらの概念や原則の中には、「存在論」部門、「世界論」部門、「心理学」部門、「自然神学」部門で証明される存在者、世界、モナド、魂、神といった真なる概念やこれらの概念に関する様々な真なる原則も含まれる。上記の（引用2）～（引用4）で示唆されているように、これらの概念や原則は、全ての学問ではないとしても、他の諸学を基礎づけるために用いられるからである。以上のことから、バウムガルテンは形而上学を他の学問における認識を基礎づけるための概念・原則を扱う学と定義していたことがわかる。

二　バウムガルテンによる実践哲学の基礎づけ

続けて本節では、バウムガルテンがどのように形而上学によって実践哲学を基礎づけていたのかを確認する。前節の（引用２）～（引用４）で、バウムガルテンは、形而上学は実践哲学の原理を扱う、と述べていた。残念ながら、これらの箇所で、バウムガルテンは実践哲学と形而上学との関係についてほとんど説明していない。しかし、4巻本の『形而上学』で、マイアーはバウムガルテンの（引用２）～（引用４）に対して詳しい解説を加えている。この解説において、彼は世界論、心理学、自然神学が実践哲学を基礎づけている理由を複数挙げている。以下では、これらの理由の中でも、バウムガルテンの『第一実践哲学の原理』の議論に関連が深いものを一つずつ引用し、説明を行う。説明の都合上、心理学が実践哲学を基礎づける理由に関するマイアーの解説から見ていこう。

「実践哲学全体は権利と義務を扱う。さて、あらゆる権利と義務は自由な意志の自然本性から生じる。したがって、心理学から人間の魂の真の自然本性、とりわけその自由な意志の自然本性をその制限とともに知らなかったならば、権利と義務を正しく理解すること、ましてやどのような人間の権利と義務が真であり、どのような人間の権利と義務が偽であるかを決定することは不可能である。」（Meier *Metaphysik* III §476）

この解説は『第一実践哲学の原理』第一章「義務づけ」冒頭部の自由論に関連している。この箇所で、バウムガルテンは「自由がないところには義務づけはありえない。したがって、義務づけは自由を廃棄しないし、自由の反対物でもない。むしろ、義務付けは、自由からの帰結あるいは自由の含意なのである」（Initia §11）と主張している。もちろん、この主張は、ライプツィヒを中心に活躍した敬虔主義者クルージウス（Christian August Crusius 1715-1775）のように、いわゆる無差別の自由を支持した場合には、つまり何の理由もなしに意志を決定できることを自由とみなした場合には、成り立たない。(6) しかし、『形而上学』「心理学」部門において、バウムガルテンは自由を「自分自身の選好にしたがって意志したり拒否したりする能力」(M. §719)と定義していた[7]。この定義によって、彼は、明確に無差別の自由を否定している。先行する箇所の議論からわかるように、この定義中の意志と拒否は何らかの内的な理由にもとづいて自己の行為を決定する能力を意味するからである(cf. M. §690)。したがって、「心理学」部門での自由の定義なしに、「義務づけと自由は両立する」という実践哲学の主張は成り立たない。この点で、心理学は実践哲学を基礎づけているといえるのである。

続けて、世界論が実践哲学を基礎づける理由をマイアーは以下のように説明している。

「世界論の五つ目の効用は、倫理学と実践哲学全体への貢献に存する。全ての徳は諸物の自然本性にしたがって生きる習性に存する。したがって、我々があらゆる有限な存在者に関してどのような義務に従わなくてはならないのかを知ろうとする場合、我々は諸物の自然本性を知らなくてはならない。そして、このことを知るために世界論は我々にとって有用なのである。」(Meier *Metaphysik* II §289)

この解説でも示唆されているように、「できる限り自然にしたがって生きよ」(Initia §46)はバウムガルテンの道徳性の原理である。『第一実践哲学の原理』46項によれば、自然にしたがって生きるとは、自分と他の事物の完全性を最大化するという自然が命じる目的の達成に寄与することである(cf. ibid.)。さらに、この箇所でバウムガルテンが参照している『形而上学』945項には、「世界を創造する際の神の目的は被造物の完全性であった」(M. §945)という記述がある。つまり、自然にしたがって生きるとは、神の世界創造の目的の実現に寄与するように生きることを意味する。そして、この目的が全ての被造物の完全性の最大化であるがゆえに、バウムガルテンは「自分の完全性を高める義務」と「自然にしたがって生きる義務」は同義であると主張している(cf. Initia §46)。

ここで重要なのは、バウムガルテンが「自分の完全性を高める義務」を「自分をより完全な目的かより完全な手段にするような自分の完全性をできる限り求めよ」(Initia §43)と定式化していることである。この定式によって、彼は自分の完全性を高めることが、自分の利益だけでなく、他者の完全性を高める手段にもなることを示唆している。だからこそ、「自分の完全性を高める義務」と「自然にしたがって生きる義務」の同一視が成り立つのである。(9)以上のように、自分の完全性を高めつつ、他の人間や他の事物の完全性を高めることに寄与することが「できる限り自然にしたがって生きよ」という道徳性の原理の内実であった。しかるに、あるタイプの行為が他の人間や他の事物の完全性を高めることに寄与できるか否かを判定するためには、人間やそれ以外の事物の自然本性とそれらの連関関係に関する知が必要となる。こうした知を論じるのが世界論の役割である。それゆえ、世界論は実践哲学を基礎づけているのである。

最後に、自然神学が実践哲学を基礎づける理由をマイアーは以下のように説明している。

「あらゆる自然法とそこから生じるあらゆる自然的義務がその最も強い拘束力の一つを得るのは、自然神学によって、神が我々の最高の支配者かつ立法者であること、そしてあらゆる自然的義務が自然のうちに啓示された神の意志であることを確信した場合である。」(Meier *Metaphysik* IV §806)

この解説は『第一実践哲学の原理』第二章「義務づけるもの」の議論に関連している。同章で、バウムガルテンは「自分の完全性を高める義務」や「自然にしたがって生きる義務」が自然法であるのと同時に神の実定法であると主張している (cf. Intia §70)。さらに別の箇所でも、彼は「神は自然的な義務の、したがってまた自然法の創始者である」(Initia §100) ことを念押ししている。さて、これらの主張が真であるのは、神が自然法を創始するために必要な知性と意志を備えていることが証明されている場合に限られる。そして、この証明をバウムガルテンは『形而上学』「自然神学」部門第一章「神の概念」第二節「神の知性」、第三節「神の意志」で行っていた。それゆえ、自然神学も実践哲学を基礎づけていると言える。

確かに、以上の説明はあまりに概説的である。そのため、この説明は、バウムガルテンの自由概念が自由に関する哲学的論争においてどの程度魅力的な立場なのか、自然法と神がそれぞれどのように我々を義務に従うように動機づけるのか、といった哲学的問題に答えるためには不十分である。それでも、この説明によって、バウムガルテンが実践哲学を形而上学で扱われた概念と原則によって基礎づけるプロセスの一端を示すことはできたはずである。(10)次節以下では、彼の形而上学による実践哲学の基礎づけをカントがどのように否定したのかを明らかにしたい。

三　「建築術」章におけるカントの形而上学定義の特色①
——形而上学が扱う認識の範囲の確定

そのために、本節と次節では、「建築術」章におけるカントの形而上学定義の特色を明らかにする。この定義に先立って、カントは哲学を「経験的原理にもとづく理性認識」としての「経験的哲学（empirische Philosophie）」と「純粋理性にもとづく認識」としての「純粋哲学（reine Philosophie）」とに区分している。「経験的哲学」は「応用哲学（angewandte Philosophie）」（A 848/B 876）とも呼ばれ、経験的原理にもとづく自然学と経験的心理学を指す。この区分を踏まえた上で、カントは形而上学を以下のように定義している。

> 「さて、純粋理性の哲学はあらゆるアプリオリな純粋認識に関する理性の能力を探究する予備学（下準備）で、批判と呼ばれるものであるか、第二に純粋理性の体系（学）で、体系的連関のうちにある、純粋理性にもとづく（真の、ならびに見せかけの）哲学的認識の全体で、形而上学と呼ばれるものかのいずれかである。もっとも、この形而上学という名称は批判も含む純粋哲学全体にも与えられうる……。」（A 841/B 869　傍線部引用者）

ここで、カントは、純粋哲学全体を指す広い意味での形而上学を、批判と区別された厳密な意味での形而上学から区別している。本稿で、カントの形而上学定義として扱うのは、傍線部の厳密な意味での形而上学の定義である。

この定義によれば、形而上学は、①純粋理性にもとづく哲学的認識を扱うこと、②これらの哲学的認識は互いに連関しあうことで一つの体系をなすこと、という二つの特色を持つとされる。②の考察は次節に委ね、本節では①を詳しく見ていこう。

では、哲学的認識とはどのような認識だろうか。『批判』「超越論的方法論」の前半部で、カントは哲学的認識を「概念にもとづく理性認識」と定義し、「概念の構成にもとづく理性認識」としての数学的認識から区別している（vgl. A 713/B 741）。その上で、彼は哲学的認識に「普遍においてのみ特殊を考察する」（A 714/B 742）という特色を与えている。他方、「超越論的弁証論」「序論」で、カントは概念を通して普遍において特殊を認識することを「原理にもとづく認識」と呼んでいる（vgl. A 300/B 357）。それは「原理にもとづく認識」の「原理」が特殊事例を認識するために使用される普遍的な概念や命題、つまりバウムガルテンの言う「認識原理」を意味するからである。したがって、哲学的認識は理性が行う「認識原理」にもとづく認識だということになる。さて、『論理学講義』第一版で、バウムガルテンは「理由にもとづく事物の《認識》は《哲学的》（合理的、なぜに関する、秘教的、論述的）である」（Log. §5）と述べていた。第一節で見たように、彼にとって原理とは他のものの理由を含むものである。さらに、この箇所で、彼は哲学的認識を合理的認識とも言いかえている。この二点から、彼は哲学的認識を理性による「認識原理」にもとづく認識と定義していると言える。さらに、マイアーは判明な仕方で理由にもとづいて何かを認識することを「合理的認識」と名付けた上で（vgl. Auszug §17）、「学的で哲学的な認識はいっそう高く著しい度合いで完全な合理的認識である」（Auszug §21）と述べている。以上の点に限れば、カントは哲学的認識という用語をヴォルフ学派と似た意味で使っていたことがわかる。

とはいえ、仮に形而上学を単に哲学的認識を扱う学と定義してしまえば、特殊事例を認識するために用いられる経験由来の概念や原則も形而上学に属することになる。こうした経験的な概念や原則を形而上学に混入させて、形而上学とそうでない学の境界を曖昧にしたことを、カントはバウムガルテンの形而上学の問題点とみなしていた

(vgl. A 843f./B 871f.)。この問題点を回避するために、カントは形而上学は「純粋理性にもとづく哲学的認識」だけを扱うと定義したのである。

さらに、カントは形而上学が扱う「純粋理性にもとづく哲学的認識」を「真の、ならびに見せかけの」と特徴づけている。この特徴づけもバウムガルテンの形而上学定義に対する批判とみなすことができる。前節で見たように、バウムガルテンの形而上学に含まれる概念と原則は、先行する真なる「認識原理」から導き出された真なる概念と真なる原則である。その中には、「神は最も完全な存在者である」、「世界は偶然的存在者である」といった経験不可能な対象に関する原則も含まれる。しかし、カントは経験の領域を超えた対象に関する真なる認識は不可能であると主張していた。したがって、カントが魂、世界、神を形而上学の主題に含めるためには、形而上学は真なる概念と原則のみを扱う、というバウムガルテンの主張を退ける必要があった。そのために、彼は形而上学が扱う認識に「見せかけの哲学的認識」を加えたのである(11)。

四 「建築術」章におけるカントの形而上学定義の特色②
――形而上学が扱う認識を体系化する方法

以上の説明からわかるように、カントにとって形而上学とはアプリオリで真なる哲学的認識とアプリオリで見せかけの哲学的認識を扱う学である。さらに、定義の②の特色から示唆されるように、これらのアプリオリな哲学的認識が体系化されることで、はじめて形而上学という学が成り立つ。「建築術」章の記述を見る限り、この体系化の原理はいわゆる哲学の「世界概念」にある。確かに、この概念は哲学一般の体系化の方法を指定するために用いられている。しかし、前節で見たように、形而上学は哲学の一部である。したがって、形而上学も「世界概念」にしたがって体系化されうるはずである。そこで本節では、「世界概念」にしたがって形而上学が体系化されるプロセスを素描した上で、このプロセスのどの点にカントのバウムガルテンに対する対峙が見て取れるのかを明らかにしたい。

まず、「世界概念」と対比される「学校概念」の特色から見ていこう。カントは哲学の「学校概念」を「ただ学としてのみ探求され、この知の体系的統一以上のことを、それゆえ認識の論理的完全性以上のことを目的としない認識の体系の概念」（A 838/B 866）と特徴づけている。ここでの「論理的完全性（logische Vollkommenheit）」とはもともとはヴォルフ学派の用語である。実際、『論理学要綱』において、マイアーは「論理的完全性」を「広範性（Weitläufigkeit）」、「大きさと重要性（Grösse und Wichtigkeit）」、「真理（Wahrheit）」、「判明性（Deutlichkeit）」、「確実性（Gewissheit）」、「実践的（praktisch）」の六つの要素に区分している（vgl. Auszug §§25-31）。さらに、4巻本『形而上学』の冒頭部で、マイアーは「したがって、形而上学の完全性に関して合理的判断を下すことができるためには、つまりどのような哲学者が、または哲学者達のどのようなセクトがより優れた形而上学かより劣った形而上学を講じているかを判断できるためには、さらに形而上学においてすでにどの程度のことを成し遂げ、まだ何が欠けているかを自己吟味できるためには、我々がみな形而上学の完全性の様々な度合いをより正確に診断することがきわめて有用であろう。そして、ここで完全性の度合いは、以下の六つの要素にもとづいている」（Meier *Metaphysik* I §6）と述べている。この文章に続く議論を見ると、この引用文末尾の六つの要素は前述の完全性の六つの要素のことを指していることがわかる。したがって、ヴォルフ学派にとって「論理的完全性」の高低は形而上学の優劣や体系性を評価するための尺度だったのである。そして、彼らの用いていた評価尺度に言及する際に、カントは「学校概念」という表現を用いていたと考えられる。他方で、バウムガルテンとマイアーは、哲学や形而上学の優劣を判定する際に、「世界概念」という用語を用いていない。したがって、「世界概念」はヴォルフ学派的な「学校概念」とは異なる形而上学の優劣や体系性を評価する基準だと言うことができる。

さらに、「建築術」章の記述からは、哲学の「学校概念」と「世界概念」との相違も特定できる。カントは「世界概念」の哲学に「人間理性の立法」（A 840/B 868）と「あらゆる認識が人間理性の本質的諸目的に対して持つ関係についての学」（A 839/B 867）という二つの特色を与えている。通常、この問題を扱う論者は、後者の特色に着目して「世界概念」の哲学を最高善という人間の究極目的にしたがってあらゆる認識を関連づける学だと解釈している（cf. Fugate 2019, pp. 573–578, De Boer 2020, pp. 248f. 佐藤 二〇二二、二七五頁, Gava 2023, pp. 30–33）。この通説にしたがうならば、「学校概念」と「世界概念」の相違は認識の体系化を行う際の目的の違いにあることになる。つまり、「学校概念」の形而上学は「論理的完全性」を上昇させることのみを目指すのに対し、「世界概念」の形而上学は諸認識を最高善と関連付けることを目指しているのである。

とはいえ、「建築術」章でカントが提唱した形而上学体系は「世界概念」にしたがっているだろうか。ギャバはこの問いに否と答えている。彼は、形而上学を「自然の形而上学」と「人倫の形而上学」に区分すること、さらに前者を「超越論的哲学」と「純粋理性の自然学」に区分することは、「学校概念」にのみしたがって行われると断言している（cf. Gava 2023, p. 30）。しかし、彼の解釈には二つの問題がある。まず、彼の解釈は、カントが「我々は単に哲学者の立法の理念に依拠して、哲学がこの世界概念にしたがってどのような体系的統一を諸目的の観点から指示するかをより詳細に規定していこう」（A 839f./B 867f.）と述べた上で、自身の形而上学定義や形而上学体系を提示している事実と真っ向から衝突する。さらに、ギャバは、自説を展開する際に、「世界概念」の哲学と最高善との関連にのみ着目し、「人間理性の立法」という「世界概念」の哲学のもう一つ特色に全く言及していない。

しかし、このもう一つの特色こそが、「建築術」章の形而上学体系が「世界概念」にしたがっていることの裏付けとなる。その証拠となるのが以下の一節である。

「さて、人間理性の立法（哲学）は二つの対象、つまり自然と自由を持つ。したがって、この立法は自然法則ならびに道徳法則を、最初は二つの別々の体系において、しかし最終的には唯一の哲学的体系において、含むのである。自然の哲学は現にある全てのものにかかわり、人倫の哲学は現にあるべきものにのみかかわる。」（A 840/B 868）

カントは「世界概念」の哲学の理念にしたがった哲学者を「人間理性の立法者」（A 839/B 867）と呼んでいた。上記の引用では、この哲学者が自然と自由という異なる対象にそれぞれ異なる法則を与えること、その結果として哲学が「自然の哲学」と「人倫の哲学」という二つの別々の体系に区分されることが指摘されている。さて、前述のように、形而上学は哲学の一部であった。したがって、形而上学を「自然の形而上学」と「人倫の形而上学」に区分するという手続きも「世界概念」にしたがって行われていることになる。

さらに、上記の引用で、カントは当初は二つの異なる形而上学で扱われていた自然法則と道徳法則が最終的には「唯一の哲学的体系」において含まれると主張している。前述のように、カントは「世界概念」にしたがった形而上学に最高善という人間の究極目的に関する学という特色も与えていた。多くの著作の記述から示唆されるように、ここでの最高善とは徳ある人が幸福にあずかることを意味する。したがって、上記の引用で、カントは、「いかにして徳ある人は幸福にあずかることができるのか」という問いに答えるために、いったん分離した「自然の形而上学」と「人倫の形而上学」を再統一しなければならないことを示唆しているのである。

以上のことから、「建築術」章の形而上学体系と「世界概念」の哲学との関係も明らかになる。この体系において、「自然の形而上学」と「人倫の形而上学」は分離されたままにとどまり、両者の再統一は行われていなかった。そのため、この体系は「世界概念」の哲学の理念の一部だけを反映した途上的な性格を持つことになる。さらに、「建築術」章の論の運びを見る限り、二つの形而上学の再統一の必要性こそが、「世界概念」という基準を導入してカントが主張したかったことだと推定される。ギャバが最高善との関連にのみ焦点を当てて「世界概念」の哲学と「建築術」章の形而上学体系との関係を考察したのもそのためだと思われる。[12]

これに対し、フューゲートは、「世界概念」の哲学と最高善との関連を説明した上で、「自然の形而上学」を「理性の思弁的使用の立法」、「人倫の形而上学」を「理性の実践的使用の立法」と特徴づけている（cf. Fugate 2019, p. 578）。さらに彼は「世界概念にしたがった哲学者の立法は単にこの新しいカントの意味での「形而上学」でしかなく、形而上学の区分はこの哲学者の立法の図式なのである」（Fugate 2019, p. 579）とまで述べている。このことから、彼は、「自然の形而上学」と「人倫の形而上学」の区分が「世界概念」の哲学の持つ「人間理性の立法」という特色にしたがって行われている、と解釈する方針を取っていることがわかる。本稿は彼の解釈方針に賛成する。その上で、本稿はこの解釈方針に「建築術」章の形而上学体系とバウムガルテンの形而上学との関係に関する以下の説明を付け加えたい。第二節で見たように、バウムガルテンは「できるかぎり自然にしたがって生きよ」（Initia §46）という道徳性の原理を世界論、心理学、自然神学の原則に依拠して証明していた。これに対し、『人倫の形而上学の基礎づけ』や『実践理性批判』において、カントは「どんな場合にも妥当する格率にしたがって行為せよ」という道徳法則の形式のみに依拠して自らの道徳性の原理を証明している。この新たな道徳性の原理の証明は、存在論、世界論、心理学、自然神学という従来の形而上学の四学科を「自然の形而上学」に組み込んだ上で、「自然の形而上学」に属する概念や原則を「人倫の形而上学」に属する原理と原則を証明するために用いないという方針を採用してはじめて可能になる。それゆえ、「世界概念」にしたがって「自然の形而上学」と「人倫の形而上学」を区別することによって、カントはすでにバウムガルテンの実践哲学の基礎づけを否定していたのである。(13)

五　「純粋理性の自然学」という特殊形而上学の新たな名称の意義

最後に本節では、カントが特殊形而上学を「純粋理性の自然学」と呼んだことに着目して、前節の結論を補強する。最初に、この名称が導入されるまでの議論の流れを簡単に確認しておこう。カントは「自然の形而上学」は

「あらゆる物の理論的認識の単なる概念にもとづく（それゆえ数学を除外した）純粋理性原理を含む」（A 841/B 869）のに対し、「人倫の形而上学」は「行為をアプリオリに規定し必然的にする原理を含む」（ebd.）と主張している。さらに、彼は「自然の形而上学」が「しばしばより狭義で形而上学と呼ばれているもの」（A 842/B 870）でもあることを指摘している。この指摘によって、カントは「自然の形而上学」の主題が当時の形而上学の主題とほぼ重なることを示唆している。その上で、彼は「自然の形而上学」の体系構成について以下のように述べている。

「より狭義のいわゆる形而上学は超越論的哲学と純粋理性の自然学からなる。超越論的哲学は、与えられるであろう客観を想定することなく、対象一般に関係するあらゆる概念と原則の体系において悟性と理性そのものだけを考察する（存在論）。純粋理性の自然学は自然、つまり与えられた対象の総括（それが感官に与えられているにせよいわば他の種の直観に与えられているにせよ）を考察し、したがって（合理的でしかないにせよ）自然学である。」（A 845/B 873）

この引用文で、カントは「自然の形而上学」を「超越論的哲学」と「純粋理性の自然学」に区分している。さらに、カントは、「超越論的哲学」の定義の末尾に（存在論）と添えることで、「超越論的哲学」とバウムガルテンの存在論との対応関係を示唆している。しかし、以下では、両者の対応関係に関する具体的な考察は脇におき、「純粋理性の自然学」という用語の考察に集中しよう。

さて、本稿では、Physiologie der reinen Vernunft を一貫して「純粋理性の生理学」ではなく「純粋理性の自然学」と訳してきた。この訳語を採用したのは、カントが自然を考察する「純粋理性の自然学」を「内在的自然学（immanente Physiologie）」と「超越的自然学（transzendente Physiologie）」に区分した上で、前者には合理的物理学と合理的心理学が、後者には合理的世界論と合理的神学が属すると説明しているからである（vgl. A 845-847/B 873-875）。この説明からは、カントが「純粋理性の自然学」をバウムガルテンの特殊形而上学と重ね合わせていたことがわかる。まず、合理的心理学、合理的世界論、合理的神学の主題はバウムガルテンの心理学、世界論、自然神学の主題と概ね対応している。さらに、バウムガルテンの世界論は物体の持つ延長、作用、反作用、慣性力、運動力といった性質も扱っている（cf. M. §§406-418）[14]。後述するように、こうした物体の性質はカントの合理的物理学でも論じられている。したがって、「純粋理性の自然学」はいわゆる生理学よりも広範な主題を含んでいることになる。さらに、リベロは、当時のドイツで Physiologie は生理学の他に「自然学（Naturlehre）」や「一般自然学（allgemeine Naturlehre）」という意味で使われており、カントもこの二つの意味を受け入れていると思われる、と主張している（vgl. Rivero 2014. S. 56f.）[15]。リベロの主張も「純粋理性の自然学」という訳語を採用するサポートとなるだろう。

とはいえ、カントが以上の意味での「純粋理性の自然学」、特にその中の合理的世界論と合理的神学を自らの形而上学体系に組み込もうとしたという事実は、『批判』という著作の目的に相反するように見えるかもしれない。『批判』の目的の一つは、経験の限界を超えた対象の認識を試みる伝統的な特殊形而上学の誤りを暴露することにあったからである。特に、『批判』の主な目的は、「過去の思弁的形而上学」を否定し、その代わりにいわゆる「経験の形而上学」を樹立することにある、というペイトンの解釈を支持する読者にとって、上記の事実は受け入れがたいと思われる（cf. Paton 1936, p. 72）。他方、デボーアは、上記の事実を重視し、ペイトンの解釈こそがカントの形而上学の正しい理解を妨げてきたと主張する（cf. De Boer 2020, pp. 3f.）。本稿はデボーアの主張に賛成する。以下では、彼女への賛成が正当であることを示すために、カントが特殊形而上学を「純粋理性の自然学」と呼んだ理由と意義を改めて確認する。

前述のように、カントは「純粋理性の自然学」を「内在的自然学」と「超越的自然学」に区分していた。そのうち前者に属する合理的物理学と合理的心理学は物体と魂という自然に内在する対象を扱う。これら二つの学は物体と魂のアプリオリな規定のみを扱うため、「合理的自然学」とも呼ばれている。カントによると、経験によって我々が認識できる物体の規定は「不可入的で生命を欠いた延長」（A 848/B 876）だけである。他方で、デボーアの指摘するように、変化、運動、大きさ、力などのその他多くの物体の規定はカテゴリーから派生するアプリオリな概念である（cf. De Boer 2020, p. 237）。合理的物理学は、これらの概念を物体の概念に適用することで議論が進められるのである。さらに、デボーアは『自然科学の形而上学的原理』がこうした議論の一環だという適切な指摘を行っている（cf. De Boer 2020, pp. 232–238）。さて、以上の説明は合理的心理学にも適用可能なはずである。先の合理的物理学の説明の直後で、カントは経験によって認識できる魂の規定は「私は思考する」だけであり、それ以外の魂の規定はカテゴリーとその派生概念を魂に適用することで得られることを示唆しているからである（vgl. A 848/B 876）。確かに、この意味での合理的心理学がそもそも可能なのか、もし可能だとしたらそれはどのようなものかという点については議論の余地がある。しかし、本稿ではこの厄介な問題には立ち入らず、カントが物体と魂に関するアプリオリな認識を認めていたこと、このアプリオリな認識を扱う学を自身の形而上学体系に組み込もうとしていたこと、の二点だけを確認するにとどめよう。

　次に、合理的世界論と合理的神学について見ていこう。これらの学が「超越的自然学」と呼ばれるのは、自然と経験を超えた理念との間の連結関係を対象とするからである。カントは、この連結関係を「内的連結」と「外的連結」とに区分している。「内的連結」とは世界全体と個々の自然物との連結関係であり、「外的連結」とは世界全体とその外なる神との連結関係である（vgl. A 845f./B 873f.）。実際、カントはこの二つの連結関係を論じる可能性を否定していない。このことは、「超越論的弁証論」「付録」後半部の記述から裏付けられる。まず、世界についてカントは「我々は与えられた現象を（背進あるいは上昇において）説明する際に、あたかも系列がそれ自体として無限であるかのように、つまり無際限であるかのように振舞うべきである」（A 685/B 713）と述べている。ここでの「現象の系列はそれ自体無際限である」という認識はアプリオリで見せかけの認識である。この認識がアプリオリなのは、現象の系列全体という概念が理性が生み出した理念だからであり、この認識が見せかけでしかないのは、この系列全体が無際限かどうかを経験を通じて確定できないからである。上記の引用文では、この認識を「〜であるかのように」という形で記述される仮説として使用できることが示唆されている。目の前の現象を仮説として想定された無際限な世界の一部とみなすことで、理性に「現象の系列を遡及し続けよ」という命令が与えられるからである。その点で、この見せかけの認識は目の前の現象と世界との「内的連結」を主題とする合理的世界論が扱う認識の一例とみなすことができる。続けて、神についてもカントは「したがって最初に（超越論的神学に関して）世界秩序と普遍的諸法則にしたがったその連関の根拠を含む世界とは異なるあるものが存在するかと問われるならば、その答えは疑いなく是である」（A 695f./B 723f.）と述べている。もちろん、カント哲学の枠組みでは、「世界の外にその根拠としての神が存在する」という認識の真偽を確定できない。だとすれば、この認識は世界と神との「外的連結」に関するアプリオリで見せかけの認識であり、合理的神学で扱われるべきだと言えるだろう。

以上のことから、カントが特殊形而上学、特にその中の合理的世界論と合理的神学も「純粋理性の自然学」と呼んだ理由がわかる。前述のように、カントは自然探求を促進するためのアプリオリで見せかけの認識を論じることを否定してはいなかった。したがって、こうした世界と神に関するアプリオリで見せかけの認識を扱う学を合理的世界論と合理的神学と呼ぶことは、『批判』の議論と整合的である。とはいえ、この意味での合理的世界論と合理的神学の主題はあくまでも自然であり、世界や神に関するアプリオリで見せかけの認識は自然を探求するための道具にすぎない。カントが合理的世界論と合理的神学を「純粋理性の自然学」と呼んだのは、この点を明示するためだったと考えられる。

さらに、以上の考察からは、カントが特殊形而上学を「純粋理性の自然学」と呼んだことがバウムガルテンに対する応答になっていることも明らかになる。バウムガルテンは、①特殊形而上学に含まれるアポステリオリな認識とアプリオリな認識の双方で、②自然学と実践哲学を基礎づけようとしていた。これに対し、カントは特殊形而上学に含まれるのはアプリオリな認識だけだと主張することで①を否定し、特殊形而上学が基礎づけるのは自然だけだと主張することで②を否定したのである。「純粋理性の自然学」という特殊形而上学の新たな名称には以上のカントのスタンスが明確に反映されていると言えよう。

おわりに

本稿では、バウムガルテンとカントの形而上学定義を手がかりにして、両者の形而上学の差異を明らかにしてきた。最初に第一節と第二節では、バウムガルテンの形而上学定義とそれに関連するテキスト群の分析を行った。その結果、彼が形而上学を諸学を基礎づける概念や原則を扱う学と定義していたこと、基礎づけられる学問の中には実践哲学も含まれることを示した。次に第三節と第四節では、「建築術」章におけるカントの形而上学定義を分析した。このことによって、カントが「世界概念」にしたがって形而上学を「自然の形而上学」と「人倫の形而上学」とに一旦分離した上で、この二つの形而上学を最高善の可能性に関する問いに答えるために再統一するという二段階で形而上学の体系化を計画していたことを明らかにした。第五節では、カントが特殊形而上学に「純粋理性の自然学」という名称を与えたことも「自然の形而上学」と「人倫の形而上学」を分離するというプロジェクトの一貫として解釈できることを示した。以上のことを通じて、本稿は、形而上学によって実践哲学を基礎づけるバウムガルテンの手法を否定した点に、カントの形而上学の独自性があることを明らかにした。確かに、本稿では一旦分離した「自然の形而上学」と「人倫の形而上学」を再統一するという「世界概念」にしたがった形而上学の体系化の第二段階については全く論じることができなかった。それでも、「自然の形而上学」と「人倫の形而上学」を区別するという「世界概念」にしたがった形而上学の体系化の第一段階において、カントがバウムガルテン形而上学にどのように対峙していたのかを示すことはできたはずである。

凡例

バウムガルテンとマイアーの著作からの引用は以下の略号を用い、原文の項番号を記した。原文のイタリックとゲシュペルトは傍点、原文のスモールキャピタルは《 》で示した。〔 〕は引用者の補足である。

Auszug = Meier, Georg Friedrich, *Auszug aus der Vernunftlehre*, Halle, 1752.
Initia = Baumgarten, Alexander Gottlieb, *Initia philosophiae practicae primae acroamatice scripsit*, Halle, 1760.
Log. = Baumgarten, Alexander Gottlieb, *Acroasis Logica in Christianum L.B. de Wolff*, Halle, 1761. in: Christian Wolff Gesammelte Werke, 3. Abt. Bd. 5, Georg Olms, 1983.
M. = Baumgarten, Alexander Gottlieb. *Metaphysica/ Metaphysik* Historisch-kritische Ausgabe, Gawlick, Günter; Kreimendahl, Lothar (übers. und hrsg.), Frommann-Holzboog, 2011.
Meier *Metaphysik* I-IV = Meier, Georg Friedrich, *Metaphysik*, Halle ^{2}1765 in: Christian Wolff Gesammelte Werke, 3. Abt. Bd. 108. 1-4. Georg Olms, 2007.

註

（1）一七八〇年代までの形而上学講義録において、カントがバウムガルテンの形而上学定義にどのように対峙したのかについてはFugate 2015で詳しく論じられている。
（2）「学校概念」と「世界概念」の区別を主題的に論じた佐藤 二〇二二とGava 2023にも同様の問題点がある。他方で、Fugate 2019はこの問題点を回避できている。この点については第四節で詳しく論じる。
（3）このような手法が有効なのは、マイアーの解説書がバウムガルテンの『形而上学』の正当な注釈書とみなせるからである。この点については増山 二〇一五、二七頁を参照のこと。
（4）ただし、彼が依拠しているのは1項と2項を解説したマイアーの4巻本『形而上学』3項である。彼は1項の定義を「名目的定義」、2項の定義を「実質的定義」と名付けた上で、カントがこの二つの定義を継承していたことは疑いえないと主張している（cf. Rotenstreich 1954, p. 395）。とはいえ、彼の主張は「建築術」章でカントがバウムガルテンのものとは異なる新たな形而上学定義を提示していた事実と衝突するように見える。それゆえ、彼はこの衝突に関して何らかの説明をする必要があったはずである。にもかかわらず、彼は「建築術」章の定義を「曖昧」と切り捨て、考察対象から除外している（cf. Rotenstreich 1954, pp. 392f.）。この点で、彼の議論には問題があると言わざるをえない。

（5）この原理の三区分はヴォルフのラテン語著作『第一哲学すなわち存在論』における原理の三区分をおおむね踏襲していると推定される。同書でヴォルフがこの三区分をどのように説明したのかについては増山 二〇二一を参照のこと。

（6）クルージウスの主張する無差別の自由の内実については河村 二〇二一、六四—六九頁を参照のこと。

（7）「心理学」部門におけるバウムガルテンの自由論の詳細については檜垣 二〇一四、一三四—一三九頁と河村 二〇二一、三七—四一頁を参照のこと。

（8）「自分の完全性」の原語は perfectionem *tuam* で、直訳すると「汝の完全性」となる。しかし、本稿では、前後の議論とのつながりを考慮し、「自分の完全性」という千葉 二〇一八の訳を踏襲した。ただし、この箇所を含め、『第一実践哲学の原理』の訳出は、著者自身が行った。

（9）シュヴァイガーによれば、バウムガルテンが自分のための完全性の向上と他者のための完全性の向上を区別したのは、ヴォルフの倫理学はエゴイズムではないか、という当時の反論に答えるためだったという（vgl. Schwaiger 2011, S. 136）。

（10）なお、バウムガルテンの実践哲学を扱った代表的な研究としては Schwaiger 2011 と清水 二〇二二がある。

（11）デボーアと佐藤も「見せかけの認識」を特殊形而上学が扱う認識として解釈している。この点については、De Boer 2020, p. 217 と佐藤 二〇二二、二八四頁を参照のこと。

（12）「はじめに」で見たように、デボーアも同様の解釈を取っている（cf. De Boer 2020）。

（13）ただし、本節の議論によってフューゲートの解釈が全面的に正しいことは裏付けられない。「建築術」章の形而上学体系は「世界概念」の哲学の図式にもとづくという彼の解釈は「カントは「世界概念」の哲学の理念に従って、「学校概念」の哲学の図式を示した」（佐藤 二〇二二、二七六頁）という佐藤の主張と真っ向から衝突するように見えるからである。しかし、本稿は佐藤の挙げた論拠に反論しながらフューゲートの主張を全面的に擁護することはできないし、その必要もない。本節の結論を提示するためには、カントが「自然の形而上学」と「人倫の形而上学」を区分する際に「世界概念」が何らかの形で介在しているというフューゲートの解釈方針の正当性が裏付けられれば十分だからである。この裏付けを本節ではギャバの解釈を退ける際に行った。

（14）バウムガルテンの物体論については増山 二〇一五、四九—六三頁を参照のこと。

（15）　リベロはその証拠としてヴァルヒの『哲学事典』とツェドラーの『万有大百科事典』の Physiologie の項目を挙げている（vgl. Rivero 2014, S. 56f. Anm. 149f.）。実際、ヴァルヒは「Physiologie は若干の人々によって自然学（Physik）の同義語とみなされている。しかし正式にはこの用語は人間学（Anthropologie）、すなわち人間本性に関する学として理解されている。この学は人間の健康について扱い、そのような健康はどこに存するか、健康の徴表は何かを示すのである。Physiologie は医学における第一部をなす」（Walch 1726, S. 2011、（　）の原語は引用者の補足）と述べている。

文献一覧

千葉建、二〇一八：「バウムガルテン『第一実践哲学の原理』の翻訳――「実践哲学についての序論」から第一章第一節「義務づけ一般」まで――」、『哲学・思想論集』、四三号、筑波大学大学院人文社会科学研究科哲学・思想専攻、一〇〇(77)―八四(93)頁。

De Boer, Karin, 2020: *Kant's Reform of Metaphysics. The Critique of Pure Reason Reconsidered*, Cambridge University Press.

Fugate, Courtney D. 2015: The Unity of Metaphysics in Kant's Lectures, in: Clevis, Robert R. (ed.), *Reading Kant's Lectures*, De Gruyter, pp. 64-88.

――――, 2019: Kant's World Concept of Philosophy and Cosmopolitanism, *Archiv für Geschichte der Philosophie*, 101(4), pp. 535-583.

Gava, Gabriele, 2023: *Kant's Critique of Pure Reason and the Method of Metaphysics*, Cambridge University Press.

檜垣良成、二〇一四：「自由な Willkür の自由――バウムガルテンからカントへ――」、『日本カント研究』、一五号、日本カント協会、一三三―一四六頁。

河村克俊、二〇二二：『カントと十八世紀ドイツ講壇哲学の自由概念』、晃洋書房。

増山浩人、二〇一五：『カントの世界論――バウムガルテンとヒュームに対する応答――』、北海道大学出版会。

同、二〇二二：「ヴォルフにおける「理由」と「原因」の区別について――『存在論』における原因概念の二義性をてがかりにして――」、（陶久明日香、長綱啓典、渡辺和典（編）、『モナドから現存在へ――酒井潔教授退職記念献呈論集――』、工作舎、一一三―一二七頁所収）。

Paton, Herbert J. 1936: *Kant's Metaphysics of Experience. A Commentary on the First Half of the Kritik der Reinen Vernunft*, London, vol. 1.

Rivero, Gabriel, 2014: *Zur Bedeutung des Begriffs Ontologie bei Kant. Eine Entwicklungsgeschichtliche Untersuchung*, De Gruyter.

Rotenstreich, Nathan, 1954: Kant's Concept of Metaphysics, *Revue Internationale de Philosophie*, vol. 8, no. 30 (4), pp. 392-408.
佐藤慶太、二〇二二：「『純粋理性批判』における「哲学すること」」、『哲学』、七三号、日本哲学会、二七一―二八六頁。
Schwaiger, Clemens, 2011: *Alexander Gottlieb Baumgarten -Ein Intellektuelles Porträt. Studien zur Metaphysik und Ethik von Kants Leitautor*, Frommann-Holzboog.
清水颯、二〇二二：「完全性と義務づけ――18世紀ドイツ倫理思想の一側面――」、『研究論集』、二一号、北海道大学院文学研究科、二三七―二五一頁。
Switzer, Adrian, 2014: The Traditional Form of a Complete Science: Baumgarten's Metaphysica in Kant's Architectonic of Pure Reason, *Philosophica*, 44, Lisboa, pp. 149-164.
Walch, Johann, G. 1726: *Philosophisches Lexikon*, Leipzig.

付記

本稿はJSPS科研費（JP22K00006）の助成を受けた研究成果の一部である。

Ⅱ 『人倫の形而上学の基礎づけ』のカントはガルヴェ批判を放棄したのか
――『キケロ論』との対峙――

小谷英生

はじめに

M・キューンの整理にしたがえば（Kuehn, 2001, p. 277：邦訳五三七頁以下）、カントは一七八一年末から翌年初頭にかけて、『人倫の形而上学』という長期にわたり構想を温めてきた著作の執筆に着手した。そして八三年夏の時点では、大学での形而上学講義のための教科書という名目で、その最初の部分を脱稿するつもりであった。

この計画は遅れるとともに、一七八三年に出版された『マルクス・トゥッリウス・キケロ『人間の義務について』に関する三巻本の論考 クリスティアン・ガルヴェによるラテン語版からの翻訳』（以下『キケロ論』）を読んだことにより、変更を余儀なくされる。カントはこの翻訳本に対する反駁書を出版しようと考えたからである。ところが、この新しい計画も放棄され、最終的に現在私たちが目にしているテキストが世に出ることとなる。それが一七八四年九月に脱稿され、『人倫の形而上学の基礎づけ』（以下『基礎づけ』）と銘打たれた著作である(1)。同書は人倫の形而上学の完成というプロジェクトの一部に位置づけられるとともに、カント独自の義務論的立場が表明された著作である。そして、以上の経過からすると奇妙なことに、そこには『キケロ論』に対する直接的な言及が、まったく見られないのである。

カントが『キケロ論』への反駁書出版計画を中止したのはなぜだろうか。なるほど、J・G・ハーマン（Johann Georg Hamann, 1730-1788）が伝え、キューンが述べているように、『キケロ論』反駁には当初、Ch・ガルヴェ

(Christian Garve, 1742–1798) とJ・G・H・フェーダー (Johann Georg Heinrich Feder, 1740–1821) の手によるゲッティンゲン書評に対する意趣返しのような意図があったのかもしれない。[2] しかし私見では、カントがある種の復讐を真剣に計画していた可能性はあまり高くないように思われる。カントとガルヴェの間で生じた確執は、少なくとも表面上は一七八三年の夏の間に解消されていたからである。[3] ハーマンの証言によれば、カントがガルヴェ批判に着手したのは八四年二月以降のことであるから、[4]『キケロ論』反駁が私怨によって計画されたと考える必要はない。[5]

カントが反駁を放棄した別の理由として、『キケロ論』が哲学的に取るに足らない著作だったということも考えられるが、これもあまり適当ではないだろう。カントは一七七六年のヘルツ宛書簡においてガルヴェを高く評価していたし (AA 10, 198)、立場は違えども最後まで学者として認めていたからである。[6]

もっともありそうな理由は、自分の仕事に集中するために、カントは無用な論争に手を出さなかったというものである。結果的には一八〇四年まで生きることになったが、八〇年代、五六歳を超えたカントは、自分に残された時間は少ないと感じていたのである (Kuehn, 2001, p. 238f.：邦訳四六四頁以下)。だからこそ、無用な論争を避けるために、『キケロ論』への直接的な言及を避けたという推測は成り立つだろう。実際、本論文で論じるように、哲学的な立場があまりにも異なるため、ガルヴェ反駁の労に比して、そこから得られるカントの利益は少なかったように思われる。

とはいえ、『基礎づけ』は『キケロ論』と完全に無関係な著作ではない。例えばキューンは用語法《ターミノロジー》の参考程度であれば、『キケロ論』からの影響を認めている (Kuehn, 2001, p. 278：邦訳五三九頁)。これに対しS・ブッヒェナウは、「善意志」、「心術」、「関心」、「関与」といった語と概念のみならず、徳、名誉、尊厳に対する実践的・哲学的・美感的で原理的な観点についても、ガルヴェからカントへの深い影響が認められる」(Buchenau, 2021, S. 118) と、より踏み込んだ見解を示している。例えばガルヴェは名誉を特定の地位に結びつけず、「すべての人間が持つ称号であり、特権である」(ibid. S. 106) とし、カントの尊厳に似たものと捉えていたからである。[7]

先行研究全体から見れば、ガルヴェからカントへの影響関係を肯定的に捉える論者はほとんどいない。J・ティンマーマンは、「『基礎づけ』は二人の第二級哲学者（すなわちキケロとガルヴェ）から着想を得たというには（…）あまりに複雑な書物」（Timmermann, 2007, p. xxviii）だと述べた。キケロとガルヴェが「第二級哲学者」であったかどうかはさておき、『基礎づけ』が『キケロ論』から独立した書物であることは疑いようがない。『キケロ論』との対峙を通じて、カントが何か実践哲学上の決定的なアイディアを閃いたと考えることは困難である。影響関係を強く読み取ろうとする上述のブッヒェナウですら、尊厳概念を中心とした実践哲学上のアイディアについて、「カントはさしあたりそれらを、ガルヴェから比較的独立して発展させた」（Buchenau, 2021, S. 119）ことを認めている(8)。

思うに、カントにとって『キケロ論』は、自身の哲学を彫琢するために積極的な役割を果たしたというよりも、その誤謬を明確にすることが自説を展開する上で必要な道徳哲学であった。だとすれば、『キケロ論』への直接的な反駁書ではないとしても、『基礎づけ』のカントが『キケロ論』反駁を放棄したとは言えないはずである。本論文の課題は、このような観点から、『基礎づけ』における隠れたガルヴェ批判を再構成し、『基礎づけ』に対する『キケロ論』の消極的役割を明らかにすることである(9)。

ただし、本論文の主張は弱いものであり、カントが実際に何を考えていたのかを明らかにするものではない。いわば第三者の視点から『キケロ論』と『基礎づけ』を比較検討し、『基礎づけ』がガルヴェ批判として解釈可能である点を論証するに留まる。『基礎づけ』が『キケロ論』に言及せず、カントが『キケロ論』反駁としてどのような準備をしていたのかを直接裏付けるような資料が存在しない以上、『基礎づけ』と『キケロ論』の関係にアプローチするにはこの方法しかないだろう。

本論は以下のように進む。第一節では、『キケロ論』の出版事情と当時の反響について簡単に整理する。第二節では、ガルヴェの「序論」およびコメンタール第一部冒頭（総論部分）の議論を分析する。あまり知られていない思想家の場合には仕方のないことではあるが、先行研究ではさまざまなテキストを通覧し、いわばパッチワーク的な仕方でガルヴェの思想を整理するというやり方が取られてきた[10]。しかし本論文では同書の一部を丁寧に追っていくことで、『キケロ論』におけるガルヴェの立場を明確にしたい。第三節では、第二節でまとめたガルヴェの議論を、カントがどのように批判したのかを分析する。なお、第二・第三節では、カントとの関係で重要と思われる個所について、予め丸数字（①から⑯）を付した。適宜参照して頂きたい。

一 『キケロ論』の同時代的反響

J・ヴァン・デァ・ツァンデの調査によると、フリードリヒ二世がキケロ『義務について』の翻訳をガルヴェに依頼したのは一七七九年のことであった。この年、すでに老齢に達していたプロイセン国王は、バイエルン継承戦争の講和会議のためにシュレージエンの州都ブレスラウに駐在していた。そこで王は当地の高名な哲学者であったガルヴェに拝謁を許し、自身のお気に入りの思想をドイツの一般公衆に普及させるよう依頼したのである（Van der Zande, 1998, p. 75）。

ガルヴェ自身の病弱やハノーファー旅行――そこで彼は『純粋理性批判』の書評を依頼され、同書の読解に集中する羽目になった――、さらには母親の重病も重なって、筆は遅れ、翻訳は一七八三年に出版される運びとなった。それが『キケロ論』である。第一巻には「序論」および翻訳が、第二・三巻には三部構成のコメンタールが収録された大著であった。

『キケロ論』が出版された具体的な月日は伝わっていないが、一七八三年秋の書籍見本市だと考えられる。というのも八三年七月四日付ガルヴェ宛書簡の中で、友人のG・J・ツォリコファー（Georg Joachim Zollikofer, 1730–1788）は「『キケロ論』は進んでいますか?」（Garve u. Zollikofer, 1804, S. 324）と尋ねていたが、同年十二月十三日には、彼は『キケロ論』を読んだことを報告しているからである（ibid., S. 326f.）。

フリードリヒ二世は『キケロ論』に大変満足したらしく、報酬としてガルヴェに三〇〇ターラーを支払っている(11)(もちろん、本当に満足したかどうかは疑わしい。なにしろ王はドイツ語が苦手だったからである)。一七七八年にカントがケーニヒスベルク大学から受け取っていた報酬が二三六ターラーであったことを考えれば(Kuehn, 2001, p. 215：翻訳四二一頁)、この報酬は破格であったと言えよう。

『キケロ論』は商業的にも成功を収めた。同書は出版翌年にすぐに重版され、計六回(八四・八七・九二年・一八〇一・〇六・一九年)再版されている(Vgl: Van der Zande, 1998, p. 79)。一八〇〇年にチューリッヒで『義務について』独訳が出版された際にも、訳者のJ・J・ホッティンガー(Johann Jakob Hottinger, 1750-1819)はことあるごとにガルヴェ訳を参照・比較している(Hottinger, 1800)。このことからも、『キケロ論』が『義務について』の翻訳本として一定の地位を築いていたことが窺える(①)。

成功の理由は何だったのか。二つの点が考えられる。第一に、ガルヴェの翻訳文体が市井の人々に向けられたものであったことである。ガルヴェは原著の表現一つ一つに対する訳語・訳文の学術的正確さを犠牲にすることを恐れず、日常的でこなれたドイツ語で訳そうと努めた(12)。

第二の理由として考えられるのは、ガルヴェのコメンタールが当時の人々に受け入れられたことである。ブレスラウの友人であったS・G・ディットマーは次のように述べている。

あなたの翻訳はキケロを超えています。いま私たちドイツ人は、この偉大なローマ人をもう一度称えるでしょう。というのも彼は二千年後に、その著作を通じて、一人のドイツ人哲学者にこのように美しく、卓越した事柄について語る機会を与えたからです。(Dittmar, 1801, S. 54f.)

リップサービスを差し引いても、この発言は同時代人たちの感想を代弁しているものとみて差し支えないだろう。フリードリヒ二世が望んだように、ガルヴェがキケロの思想を同時代のアクチュアルな状況の中で蘇生させ、発展させたという印象は、現代の読者でさえも受けるものだからである。

意訳や補足を挟みつつ自然なドイツ語に翻訳し、長いコメンタールを付けるというやり方は、一七七二年のアダム・ファーガソン翻訳以来、ガルヴェのお気に入りのやり方であった（Vgl. Garve, 1772）。それはいわば原著者との対話であり、ガルヴェ自身の思索を深めるのに大きく貢献したにちがいない。また、関心概念が典型であるが、このようなやり方はドイツ語の中に新しい概念語彙を導入するのに適切であった[13]。しかしながら、デメリットも存在する。それは、コメンタールの中で自らの思想を展開していこうとする場合、どこまでが原著者の思想で、どこからが翻訳者の主張なのか、その境界が曖昧になりがちな点である。実際、『キケロ論』にはガルヴェの主張、キケロの主張、ストア派一般の主張の混在が散見される。その結果、結局ガルヴェ自身が何を言いたいのか、判然としないことがしばしばである。

このような混淆は『キケロ論』第二・三部に顕著であるが、ここで詳述は控えよう。少なくとも「序論」および第一部の総論部分では、ガルヴェはキケロとストア派一般から距離を置きつつ思索を展開することに成功している。次に同書におけるガルヴェの議論を整理していこう。

二 キケロ『義務について』に対するガルヴェの見解

二―一 『義務について』は限定的な著作である

『キケロ論』「序論」においてガルヴェは、二通りのよい著述家がいると述べる。第一に、独創的な著述家であり、第二に、健全な理性（die gesunde Vernunft）すなわち良識を持った著述家である。この「第二のよい著述家は」、とガルヴェは言う。

そもそも他の人が（…）そうであるように、独自のものをまったく持たない。彼らの才能とは、一般的で健全な理性である。より詳細に言えば、最上の自己形成をした場合には、彼らの性格は一般的な道徳性を持つことになる。彼らの思考方法も〔思考の〕スタイルも、平凡なものである。（…）こうした人々が他者から区別されるとすれば、それは人物としての偉大さによるのであって、彼らが特別な存在だからではない。（Garve, 1783a, S. [v]）

このように良識的な著述家は、何か独創的な思索を展開するのではなく、平凡な真理を平凡な言葉で表現する。しかしだからこそ、多くの人の賛同を得ることができるとされる。

そしてガルヴェは、キケロを第二の著述家に分類している。「私には、キケロはこの二種類の著述家のうち後者に属するように思われる（…）。私の判断によれば、何らかの特徴的な独創性なしに普遍的な同意を取り付けることができたというまさにその理由から、ラテン人たちの中でもっとも完全な著述家となったのである」（ibid., S. [vi]）。このような論調は、『義務について』を自然なドイツ語で訳そうというガルヴェの方針を擁護するだけでなく、同書が（カントの言葉を借りれば）「通俗的な道徳哲学」（AA 4, 406）に属することを暗示するものとなっている（②）。

このようにガルヴェは、キケロが良識に基づく思想家である点を称賛している。しかしその哲学的態度を手放しに受け入れているわけではない。ガルヴェはキケロを「明るい精神の持ち主、正しい観察眼の持ち主、偉大な活動性の持ち主――ひとえに健全な知性を形作る性格の持ち主であった」（Garve, 1783b, S. 4）としながらも、「学問の第一根拠を徹底的に追究することはなかった」と批判しているからである。それどころか、そもそも「キケロは政治家であった」（ibid.）。それゆえ、キケロの議論は道徳的命令ではなく、「しばしば政治的助言へと変貌してしまう」（ibid., S. 8f.（③））。

以上のような性格ゆえに、キケロ『義務について』は特殊な義務の教説である点を、ガルヴェは強調している。ガルヴェの見立てでは、キケロは道徳哲学を二種類に分けている。一つは普遍的義務について論じ、また最高善についての学説を含むものである。もう一つは個別具体的な義務についての教説である。そして前者は『善と悪の究極について』の、後者は『義務について』の課題であった④。

ただし、『義務について』の特殊性を強調することで、ガルヴェはその哲学的価値を貶めようとしたわけではない。というのもこの特殊性こそが、『義務について』をストア派一般の学説から区別し、一考に値するものとしているからである。「徳を唯一の善だと説明するようなストア派の人々は、キケロが本書で詳述したあらゆる義務を、どうでもよい事柄にしてしまう」(ibid. S.17)。より具体的には、「富や名誉のようなものは、善でも悪でもない。それらは各人の好みを満たすが、しかし人間の真の幸福には役立たない」(ibid.) ものにしてしまう。キケロとともにガルヴェが反対したのは、まさにこうした見解であった。

ストア派一般の見解は「往年の神学者たちの体系」(ibid.) に似ているとガルヴェは言う。というのも神学者たちは「キリスト教という動機 (Bewegungsgründen) を根拠としないような義務の履行は (…) それ自体として幸福をもたらすことはなく」(ibid. S.17f.)、世俗の義務履行を幸福とは無関係だとしたからである。そして、

> 神学者にとってはイエス・キリストだったものが、ストア派にとっては賢者である。異教徒と非キリスト教徒にとって徳であるものは、〔両者にとっては〕手段的義務 (officia media) であった。――たとえ外的善を打ち立て、悪を防ぐような諸行為であったとしても、真の内的な道徳的善を示すわけではない。キリストの徳、すなわち完全に善なる、あるいはむしろ完全に形成され、完全に完成した人間の行為が、完全義務 (officia perfecta) である。(ibid. S.18)

ストア派一般と神学の共通点は、外的善を「真の内的な道徳的善」から区別し、「完全に善なる、あるいはむし

ろ完全に形成され、完全に完成した人間」であればそうするであろう行為を、真の善とみなす点にある。ガルヴェはこのような道徳哲学に懐疑的であった。それゆえ彼は、ストア派一般を全否定するわけではないが、いくつかの修正を施すことになる。論点を整理していこう。

二―二　幸福について

まず、世俗の幸福と有徳性との関係についてである。ストア派一般にとって幸福とは心の平穏であり、外的対象へと向かう欲求は幸福を妨げる要因であった。しかしガルヴェによれば、「外的な事物へと向かう願望と努力もまた人間本性に備わっている」（ibid., S. 13）。したがってこのような欲求を放棄することは人間の完全性と矛盾する。ガルヴェによれば、そもそも幸福理解には大きく分けて二つの方向性がある。

ある人々は幸福を、私たちの〔自己〕保存、身体の健康、精神の緊張、ようするに自己の最高の状態に貢献する何かだとしか考えない。別の人々は幸福を、感性的な器官における快適な感覚を引き起こすような使用に認める。（ibid.）

そして道徳哲学の差異は、この二つのどちらをどのように重視するかによって生じるとした⑸。

〔自己保存と感性的満足という〕これらふたつの究極目的（Endzweck）――人間自身における目的と、外的事物における目的――の分離ないし結合から、哲学的な教義上、善の究極（fines bonorum）に関するあらゆる差異が生じる。（ibid., S. 14）

ここで「自己保存（Selbsterhaltung）」は通常よりも広く理解されており、私たちの内的善の実現を指している。ガルヴェの見たところ、ストア派一般はこの「自己保存」のみを、それも賢者の「自己保存」のみを善とみなし、感性的満足の実現を否定する極端なものであった。

キケロはストア派一般よりも「感性的満足」を重視したものの、それでも「自己保存」を優先させた思想家であった、とガルヴェは考えている。その上で、この見解を肯定的に受け止めている。というのも何に対して「感性的満足」を覚えるかは、私の状態によって変化する。したがってもしも「人間は外的事物に対する支配を獲得するより前に、自分自身を変形ないし形成することができる」（ibid., S.15）とすれば、「幸福を自分自身の中に探求せよ、あるいは少なくとも（…）自らの幸福のために努力しなければならないということは、もちろん真理と理性の見解である」（ibid.）からである。

しかしながら、人間の生命は有限であり、完成には至らない[14]。したがってもしもキケロがまずは外的善よりも内的善の実現を、すなわちストア派的な人間の完成を目指せという立場にたっているとすれば、それは誤りである。

もしも私が人間をつねに存続し、つねに高みに上る存在だと想定するならば、この〔キケロの〕体系は完全に、そしていかなる例外もなしに真である。〔しかし〕人間を、実際にそうであるように（…）死すべき被造物だと想定するならば、この体系は多くの制限を被ることとなる。（ibid.）

「死すべき被造物」としての「人間の幸福は、外的状況から、すなわち物質的世界の影響、あるいは他の人々の影響から、完全に独立することはできない」（ibid.）。したがって自己保存が感性的満足に優先するとしても、それはあくまで考え方の問題であり、実際上の問題ではない（⑥）。

したがって私たちが完全に幸福になれる、しかも私たち自身によってだけでも幸福になれると主張することは、真ではない。しかしながら、人間がここでそうありうる程度には幸福になれるという主張〔は真であり、そのために〕は、事物を変えるよりも自分を変えることがよりいっそう重要である。私たちがあれこれの状況で生きているということ以上に、私たちがそのように考え、そのように感じることがよりいっそう重要なのである。このことは経験に適っており、知恵と静寂に導くような教説である。(ibid., S.15f.)

人間が外的状況に依存せざるをえないのであれば、俗世間を離れることは不可能である。ガルヴェはここで暗に、あるいは結果として、エピクロス流の〈隠れて生きよ〉を否定している。道徳哲学は、あくまでも社会の中でどう生きるのかを教えなければならないというのがガルヴェの立場であった。人間は完全な幸福を享受することはできず、したがって忍耐(Geduld)が必要だと彼が述べるのも、やはりストア派一般に対する批判を含むものであった(ibid., S.16)。

二―三　完全義務と不完全義務

幸福、すなわち私たちの行為の最終目的には「自己保存」と「感性的満足」、内的善と外的善という二つの側面がある。したがって目的実現手段としての私たちの行為もまた、二重の関係を持っている。「行為が生じた人間の心情・精神に対する関係と、行為によって生じた世界における結果との関係」である(ibid., S.18)。この点について、ストア派であれば次のように考えるだろうとガルヴェは言う。

完全性、真の善は人間にのみ存する。すなわち、人間の精神的自然の内部、考え方、傾向性にのみ存する。外的行為はしたがって、行為が生じた人間の心情・精神に対する関係においては、善でも悪でもありうる。(…)第二の関係、すなわち外的な意図と結果に対する関係においては、あらゆる行為は価値ないし非価値の度合いのみを持ちうる。この度合いは、行為によって生じた事物それ自体が有するものである。(ibid., S.18f.)

人間にとっての善は「人間の精神的自然の内部、考え方、傾向性」が担うものであり、外的行為の結果には左右されない。たとえ行為が外的善を生み出したとしても、それらは「行為によって生じた事物それ自体が有する」からである。しかも外的善は程度問題であり、真の（すなわち絶対的な）善からは区別される。

内的善を表現するような行為は完全義務（officia perfecta/ vollkommene Pflicht）、外的善を実現するような行為は手段的義務（officia media）ないし不完全義務（officia imperfecta/ unvollkommene Pflicht）と呼ばれる。同一行為が内的善・外的善の双方を生み出すこともありうるため、完全義務・不完全義務の区別は行為の区分ではなく、行為の結果に対する視点の違いである。これはカントの用語法と大きく異なるが、自然法論の文脈ではなくストア派の思想から掘り起こしたところに、ガルヴェの独自性が認められよう⑺。

二―四　正当行為と適宜行為

さてガルヴェは、カントも『実践理性批判』で取り上げた信託金（Depositum）を例に挙げている。この例は『義務について』ではなく、『善と悪の究極について』に由来するものである。「『善と悪の究極について』においてカトーは言う。信託金を返すことは、手段的義務である。それを正しいやり方で返すことが、正しい行いである。――しかし、どうやって。託された財を不当なやり方で返すことなど、できるのだろうか」（ibid., S. 21）。ガルヴェはストア派一般からの仮想的回答を提出する。「哲学者の鋭敏な目からすると（…）その行為が賢者から生じる際のやり方と、普通の人間（der gemeine Mensch）から生じる際のやり方には大きな隔たりが見られる」（ibid.）。すなわち、賢者は「一貫して、そしてつねに正しく考える」（S. 23）のに対し、ふつうの人間は「状況がいまどうなっているのかという点から生まれた動機のみによって、今回はどうするのが正しいのかを決める」（ibid., S. 23）のである、と。

これはストア派の正当行為（katorthoma）と適宜行為（kathekon）の区別に該当する。⒂「正当行為」とは賢者による普遍的に善なる行いであり、「適宜行為」とは非賢者（「普通の人間」）によるその都度の善いとされる行いのことである。両者についてのキケロの説明は興味深い、とガルヴェは言う。というのも、キケロは次のように説明しているからである。以下は『義務について』の訳文からの引用である。

> 通常の義務（gemeine Pflicht）は適宜行為すなわち適宜なもの（das Schickliche）である。ストア派は両者を次のように説明する。完全義務の本質は、一貫して善であるということである。しかしながら通常の義務は、理性的な根拠によって正当化されうるようなものである。（Garve, 1983a, S. 7f.）

すぐに分かるように、正当行為ではなく適宜行為が「理性的な根拠によって正当化されうるようなもの」であると言われている。そうなると、正当行為は理性的になされる行為よりも善いということになってしまうが、これは奇妙に思われる。この疑問に対するストア派一般からの仮想的回答は、次のようなものであった。

> もしもそれが完全に啓蒙された理性であったとするならば、とストア派は答えるだろう、もちろん理性的行為以上に善い行為はない。(…)〔ストア派は〕あの適宜行為の定義によって、人間の生活において習慣的に要求され、履行されているさまざまな義務は、完全に理性的である、と言いたかったわけではない。そうではなく、それが正当化されうるというだけである。言い換えれば、義務はあらゆる関係において十分うまく機能するわけではない。そうではなく、ある状況に直面したとき、いくつかの義務が助言（Rathe）として引き合いに出されるのである。（Garve, 1783b, S. 23f.）

適宜行為は、理性に由来するものではなく、あくまでも理性によって正当化しうるものである。しかしそれは普遍的な義務としてではなく、ある状況下で「助言」として役立つものとして正当化されるに留まる⑨。ただしそれが「完全に啓蒙された理性」――これは賢者の理性であろう――によるものである場合、適宜行為は正当行為と同一となるだろう。その場合には、適宜行為は普遍的義務となる。

正当行為と適宜行為はまた、ある行為が他の諸行為との全体的な調和のなかで一貫性を持つのか、それとも他の行為と結びついていないようなその都度の行為なのか、という点でも区別される。「これに加えて、正当行為と私たちが名付ける完全性の場合には、こうした行為は義務の履行全体に見られるものである。これに対し、適宜行為と呼ばれるものの場合には、他の行為から切り離された個別の行為に見いだされるものである」(ibid., S. 24)。個別の行為だけを取り出してみれば、賢者も愚者もまったく同じことをするかもしれない⑩。しかし賢者には一貫性があり、愚者にはない（例えば賢者はいつでも嘘をつかないが、愚者は嘘をついたりつかなかったりするだろう）。

正当行為と適宜行為は、同一行為であっても道徳的価値が異なりうることを説明する。そしてガルヴェが主張したいのは、正当行為のみが真の道徳的行為であるということではなく、適宜行為においても一定の道徳的価値を認めるべきだ、ということである。この点について、さらに詳しく確認したい。

二―五　ストア派に対するガルヴェの見解

さて、上記の考察を通じて、ガルヴェはストア派一般に対する自らの見解を次の三点に要約している。まずはそこから確認しよう。

> 第一の点は次の通りである。徳の本質はその時々で変容する人間のさまざまな行為ではなく、常に変わらない人間の性格（Charakter des Menschen）のうちに求められなければならない、というのは真である。（…）実際、行為の道徳的区別は外的な行いとしての行為それ自体のうちにも、行為の帰結のうちにもありえない。そうではなく、行為を引き起こした精神の思考様式ないし心術のうちに（in der Denkungsart, den Gesinnungen des Geistes）あるにちがいないからである。(ibid., S. 28f.)

ストア派の体系に存在する（といっても過度に表現されてしまっている）第二の真理は、内的な道徳的善の側からすると、義務に適った行為（pflichtmäßige Handlungen）は、世間の目に映るよりもずっと同じものだということである。——というのも、世間の人々は行為の外的な有用性により多く目を向けるから〔義務に適った行為をそれぞれ異なったものと見てしまうの〕である。（ibid., S. 38）

最後に、次のことも真実である。多くの個別の義務を履行することは、道徳的完成からは程遠い人間にも可能であること。そうした義務に求められる徳は、したがって確固とした内的原理にあるというよりも、蓋然的な状況判断に依拠すること。同一の義務であっても、より高い、より陶冶された性格をもった人間によって履行された場合には、別の形態、別の精神、別の尊厳を持つこと。（ibid.）

最初の引用によれば、ガルヴェが帰結主義を拒絶し、道徳の根拠を「行為を生じさせた思考様式、精神の心術」に求めていることが分かる（ただし、省略した引用箇所のなかで古代ギリシャの美（to kalon）を引き合いに出しているように、ガルヴェは「精神の思考様式ないし心術」を純粋理性ではなく、古典的な意味での有徳性に求めている⑪）。

次に、第二の引用では、「義務に適った行為」という語が出てくる。これは賢者も行うであろう（つまり完全な内的善を持ちうるような）行為である⑫。様々な「義務に適った行為」は、たとえそれがどのような結果をもたらすものであったとしても、内的善の観点からは同じ道徳的価値を持ちうる。あくまで結果すなわち外的善の差異によって、異なったものに見えるだけである。

以上の二点はガルヴェがストア派一般を一定程度支持していることを物語っているが、最後の引用はどうであろうか。この引用はガルヴェ独自の立場を示すものであり、かつカントとの比較という本論文のテーマにとって最も興味深いものである。「多くの個別の義務を履行することは、道徳的完成からは程遠い人間にも可能である」や「そうした義務に求められる徳は、したがって確固とした内的原理に依拠するというよりも、蓋然的な状況判断にある」（傍点引用者）といった発言によってガルヴェは、適宜行為を道徳的義務として評価しようとしているのである⒀。しかしこれは、第一・第二の引用に反するようにも見える。

この見た目上の矛盾を解消するには、ガルヴェのストア派批判および徳理解を確認する必要がある。すでに論じたように、正当行為とは賢者の行為であり、「完全に善なる、あるいはむしろ完全に形成された、完全に完成した人間」であればそうするであろう行為である。ガルヴェによれば、こうした行為のみを道徳的とみなすことは誤りである。すでに引用したように、ストア派の主張は人間の有限性を考慮しなかった。それどころか、「完全に完成した」状態のみを有徳な状態とし、それ以外を愚者〔非賢者〕とみなすというのは衒学的すぎるからである。「最高度のもの以外の完全性も徳も一切認めないということは、たんなる講壇的な些末さ（Schul = Subtilität）である」（ibid., S. 39）。

このように一方でガルヴェは、賢者／非賢者〔「普通の人間」〕を峻別し、後者にいかなる道徳性も認めないようなストア派の理想主義・厳格主義を批判していた。他方で彼は行為の道徳性が行為者の内面性に基づくとも考えていた。しかし、行為者の内面を重視しつつも、「多くの個別の義務を履行することは、道徳的完成からは程遠い人間にも可能である」と言えるのはなぜなのか。

ここで重要なのは、「道徳的完成からは程遠い（noch sehr unmoralisch）」という表現である。これは特定の人間のことではなく、すべての人間を指している。少し長いが引用しよう。

しかしながら、やはりこのような全き完全性をもった徳というモデルを、あるいは同じことであるが、精神の最高の完全性を十分に把握したり、判明に描き出したりすることが不可能だということになれば――というのもここには私たちが〔徳について〕もつさまざまな概念を基礎づけるような経験が欠けているので――、ここには人間本性のもっともすぐれた特徴が度外視されてしまっている〔と言わざるをえない〕。その特徴とはすなわち、人間の状態は全体として発展のうちにあること、それは決して固定的で変わらない存在ではなく、一連の変容であること、である。（…）この変容という状態〔を想定することによって〕、徳が進歩であり、より高い洞察と善へと向かう努力であり、そしてそこへと近づくことであるという、まさにそのようなものとして、もっともらしい人間の徳を考えることができるようになる。したがってこの接近に徳という名を用いようとしないのであれば、かつて生きていたあらゆる人間に対してさえ、人間という名を授けることはできなくなるだろう。というのも、人間の完全な本性を形作るであろう理想に到達した者は、誰もいないからである。（ibid., S. 40）

賢者の徳にまでたどり着いた者が現実におらず⑭、人間は「道徳的完成からは程遠い」としても、「人間の状態は全体として発展のうちにあ」り、「より高い洞察と善へと向かう努力」をなしうる存在である。したがって徳に向かう「変容」「進歩」「努力」「接近」に道徳性を認めなければ、人間はおしなべて非道徳であるということになってしまう。

ガルヴェがこのような発展プロセスを導入した背景には、徳の自然主義的理解があった⑯。ガルヴェはストア派の次の意見を肯定的に紹介する。それによれば、徳とは人間の自然ないし本性（Natur）の完成に他ならない。植物が成熟するように、人間にとってもふさわしい成熟というものがあり、それが有徳性に他ならない⑮。

各々の植物には各々の成熟がある。植物は、その構造、および各部位の段階にしたがって、体液の混合と動きによって、すなわちその植物の核にしたがって成熟に至るべきなのである。これは植物の徳である。――人間もまた固有の、規則的に形成された自然を持っており、その存在のあらゆる素質はなんらかの傾向をもっている。もしもこの自然が全き完成の状態と広がりを持っていたならば、もしもすべてのこうした傾向が実現したならば、そのとき人間は有徳である。（ibid., S. 21）

この引用でもガルヴェは、成熟した状態のみならず、成熟へと向かうプロセスにも有徳性を認めている。ここから先の三つ目の引用に戻ると、義務の道徳的根拠はこのプロセスの各段階で異なると、ガルヴェが主張していたことが分かる。すなわち「道徳的完成からは程遠い人間」の場合には、「確固とした内的原理にあるというよりも、蓋然的な状況判断に依拠する」が、「同一の義務であっても、より高い、より陶冶された性格をもった人間によって履行された場合には、別の形態、別の精神、別の尊厳を持つ」というのがそれである。どちらも相応に道徳的な義務（の履行）なのである。そしてこのように考えれば、先に述べた正当行為（賢者の一貫した行為）のみならず、適宜行為（非賢者のその都度の行為）に対しても、一定の道徳的評価を与えることが可能となる。

道徳的完成へと向かう人間の発展を想定する点で、ガルヴェの思考はカントの歴史哲学構想と軌を一にしている。また、成熟へと向かう各段階に一定の有徳性を認めるというこの発想は、ヘルダーの人類史理解に通ずるところもある。しかしこの点についてはここでは立ち入らないでおこう。重要な点は、キケロ『義務について』の主題である特殊な義務が、「普通の人間」あるいは「道徳的完成からは程遠い人間」にとっての義務にあるとされていた点である。つまり、ガルヴェの立場は『義務について』を肯定的に評価し、哲学的に発展させようという『キケロ論』の目論見と軌を一にしていたわけである。

紙幅の関係上、私たちはここで考察を打ち切らなければならない。しかし最後に一点だけ付言しておきたい。本節で確認したガルヴェの徳理解を踏まえると、ガルヴェは理性の発展という構想をもっていたように思われる。それは、「賢慮（Klugheit）のみがこれら諸徳を輝かせる（vorleuchten）ものである。賢慮は人間のさまざまな性格の形成（Ausbildung）、すなわち理性の形成である」（S. 65）としたうえで、勇気（Muth）・正義（Gerechtigkeit）・節制（Mäßigung）・賢慮という四つの中心的徳のうちで、この賢慮を最重要の徳とみなしたことにも示されている⑯⑰。

三　カントのガルヴェ批判

カントに通じている読者であればすでに、いくつかの点でガルヴェとカントの議論には用語上の類似があり、かつ意味が異なる点に気づいているだろう。例えば「完全義務」「不完全義務」「性格」「心術」「尊厳」「義務に適った行為」といった概念がそれである。

これら全てをガルヴェからの影響と呼ぶのは、むろん早計である。用語法の影響関係については、一七七〇年代の草稿や講義ノートを仔細に検討する必要があるだろう。しかしそれは本論文の仕事ではない。ここで論じたいのは用語ではなく思想上の差異であり、『基礎づけ』におけるカントのガルヴェ批判だからである。

三―一　ガルヴェの議論に欠けているもの

『基礎づけ』と比較してすぐに気づくのは、ガルヴェの道徳哲学は善意志や意志の自由を中心に据えていない点である。[18]たしかにガルヴェは、さしあたりはカントと同じように道徳の根拠を「行為を生じさせた思考様式、精神の心術」に求めていた（参照⑪）。しかしながらガルヴェの言う「思考様式」や「心術」とは、意志の規定にかかわるものというよりも、有徳性、すなわち完成へと向かう人間本性の発露であった（参照⑮）。したがってカントが『基礎づけ』本論を善意志から開始し、諸徳に対して「善意志の諸原則なしにはこの上なく悪いものになりうる」（AA 4, 394）と釘を刺したことには、すでにガルヴェ批判が含まれていたのかもしれない。実際、カントは次のようにも述べている。

興奮や熱情における節制、自己支配や冷静な熟考は、さまざまな点で善いだけでなく、人格の内的な価値の一部を構成するようにさえ思われる。しかしながら、それらを制限なしに善いと説明するためには（たとえ古代人たちによってどれほど無条件に称賛されていようとも)、多くのものが欠けている。(ibid.)

この「古代人たち」は必ずしもキケロやストア派一般に限定されるものではないが、ガルヴェの『キケロ論』を度外視していたとも考え難いのである。

このような発言は、カントが徳論を軽視していたことを意味するわけではもちろんない。ここでは徳が否定されているのではなく、徳に対する善意志の優位が宣言されているからである。徳について論じる前に、まずは善意志とは何かについて明らかにする必要がある。このことは、『基礎づけ』「序文」において、「たんに経験的であろう事柄、人間学に属するような事柄のすべてを完全に取り除いた純粋な道徳哲学について、一度論じることがこの上なく必要である」(AA 4, 389)と述べられている通りである。つまり、ガルヴェのようにいきなり特殊な義務を論じるのではなく(参照③・④)、まずは道徳の最上原理を明らかにすることが必要であると、カントは主張しているのである。

同じ文脈でカントが、「この純粋哲学においては、拘束性の根拠が人間の本性(Natur des Menschen)あるいは人間が置かれた世界の状況(Umständen in der Welt)のうちに探究されてはならない」(AA 4, 389)と述べていることも、注目に値する[19]。これもまた、『キケロ論』に対する揶揄と受け取ることは不可能ではない。ガルヴェは徳を人間本性論的に理解し、また適宜行為のような個別の「義務に求められる徳は、(…)蓋然的な状況判断にある」と考えていたからである(参照⑬・⑮)。

そもそもカントが『基礎づけ』「序文」で哲学を分類し、純粋哲学と本来の道徳哲学、そして実践的人間学を区別したのは、「公衆の好みに合わせて(dem Geschmack des Publikums gemäß)、自分たちでもよく分からないまま、経験的なものと合理的なものをさまざまな割合で混ぜて売ることを常とする人々」(AA 4, 388)に対抗するためであった。それはすなわち、カントがガルヴェを筆頭とする通俗哲学者たちを仮想論敵とみなしていたことを意味している。

もちろん、カントの論敵は通俗哲学者たちだけではなかった。ヴォルフ学派もまた、克服すべき議論であった。実際カントは「本書で要求されていることが、有名なヴォルフの道徳哲学の予備学において、すなわち彼が一般実践哲学（allgemeine praktische Weltweisheit）において、すでに解決されている（…）などと、ゆめゆめ考えないでもらいたい」（AA 4. 390）と述べ、ヴォルフ学派を牽制している。

ところが、このような発言もまた、ガルヴェとその追随者を牽制する意図があったと解釈することも不可能ではない。ガルヴェは『善と悪の究極について』を普遍的義務の教説、『義務について』を特殊な義務のそれとみなしていたが（参照④）、前者を一般実践哲学、後者を（狭義の）倫理学と重ねていたからである。

> 道徳哲学の第一部門はすなわち、拘束性の一般的な根拠と徳の本質を探究する。これは私たちの一般実践哲学（allgemeine praktische Philosophie）に該当する。第二部門は個別の義務を、人間の本性と諸関係から導出する。これは私たちの倫理学（Ethik）である。（Garve, 1783b, S. 10）

ここで「私たちの」と述べているように、ガルヴェの「一般実践哲学」はヴォルフ学派のそれを指していると考えて差し支えないだろう。このように、ある道徳的な思索をヴォルフの学問分類に重ね合わせるという前例があったために、カントは自身の仕事をヴォルフと同じとは「決して考えないでもらいたい」と明言したとも考えられる。

三―二　良識の哲学（通俗哲学）に対する批判

以上のように『基礎づけ』のカントはヴォルフ学派と通俗哲学に対し、いわば二正面作戦を行っていたわけだが、両者の扱いは異なっている。というのも、ヴォルフの一般実践哲学は一般論理学と同等のものとして、つまりは少なくとも一つの学問と目されているのに対し、通俗哲学は「なにか日常のおしゃべりぐらいには役に立つもの」

(AA 4.409)、「寄せ集めにすぎないような観察と、半ば屁理屈をこねくり回したような諸原理の、吐き気を催すような混淆」(ibid.)と、悪し様に言われているからである。

このことは、カントのガルヴェ批判とも無関係ではない。ガルヴェは『義務について』を良識の代弁者とみなし(参照②)、自らもそれに準じた。それによって適宜行為を市民的義務とみなすような「普通の人間」にとっての道徳哲学を展開した。このことはカントにとって許しがたいものであったに違いない。『基礎づけ』第一章および第二章前半部(AA 4.S.393-412)の議論は、経験と良識に立脚する通俗哲学に対する反論に当てられている。それを要約すれば、以下のようになる。

㈠　「通常の道徳的理性認識」において、「通常の悟性(すなわち良識)は、あらゆる感性的な動機を実践的な諸原則から排除したならば」(AA 4.404)、(ガルヴェの用語を用いれば)適宜行為ではなく正当行為を認識できる。

㈡　しかしながら理性の命令は厳しいものであるため、私たちの心の中には「自然弁証論、すなわちあの厳格な義務の諸原理に反して屁理屈を捏ね、その妥当性を(…)疑問視するという傾向」(AA 4.405)が生じざるを得ない。このような事情から「普通の人間理性は(…)実践哲学の領域へと足を踏み入れるよう駆り立てられる」(ibid.)。通俗哲学もまた実践哲学を自称するが、通俗哲学は良識の代弁をするのではなく、以上のような事情にかこつけて、良識をむしろ惑わせ、誤った判断を誘引する(AA 4.404)。

㈢　したがって「普通の人間悟性から幸福な素朴さを取り去り、それを哲学によって探究と教訓のための新しい道へと導くためではなく」(ibid.)、それを自然弁証論と通俗哲学から守るためにも、道徳の形而上学が必要である。

『基礎づけ』の記述から推測される限りでは、カントが『キケロ論』反駁を必要としたのは、まさに同書が㈡の

「自然弁証論」に該当するからであっただろう。しかし直接的な反駁を放棄した（あるいは不必要とみなした）とすれば、㈢で示されているように、正しい道徳哲学を提示できれば『キケロ論』の誤謬は自ずと明らかになると考えたからではないだろうか。だとすれば、『基礎づけ』の理論枠組み全体が、『キケロ論』の道徳哲学を棄却するようなものになっているはずである。以下、この仮説を検証しよう。

三―三　五つの反論

繰り返すが、カントが『キケロ論』反駁書の出版を放棄したからといって、同書をまったく無視して『基礎づけ』を書き上げたと考えるのは難しい。『キケロ論』は広く読まれていた（参照①）。したがって『基礎づけ』の読者たちがガルヴェの議論を熟知しているであろう点を、カントが考慮しなかったとは思えない。そこで、『基礎づけ』には『キケロ論』を暗に貶めるだけでなく、その誤謬の根本的原因を明らかにするような論証戦略が含まれていたと考えるのが自然である。

実際、これまでに見てきたように、善意志／諸徳、純粋哲学／通俗哲学、純粋実践理性／人間本性といった区別は、カントが自説を展開すると同時にガルヴェを批判しうる枠組みとなっていた。それらだけにとどまらない。少なくとも以下の五点は、ガルヴェ批判と受け取ることが可能である。

第一に、経験的探究に対する反論である。すでに示した引用の中で、ガルヴェは次のように述べていた（参考⑭）。

　しかしながら、やはりこのような全き完全性をもった徳というモデル（Muster）を、あるいは同じことであるが、精神の最高の完全性を十分に把握したり、判明に描き出したりすることが不可能だということになれば――というのもここには私たちが（徳について）もつさまざまな概念を基礎づけるような経験が欠けているので――、ここには人間本性のもっともすぐれた特徴が度外視されてしまっている［と言わざるをえない］。（Garve,

1783b, S. 40. 傍点引用者）

カントの次の発言は、これを揶揄しているようにもみえる。

> もしも道徳性を実例から借用しようとするならば、これほどひどいやり方は他にはありえない。というのもいかなる実例も、それらによって私に表象される事柄それ自体が、果たしてそもそも実例として、すなわちモデルとして役立つのかを、まずは道徳性の原理によって判定しなければならないからである。しかしながら、実例が上位にあって、道徳性の概念を提供してくれることなど決してありえない。（AA 4, 408）

ガルヴェは賢者が経験的には存在しえないというところから、完全義務ないし正当行為のみを道徳とするストア派一般を批判したのだった。これに対しカントは、そもそも賢者――カント自身が引き合いに出しているのは「福音書の聖者」（ibid.）であり、神であるが――を思い描くことができるのであれば、私たちはすでに「道徳性の原理」を知っているはずだと述べている。そもそも「実例は励ましにしかならない」（AA 4, 409）ない以上、モデルが実在しないからといって「道徳性の原理」を拒絶する必要はまったくない。カントに言わせれば、ガルヴェのように「道徳性の原理」を、実例の欠如という経験的事実によって拒絶することはできないのである。

第二に、賢者と愚者（非賢者）、あるいは完全な人間と「道徳的完成からは程遠い人間」というガルヴェの対概念を踏まえるかのように、『基礎づけ』においては「完全な善意志（ein vollkommen guter Wille）」（AA 4, 414）と「徹底的に善いわけではない意志（ein nicht durchaus guter Wille）」（AA 4, 413）の区別が導入されている。その上で、そもそも義務とは後者に固有のものであると主張される（AA 4, S. 414）。

ガルヴェは、人間は「道徳的完成からは程遠い」ので、道徳的義務を「助言」として捉え、状況に応じて行為する非賢者の適宜行為にも、一定の道徳的価値を見出すべきだとしていた。これに対しカントは、人間が「道徳的完成からは程遠い」からこそ、いわば正当行為が定言的に命令されるのだ、と主張しているわけである。

第三に、カントは定言命法と仮言命法を区別し、ガルヴェの主張は仮言命法の理論にすぎないとして棄却しているように思われる。このことは、カントが仮言命法を「熟練の規則（Regeln der Geschicklichkeit）」と「賢慮の助言（Ratschläge der Klugheit）」に分けている点からも示唆されている（AA 4, 416）。「賢慮の助言」については言うまでもないが（参照③・⑨・⑯）、「熟練（Geschicklichkeit）」という語もまた、ガルヴェの「適宜行為（die schickliche Handlungen）」と——偶然の可能性も大いにあるが——対応しているようにみえる。

第四に、ガルヴェは徳を自然主義的に理解し、自己保存（内的善の実現）と感性的満足（外的善の実現）を幸福とみなし、道徳的な目標に据えた。これに対しカントは、幸福を「保存（Erhaltung）と安寧（Wohlergehen）」と呼んだ上で、幸福は「自然の本来の目的」とはならないと述べている。

さて理性と意志をもったある存在者にとって、自らの保存と安寧が、一言でいえば幸福が自然の本来の目的であったとするならば、自然は自らの意図を実現するためのものとしてその被造物の理性を選んだことで、ひじょうに大きな過ちを犯したことになるだろう。（AA 4, 395）

この文は接続法（反実仮想）で叙述されており、カントの真意は「理性と意志をもったある存在者」にとって、「自然の本来の目的」は幸福ではなく（カントの考える）道徳性の実現にある、と主張する点にある。カントのこうした見解もまた、ガルヴェ批判と受け取ることができるだろう。

最後に、これは反論というよりも概念の再編成と言うべきであるが、ガルヴェは完全義務と不完全義務が同一行為に対する異なる見方でありうると述べていた（参照⑧・⑩）。したがって完全義務に基づく行為でなかったとしても、行為それ自体は完全義務の命ずるところと合致する、といった事態がありうる。ガルヴェはこうした「義務に適った行為」についても道徳的価値を有するものとしていた（参照⑫⑬）。これに対しカントは、「義務に適った

（pflichtmäßig）行為」を外面的に義務に一致するだけの行為とみなし、「義務に基づく（aus Pflicht）行為」と区別した（AA 4, 398）。その上で、前者ではなく後者のみに道徳的価値を認めている。

三―四 小括

以上のように『基礎づけ』のカントは、善意志／諸徳、純粋哲学／通俗哲学、純粋実践理性／人間本性、アプリオリな探究／経験的探究、完全な善意志／徹底的に善いわけではない意志、定言命法／仮言命法、道徳性／幸福、義務に基づく行為／義務に適った行為といったさまざまな区別を導入した。こうした区別は、もちろん人倫の形而上学の構築に向けた予備作業であったが、同時にガルヴェ『キケロ論』をそれぞれの二分法の前者を無視し、後者を称賛するという誤った道徳的議論に位置づけるための基礎を提供するものとなっている。『基礎づけ』のカントはガルヴェ『キケロ論』の直接的な反駁を放棄したものの、自説と比較可能なかたちで『キケロ論』を再理論化し、反駁することのできる理論枠組みを提供したと考えられるのである。

ただし、当然のことながら、上述の二分法群の前者が必要なだけでなく可能であることを、カントは論証しなければならなかった。これが、『基礎づけ』第三章において「純粋実践理性の批判」（AA 4, 446）が求められる所以である。したがって第三章の成否が、ガルヴェ批判の成否に大きく関わってくるわけであるが、その再検討は本論文の課題を超える。

おわりに

本論文ではガルヴェ『キケロ論』を分析し、ガルヴェの道徳哲学の基本的な視座を確認した。その上で、『基礎づけ』と照らし合わせ、同書におけるカントのガルヴェ批判を再構成した。本論文で指摘した枠組みは、『基礎づけ』の標準的解釈においても重要視されるものばかりである。それゆえ、『基礎づけ』をガルヴェ批判として読むことのテキスト解釈上のメリットは薄いように思われる。しかしながら、標準的解釈が同時にガルヴェ批判として読めるのであれば、それは本論文で（解釈上可能なものとして）提示したカントのガルヴェ批判が、けっして穿った見方によるものではないことを示すものである。

カントにとってガルヴェ『キケロ論』は道徳哲学として受け入れられるものではなかった。しかしそれは、ガルヴェあるいはキケロ個人の問題というよりも、経験的・通俗哲学的なアプローチが抱える誤謬——とカントが考えた事柄——に由来するものであったように思われる。このアプローチは自然弁証論を背景に採用される以上、人間本性にとって気まぐれなものではない。したがって『キケロ論』そのものというよりも、『キケロ論』に代表されるアプローチ全体を克服する必要が、カントにはあったのだろう。

このことは、カントが同時代の通俗哲学を学問未満のものだと考えていたにもかかわらず、また本来のそれが形而上学の後に仕上げられるべきものだと考えていたにもかかわらず、「通俗的な哲学（…）から形而上学（…）へと自然な段階を通じて進む」（AA 4, 412）ために、『基礎づけ』第二章を執筆したこととも関係している。このような移行は理論的にだけではなく、実際的に求められたものであったように思われる。『キケロ論』が人気を博し、すでに多くの読者がそれに馴染んでいたために、そこからの脱却が必要だったからである。この点でも『キケロ論』は、カント『基礎づけ』の論証戦略に大きな影を落としていると言うことができるだろう。

註

（1） 以上の経緯については（Kraft u. Schönecker, 1999, S. IX f.）に詳しい。

（2） Vgl. Kuehn, 2001, p. 278：翻訳五三八–九頁。なお、ハーマンは二月十八日付のG・シェフナー宛書簡においてこう記している。「伝え聞くところによると（einer Sage nach）、私たちの親愛なるカント教授は（…）ガルヴェの『キケロ論』に対する反駁に従事しているようです。これは『一般ドイツ叢書』におけるガルヴェの書評に対する間接的な回答となるでしょう」(Hamann, 1965, S. 129f.)。

(3) (小谷、二〇一四) を参照のこと。そもそもゲッティンゲン書評の作者がガルヴェであることをカントが知ったのは、おそらくシュッツからの一七八三年七月十日付書簡によってであった。そして七月十三日付の書簡において、ガルヴェからの謝罪を受け、同年九月七日付の返答の中で和解の意を表明している (AA 10, S. 309ff.; 315ff.)。本論文第二節で確認するように、『キケロ論』の出版はこれ以降であった可能性が極めて高い。

(4) Vgl: Hamann, 1965, S. 129f.. なお、一九八四年四月三〇日付の書簡では、「カントは道徳学の入門書に従事しています。これは当初反批判と銘打とうとし、ガルヴェの『キケロ論』に関係するはずだった著作です」(ibid., S. 141) と述べている。つまりカントがガルヴェ批判を刊行しようと考えたのは、わずか二か月程度であったことになる。

(5) (中島、一九九七) のように、カントの意地悪さを前提とするならば、こうした見解も成り立つだろう。しかし、さしあたりここでは、そう考えなければならない積極的な理由はないこと、たとえそうだったとしても本論文の論証には影響がないことを指摘しておく。

(6) (小谷、二〇一四) を参照のこと。なお、カントが三巻本の『キケロ論』を通読したらしいことについては、(小谷、二〇一五) を参照のこと。そこで筆者は第三巻終盤で展開される歴史哲学を、『普遍史の構想』のカントがふまえていたであろうことを論証したからである。

(7) 同時に名誉の大きさは相対的なものであり、留まるところを知らない名誉欲は危険なものであることも、ガルヴェは認識していた (Buchenau, 2021, S. 113ff.)。この点ではガルヴェの理解する名誉は、カントが理解する尊厳と区別される。

(8) ここでブッヒェナウは、尊厳概念についてのキケロからの影響までは否定していない。カントはキケロから学んだ可能性があるが、それはキケロを直接読んでのことであって、ガルヴェ経由ではない、という立場である。なお、ドイツ語版では断定口調であるが、英語版では「発展させたように思われる」(Buchenau, 2023, p. 254) と主張を弱めている。以上の議論についてはさらに、御子柴訳『道徳形而上学の基礎づけ』解説も参照のこと (御子柴、二〇二二、一九九―二〇四頁)。

(9) なお、本論文ではキケロ『義務について』との関係については扱わない。『基礎づけ』『キケロ論』『義務について』の三者関係については、あまりに複雑になりすぎるからである。

(10) Vgl: Udo u. Gideon, 2021, Waslshots, 2021, Modeß, 2002 etc..

(11) Van der Zande, 1998, p. 80. ブッヒェナウは三〇〇〇ターレルとしているが（Buchenau, 2021, S. 104）、これは誤植であろう。

(12) このような翻訳戦略は、ガルヴェにとって基本的なものであった。彼の翻訳の理念については、（小谷、二〇二三）で整理した。

(13) ガルヴェの関心概念については（小谷、二〇一六）も参照のこと。

(14) これはメンデルスゾーンとアプトの間に生じた人間の使命論争において明確化された論点である。筆者の見立てでは、『キケロ論』においてガルヴェは、この同時代の論争に参与している。（小谷、二〇一五）も参照のこと。

(15) 両概念については例えば（上田、一九九九）などを参照のこと。本論文における日本語訳も同論文に準じている。

(16) Vgl: Modeß, 2002, S. 14.

(17) Vgl: Modeß, 2002, S. 15f..

(18) 先に引用したブッヒェナウも指摘しているように、ガルヴェは「善き、または悪しき意志」について語っている。しかも「さて善き、または悪しき意志は、人間を尊敬するに値する（あるいは軽蔑するに値する）存在とするような、支配的な傾向性ではないだろうか」（Garve, 1783b, S. 32）と述べている。しかしながらガルヴェが問題にしているのは「善き、または悪しき意志の度合い」（ibid., S. 31）であってカントの言う、いわば絶対的な善意志ではない。

(19) 理性もまた人間本性の一部であるという点から言うと、カントの主張は奇妙なようにも見える。しかしカントがここで反対しているのは、「拘束性の根拠を人間本性（…）のうちに探究」（傍点引用者）することであり、人間本性に由来すると考えることそれ自体ではない。なぜカントが人間本性論的探究に反対するのかと言えば、「我々は人間本性についての知見を経験から手に入れることしかできない」（AA 4, 410）からである。

参考文献一覧

カントからの引用はアカデミー版カント全集（*Akademieausgabe von Immanuel Kants Gesammelten Werken*. AA と略記）から行い、巻数とページ数を併記した。また、『基礎づけ』からの引用に関しては（御子柴、二〇二二）を参照し、適宜訳文を改めた。訳文に関する責任は筆者が負うものである。

Buchenau, Stefanie, 2021: “Menschenwürde. Die Kontraverse zwischen Garve und Kant”, in: Roth, Udo u. Stiening, Gideon (Hrsg.),

CHRISTIAN GARVE (1742–1798) Philosoph und Philologe der Aufklärung. Werkprofile, Bd. 14, De Gruyter, S. 101–126.（id., 2023: “Human Dignity: The Garve-Kant Controversy”, in: Hahmann, Andree & Klingner, Stefan, *Kant and Eighteen-century German Philosophy. Contexts, Influences and Controversies*, De Gruyter, pp. 237–259.）

Dittmar, Sieglsmund Gottfried, 1801: *Erinnerungen aus meinem Umgange mit Garve, nebst einigen Bemerkungen über dessen Leben und Charakter*. Wilhelm Gotlieb Korn.

Garve, Christian, 1772: *Adam Fergusons Grundsätze der Moralphilosophie. Uebersetzt und mit einigen Anmerkungen versehen von Christian Garve*. Wilhelm Gotlieb Korn.

Ders., 1783a-c: *Abhandlung über die menschlichen Pflichten in drey Büchern aus dem Lateinischen des Marcus Tullius Cicero, übersetzt von Christian Garve*. 3 Bände. Wilhelm Gottlieb Korn.

Ders. u. Zollikofer, Georg Joachim, 1804: *Briefwecksel zwischen Christian Garve und Georg Joachim Zollikofer, nebst einigen Briefen des erstern an andere Freunde*. Willhelm Gottlieb Korn.

Hamann, Johann Georg, 1965: Henkel, Arthur（Hrsg.）, *Briefwechsel*, Fünfter Band, 1783–85. Insel Verlag.（以下のサイトで閲覧可能 https://hamann-ausgabe.de/HKB（二〇二四年四月一七日現在））

Hottinger, Johann Jakob, 1800: *Marcus Tullius Cicero, von den Pflichten aus der Urschrift übersetzt mit philologisch kritischen Anmerkungen von Joh. Jakob Hottinger*. Erstes Bändchen, Ziegler und Söhne.

Kuehn, Manfred, 2001: *Kant: A Biography*. Cambridge University Press.（菅沢龍文・中澤武・山根雄一郎訳、『カント伝』、春風社、二〇一七。）

Kraft, Bernd u. Schönecker, Dieter, 1999: “Einleitung”, in: Kant, Immanuel, *Grundlegung zur Metaphysik der Sitten*. Meiner, S. I-XXXIX.

Modeß, Jörg, 2002: *Popularphilosophische Kritik an Immanuel Kants praktischer Philosophie. Immanuel Kant, Christian Garve, Ludwig H. Jakob*. GRIN.

Roth, Udo u. Stiening, Gideon, 2021: “Einleitung: Christian Garve – Philosoph und Philologe der Aufklärung”. In: Roth, Udo u. Stiening, Gideon（Hrsg.）, ibid., S. 1–10.

Timmermann, Jens, 2007: *Kant’s Groundwork of the Metaphysics of Morals. A Commentary*. Cambridge.

Van der Zande, Johan, 1998: "The Microscope of Experience: Christian Garve's Translation of Cicero's De Officiis (1783)", *Journal of the History of Ideas*, Vol. 59, No. 1, pp. 75–94.

Waslshots, Michael H., 2021: "Garves Eudämonismus". In: Roth, Udo u. Stiening, Gideon (Hrsg.), ibid., S. 171–182.

上田慎一、一九九九：「古ストア派の正当行為」、『哲学』第五〇号、一九五―二〇三頁。

小谷英生、二〇一四：「隠された友情――『ゲッティンゲン書評』をめぐるカント‐ガルヴェ往復書簡について――」、『群馬大学教育学部紀要 人文・社会編』、第六三巻、五五―六八頁。

同、二〇一五：「カント『世界市民的見地における普遍史のための構想』の思想史的分析（〈人間の使命〉論争、メンデルスゾーン、ガルヴェ）」、『社会思想史研究』、第三九号、七二―九一頁。

同、二〇一六：「クリスティアン・ガルヴェと観察の論理」、平子友長他編、『危機に対峙する思考』、梓出版、二三四―二五四頁。

同、二〇二三：「クリスティアン・ガルヴェのアリストテレス『政治学』翻訳――専制概念に着目して――」、『群馬大学教育学部紀要 人文・社会編』、第七二巻、五七―六七頁。

中島義道、一九九七：『カントの人間学』、講談社。

御子柴善之（訳）、二〇二二：イマヌエル・カント『道徳形而上学の基礎づけ』、人文書院。


（本論文はJSPS科研費JP24K03354の助成を受けたものである）

Ⅲ　自分と他人の非対称性
――完全性をめぐるヴォルフ学派からカントへの転換――

千葉　建

はじめに

カントは『道徳の形而上学の基礎づけ』や『実践理性批判』において、各人がみずから設定する格率が普遍的な法則としても妥当しうるかぎりで、そうした格率によって意志を規定することを「意志の自律」と呼び、これを道徳性の形式的な基準として確立するとともに、従来の倫理学体系すべてを「意志の他律」に基づくものとして峻拒した。そのさいカントは、意志作用の結果として「目的」が達成されるかどうかは、意志そのものの善さとは無関係であることを強調していた（vgl. IV 394）。しかしカントは、後に出版した『道徳の形而上学』の第二部『徳論の形而上学的原理』（以下『徳論』）では、各人が思いのままに設定する目的から出発してその格率を導くという仕方では、その目的が利己的なものであるかぎり、道徳的格率に到達できないという問題点を指摘し、むしろ道徳的格率を導きうるような道徳的目的すなわち「同時に義務である目的」をみずから設定することにかかわる「徳の義務」を認めるに至った（vgl. VI 382f.）。そのさいカントは「同時に義務である目的」になりうるのは「自分の完全性」（eigene Vollkommenheit）と「他人の幸福」（fremde Glückseligkeit）の二つであると主張し、「自分の幸福」と「他人の完全性」はその候補から除外した（vgl. VI 385）。

だが、カントが後者二つを「同時に義務である目的」の候補から除外するための議論は非常に簡潔なうえに必ずしも説得的であるとはいえず、現代の研究者のなかには、分析的な議論によって「自分の幸福」や「他人の完全性」も道徳的なものとして認めることができると主張するものもおり、そうした議論はそれなりの説得力をもっているようにも思われる(1)。しかしここで指摘したいのは、こうした主張それ自体は必ずしも新しいものではなく、カントの同時代人のシュヴァープ（Johann Christoph Schwab, 1743–1821）が匿名で出版した『クリスティアン・ヴォルフとあるカント主義者の間で交わされたカントの法論と徳論の形而上学的原理をめぐる九篇の対話』（以下『九対話』）（一七九八年）という架空の対話篇のなかですでに言及されている、という事実である(2)。同書や他の著作においてシュヴァープは、カントの見解の問題点を指摘する一方で、ヴォルフ（Christian Wolff, 1679–1754）の思想を擁護しており、シュヴァープのカント批判を検討することは、カントの思想史的意義を考えるためだけではなく、現代の議論にも少なからぬ示唆を与えてくれるように思われる。

そこで本稿は、シュヴァープのカント批判を手がかりにして、とくに「他人の完全性」の問題圏をめぐって議論する。最初に、シュヴァープが、他人の完全性の促進を道徳的に認めないカントを批判し、それを受け入れるヴォルフを支持している議論について説明する。次に、他人の完全性に関するヴォルフ学派内の議論の展開を追跡する。そのさい主にヴォルフ、ケーラー（Heinrich Köhler, 1685–1737）、バウムガルテン（Alexander Gottlieb Baumgarten, 1714–1762）の三者について考察し、彼らの議論の中心がエゴイズム批判への応答であった点を明らかにする。最後に、カントが他人の完全性を「同時に義務である目的」に含めない理由について検討する。その根拠となるのは、自他の非対称性の承認と結びついた他人の完全性の代替不可能性であり、これがカントをヴォルフ学派から分かつ重要な違いであることを示す。

一　他人の完全性をめぐるシュヴァープのカント批判

シュヴァープは、テュービンゲン大学で哲学と神学を学び、一七六四年に修士の学位を取得した後、十年以上の家庭教師生活を経て、一七七八年にシュトゥットガルトのカール学院の論理学と形而上学の教授となり、一七九三年からはヴュルテンベルク公国の枢密宮廷顧問官などの公職を歴任しながら、ライプニッツ＝ヴォルフ学派の立場を擁護し、カントやラインホルト（Karl Leonhard Reinhold, 1757–1823）やフィヒテ（Johann Gottlieb Fichte, 1762–1814）らの哲学を批判する著述活動を行った思想家である。[3] カントとの関係でいえば、今日シュヴァープは、カントが投稿を検討しながら最終的に取りやめたベルリン・アカデミーの懸賞論文、すなわち「ライプニッツやヴォルフの時代以降、形而上学がドイツで成し遂げた真の進歩はどのようなものか」という問いをめぐる懸賞論文で受賞したことでのみ名が知られ、カント自身もこの件でシュヴァープに言及しているが（vgl. XII 45）、本稿が取り上げる『徳論』に対するシュヴァープの批判に対しては、カントは直接的には何も応えていない。しかし、シュヴァープの批判が興味深いのは、上の経歴からも窺い知ることができるように、彼が、たとえばハレ大学などのヴォルフ学派の牙城で学び党派的な関心からカントを批判したわけではなく、両者の議論を冷静に比較検討したうえでライプニッツ＝ヴォルフ学派の優位を認めるに至った、という点である。[4] このことはシュヴァープの『カントの道徳原理とライプニッツ＝ヴォルフの道徳原理の比較』（以下『比較』）における次の発言にも表れている。

> 私にとって重要なのは、ライプニッツ＝ヴォルフ哲学ではなく真理であって、ある意見が間違っていることを根拠によって示してくれるなら、私はいつでもその意見を手放す用意がある。（Schwab (1800), S. XLVIII）

シュヴァープは、『一般学芸新聞』に代表される当時の雑誌がカントを無批判に賞賛しているさまを「測り知れない党派性」（ungemessene Partheylichkeit）（Schwab (1800), S. XXXVIII）と呼んで非難し、[5]「私が本書を通じて、考える頭脳の持ち主に真理をさらに探究する機会を与えたなら十分である」（Schwab (1800), S. LIII）と述べる。こうした意図のもとで展開されるシュヴァープの批判は、ヴォルフやカントのテクストの綿密な読解に基づいたものであり、現代でも十分傾聴に値する論点を含んでいるように思われる。以下では『九対話』と『比較』で論じられた他人の完全性に関するシュヴァープのカント批判を順に検討したい。

シュヴァープの『九対話』でこの問題が主題的に扱われるのは「第五の対話。自分の完全性と他人の幸福を目的にすることへの義務づけについて」においてである。この対話は、ヴォルフがカント主義者に対して、カントの議論の問題点を指摘するかたちで展開し、他人の完全性を認めず、他人の幸福だけを認めるカントに二つの反論がなされる。第一の反論は、他人の完全性の促進を自分の目的にすること自体に矛盾はないというものであり、第二の反論は、カントの言うように他人の幸福の促進が義務づけられるとすれば、他人の幸福の実現のために必要とされる他人の完全性の促進も義務づけられるというものである。第二の反論はカントに対する外在的な批判になっているため、(6) ここでは第一の反論について少し詳しく見てみよう。カントは『徳論』において、「他人の完全性を私の目的にして、私はそれを促進するよう義務づけられていると考えることは矛盾である」(VI 386) と述べ、その理由について次のように語る。

なぜなら、一個の人格としての他人の完全性とは、その他人がみずから、自分自身の義務概念にしたがって、自分の目的を設定できることなのであって、その当人にしかできないことを、私がすべきだと要求すること（私の義務とすること）は、自己矛盾だからである。(VI 386)

これに対してシュヴァープは、他人が自分自身の義務概念にしたがって自分の目的を設定できるようになるためには、明らかに別の人が大いに貢献することができると反論し、たとえば、私は「授業」(Unterricht) を通じて他人の知力を陶冶し、それによって他人が自分の義務概念にしたがって目的を設定し行為するようになるとすれば、私は他人の完全性に貢献することになると指摘する ([Schwab] (1798), S. 134)。それゆえ、他人の完全性に貢献することができるなら、それを義務とすることにも自己矛盾はない、と彼は主張するのである。(7)

以上のように『九対話』はカントの不整合を衝くという消極的な批判にとどまったが、『比較』においてシュヴァープは、カントに対する代案としてヴォルフの立場を積極的に擁護する。『比較』は友人に宛てた三十一通の手紙というかたちをとって語られるが、他人の完全性の問題をめぐって議論されるのは「第十九の手紙」である。この手紙を検討する前に、その前提となるヴォルフ学派内での道徳原理の展開を批判的に検討した「第二の手紙」を見ておこう。ここでシュヴァープは、まずヴォルフの道徳原理を以下のように説明する。

自己と自分の状態をより完全にすることを行いなさい（そして自己と自分の状態をより不完全にすることを行ってはならない）。

あるいは、

自分に可能なかぎり自己を完全にするよう求めなさい。

あるいは、

全力で自分の完全性を促進しなさい。（Schwab (1800), S. 2f.）

シュヴァープによれば、これらの三つの定式は内容的には同じことを意味するが、こうした「自分の完全性」の促進を命じるライプニッツ＝ヴォルフの原理では、「人は私欲で（selbstsüchtig）利己的に（eigennützig）行為するようあまりにも容易に誘惑される」（Schwab (1800), S. 3）という批判が出たため、二つの修正が提案されたという。一つが、この原理を一般化したもので、「完全性（一般）を求め、もたらしなさい」（Schwab (1800), S. 3）というものであり、もう一つが、他人の視点を追加したもので、「自分の完全性と他人の完全性を促進しなさい」（Schwab (1800), S. 3）というものである。しかしシュヴァープは、いずれの原理も、自分以外の他人の完全性を促進する理由や、自分の完全性と他人の完全性の促進が衝突する場合にどう行為すべきかの基準が不明確であり、「誰にとっても明白であり最も実践に役立つ」（Schwab (1800), S. 5）ライプニッツ＝ヴォルフの原理にとどまる、と主張するのである。

シュヴァープは「第十九の手紙」で、こうしたライプニッツ＝ヴォルフの道徳原理から、他人の完全性を促進する義務を導き出す。その論証は以下の通りである。

> 人間は一人では自己をより完全にすることはできず、そのためには他人の援助を必要とする。〔…〕しかるに、道徳法則はあらゆる人に、自己と自分の状態をより完全にするよう命じる。それゆえ、道徳法則はまたあらゆる人に、自分の力のかぎり他人の完全性に貢献するよう命じるのである。(Schwab (1800), S. 102)

この論証を支えているのは、シュヴァープ自身が指摘するように、道徳法則が「普遍的かつ必然的」(Schwab (1800), S. 103) であることである。私が自分の完全性を促進する義務を果たすためには、他人の援助を必要とし、同様に、他人も自分の完全性を促進する義務を果たすためには、私や自分以外の他人の援助を必要とする。このようにして、「各々の人が自己をより完全なものにするよう義務づけられているということから、すべての人が力を合わせてお互いの完全性に携わることへの義務づけが生じる」(Schwab (1800), S. 103) とシュヴァープは述べ、自分の完全性と他人の完全性の相互性に言及する。ここからシュヴァープは、「各々の人間は目的であると同時に手段である。つまり、目的であるのは、自分自身の完全性に携わることによってであり、手段であるのは、力のかぎり同類の人間 (Mitmenschen) の完全性に寄与することによってである」(Schwab (1800), S. 103) と語り、ライプニッツ＝ヴォルフの原理は「自己を完全な目的にし、また完全な手段にしなさい」と表現することもできると述べる (Schwab (1800), S. 103)。さらにシュヴァープは、この原理からは、「各々の人間を、たんに手段としてではなく、同時に目的として扱いなさい」(Schwab (1800), S. 103f.) というカント的な命題を導出できると主張し、この命題はカントの原理よりもライプニッツ＝ヴォルフの原理にしたがったほうが明晰に理解できる、というのである[8]。また、自分の完全性と他人の完全性のどちらを促進すべきかという義務の衝突の問題に関しても、シュヴァープによれば、ライプニッツ＝ヴォルフの原理はカントの原理よりも容易に判断することができるのであり、前者の原理は自分の完全性の促進を第一に命じ、この義務に反しないかぎりで他人の完全性を促進することを命じるのである (vgl.

Schwab (1800), S. 107f.)。

以上のようにシュヴァープは、「自分の完全性をできるかぎり促進しなさい」というライプニッツ＝ヴォルフの原理から出発し、そのための手段としての相互援助の必要性から「自己を完全な目的にし、また完全な手段にしなさい」という原理を導き、それによって他人の完全性を促進する義務を認め、さらには「あらゆる人間を、たんに手段としてではなく、同時に目的として扱いなさい」というカント的な命題まで導出している。しかし、こうしたシュヴァープの議論はヴォルフ学派およびカントの立場からみてどの程度妥当なのだろうか。

二　完全性と幸福をめぐるヴォルフ学派の展開

前節でみたように、シュヴァープは、「自分の完全性をできるかぎり促進しなさい」というライプニッツ＝ヴォルフの原理から、「自己を完全な目的にし、また完全な手段にしなさい」という原理を導いており、両原理の間に特段の差異を認めてはいなかった。しかし、シュヴァイガー（Schwaiger (2011), S. 163ff.）によれば、「目的」としての自己完全化と「手段」としての自己完全化という区別は、ヴォルフには見られず、バウムガルテンによる「新しい区別」だとされる。本節では、こうした概念的区別に至るヴォルフ学派の展開をたどることによって、シュヴァープの議論を再検討する準備をしたい。そのさいヴォルフ、ケーラー、バウムガルテンの三人を主に取り上げるが、それはバウムガルテンの「忠実な解釈者」（Schwaiger (2011), S. 76）と称されるマイアー（Georg Friedrich Meier, 1718-1777）が自分の『一般実践哲学』について、ヴォルフの『一般実践哲学』とケーラーの『自然法の研究』、そしてバウムガルテンの『第一実践哲学の原理』に多くを負っていると明言しており（Meier (1764), §. 30）、三者を一連の系譜に属するものとして考察することはその点で正当化されると思われるからである。

二―一　ヴォルフ

ヴォルフの倫理学から始めよう。[9] シュヴァープが言及していたように、ヴォルフは『人間の幸福を促進するための、人間の行いについての理性的考察』（引用時はDEと節番号を付す）において、「自己と自分の状態をより完全にすることを行いなさい、また自己と自分の状態をより不完全にすることを行ってはならない」ということを「自然法」（Gesetz der Natur）として規定する（DE §. 19）。[10] しかるに、ヴォルフにおいて「完全性」とは「多様なものの一致」（Übereinstimmung des mannigfaltigen）（DE §. 144）であるから、ある状態が完全であるとは次のような事態を意味している。

現在の状態が先行状態や後続状態と一致し、すべての状態がまとめて人間の本質や自然本性と一致するならば、人間の状態は完全であり（『形而上学』§. 152）、しかもこうした一致が大きければ大きいほど、人間の状態はますます完全である（『形而上学』§. 154）。[11] これに対して、もし過去の状態が現在の状態と対立したり、現在の状態が将来の状態と対立したり、あるいは同時に存在するものにおいても一方が他方に逆行するとすれば、人間の状態は不完全である（『形而上学』§. 152）。（DE §. 2）

このようにヴォルフは、人間のさまざまな行為やその結果が相互に矛盾することなく一致することを完全性と捉え、完全性を求め、不完全性を避けよという「自然法」を命じる。しかし、ヴォルフによれば、最大の完全性は神に特有のものであり、被造物が達成することはできないから、人間に到達可能な「最高善」（das höchste Gut）ないし「浄福」（Seeligkeit）とは「より大きな完全性への不断の進歩」（ungehinderter Fortgang zu grösseren Vollkommenheiten）であると説明される（DE §. 44）。[12] さらにヴォルフは、このように不断に進歩し、しかもそのことに気づいている人は「完全性の直観的認識」（anschauende Erkäntniß der Vollkommenheit）をもち、この種の認識は「快」や「楽しみ」を提供するから、その人は「持続的な楽しみ」（beständiges Vergnügen）をもつと解説し（DE §. 49）、こうした「持続的な喜び（beständige Freude）の状態」が「幸福」（Glückseeligkeit）であると述べる（DE §. 52）。したがって、自然法を遵守することを通じて「より大きな完全性への不断の進歩」という最高善が達成され、この最高善は幸福と結びついているがゆえに、自然法の遵守は幸福を獲得するための手段でもある、ということになる（DE §. 52, 53）。

以上のように、ヴォルフにおいて自分の完全性の追求を命じる「自然法」はあくまでも「幸福」の手段であり、そこにエゴイズムとの批判を招く余地があったといえる。(13) ヴォルフ自身そのことに自覚的であり、「自然法は利己的な人々（eigennützige Leute）を作るであろう」（DE §. 41）という異論に対して、「われわれの自然本性の完全性のもとには神の栄誉も最高の共通善（das gemeine Beste）の促進も含まれる」（DE §. 42）と応答し、両者を全力で促進しようとしない人の「知性と意志が達した完全性の度合はまだ非常に低いのである」（DE §. 42）と述べる。さらに「利己的な人」と「自分の完全性を求める人」との違いを以下のように説明する。

> 利己的である人は、自分にだけ目を向け、自分がより大きな損害なしに利益を獲得できさえすれば、他人の損害を伴ってでも自分の利益を求める。これに対して、できるだけ自己を完全にしようと求める人は、他人のものも〔できるだけ完全にしようと〕求め、他人の損害を伴ってはなにものも要求しない。（DE §. 43）

このように述べることで、ヴォルフは、利己心が自然法の根拠ではないことを示そうとしており、他者の立場も考慮した「自由な行為の一般的規則」（allgemeine Regel der freyen Handlungen）（DE §. 16）として、「自己と自分の状態や他人の状態をより完全にすることを行いなさい。自分の状態や他人の状態をより不完全にすることを行わないようにしなさい」（DE §. 12）という規則を設定する。(14) また彼は、「他人一般に対する人間の義務」として、自分にできるかぎり他人の完全性を促進し他人の幸福に寄与するという義務を説き（DE §. 767）、「人間は、自分に関わるかぎりで、まさに自分が達成したことを他人が達成するのを助けることにも努めなくてはならない」（DE §. 768）とも述べる。さらに彼は、こうした規則によって、「われわれは生じる事例のすべてにおいて、援助するよう他人に義務づけられているか否かを判断することができる」（DE §. 772）とも主張している。[15] しかし、こうしたヴォルフのアプローチは、シュヴァープが指摘したように、自分の完全性の促進を第一に命じ、この義務に反しないかぎりで他人の完全性を促進することを命じるものであり、あくまでも自分の完全性を基礎にして、それを他者の完全性に拡張しようとするものである。この意味で、それは自己中心性の嫌疑を免れることが難しいように思われる。

二―二　ケーラー

こうしたヴォルフの完全性の倫理学につきまとうエゴイズムの影を払拭しようとする試みとして注目されるのが、ケーラーの『自然法の研究』（引用時はINEと節番号を付す）である。ケーラーは基本的には自分の完全性と幸福に関してはヴォルフを継承しながら、他人の完全性についてより自己中心性を脱する方向で議論を展開している。ケーラーは自分の完全性と幸福との結びつきについて、以下のようにヴォルフ的な見解を表明する。

> 自然法は、われわれの完全性、しかも真の完全性を促進する行為を命じる（§. 352, 334）。したがって自然法は、われわれが一つの真の完全性から新たな諸々の真の完全性へと進歩することにつながる。それゆえ、自然法に従う人の胸中には、真の増大する快（§. 131）が生じ、さらには喜び（§. 367）が、それも持続的な喜びが生じる。しかるに持続的な喜びの状態が幸福（felicitas）（§. 368）と呼ばれるから、自然法の遵守（cultus）はわれわれを幸福にする。[16]（INE §. 369）

それに対して、他人の完全性に関しては、「至高なる神の栄光の増大と、他人を完成することへの熱意は、自分の真なる完全性から切り離すことができないこと（§. 699, 704, 833, 834, 836）を証明しよう」（INE §. 341）と述べ、自分の完全性と他人の完全性の分離不可能性を示そうとする。その「証明」の核となるのは次の一節である。

> あなたは世界のシステム（systema mundanum）のうちで他の人々とともに生きており、自分では達成不可能な

実に多くの完全性や、すでに獲得した完全性のいっそう大きな度合は、彼らの助けに依存する。しかるに、あなたは自己と自分の状態をより完全にすることを行うべきであるから（§. 340）、他人があなたを完全にする努力をすることに注視すべきである。しかし、他の人々にあなたを完全にするというこの種の努力を期待するのは、彼らがあなたをより完全にすることを欲する場合だけであり（§. 505）、あなたは他人があなたの完全性を欲するように努めるべきである。しかるに、われわれは善の理由のもとでなければなにも欲求しないから（§. 175）、あなたが自己を完成するために動かそうと望む人々は、あなたの完全性を、善きものとして、すなわち、それによって彼ら自身が完成されると思うようなものとして（§. 141）、みなさなくてはならない。それゆえ、あなたは、他人もまたあなたによって完成されると理解するような仕方で、自己を完成させるべきである。あなたは自分の行為を、自分の完全性だけではなく、他人の完全性へも向けるべきである。（INE §. 699）

このようにケーラーは、自分の完全性と他人の完全性の相互依存性によって両者の分離不可能性を基礎づけようとしている。[17]そこから彼は、「自分の完全性（§. 352）と他人の完全性（§. 699）に適うように生きなさい」（INE §. 704）という規範を導き出すのである。

以上のようなケーラーの議論は、ヴォルフよりも自分の完全性と他人の完全性の調和的な関係を強調するものになっている。しかしその論拠は、自分の完全性を他人に促進してもらうためには、同時に他人の完全性への配慮も不可欠だ、というある種の自己中心性を孕んだものであるように見える。[18]そうだとすれば、彼の議論もエゴイズムの嫌疑を免れることは難しいだろう。

二―三　バウムガルテン

ヴォルフ学派の抱えるこうした問題を克服すべく独創的な思想を展開したのがバウムガルテンである。バウムガルテンの思想は、①「目的」(finis) としての自己完全化と「手段」(medium) としての自己完全化を区別し、②「浄福」と「幸福」の直接的な結びつきを断ち切った、という二点において特筆すべきであると考えられる。以下順に見ていこう。

①「目的」としての自己完全化と「手段」としての完全化の区別は、前述したように、バウムガルテンによる新しい区別である (Schwaiger (2011), S. 163ff.)。バウムガルテンがこうした区別に言及するのは、次にあげる『第一実践哲学の原理』(引用時はBIPと節番号を付す) と『哲学的倫理学』(引用時はBEPと節番号を付す) の二か所である。

> 自己をより完全な目的 (perfectior finis) やより完全な手段 (perfectius medium) にするような自分の完全性をできるかぎり求めなさい。(BIP §.43)

> 自然状態 (status naturalis) においてできるかぎり自己を完全にしなさい。つまり、自然状態において、目的として自己を完全にすること――自分自身がその完全性の規定根拠であるようなこと――を行いなさい、または、手段として自己を完全にすること――自分の外に置かれた完全性の規定根拠 (ratio perfectionis determinans extra te posita) のために自己を他人と一致させること――を行いなさい。(BEP §.10)

バウムガルテンはこの区別によって、完全性の追求が、自分のためだけではなく、自分以外の他者のためでもありうることを概念化しているのである。バウムガルテンによるこうした区別がヴォルフに向けられたエゴイズム批判に対処するうえで有効であることは、マイアーがより明確に指摘している。マイアー (Meier (1764), §.105) は、ヴォルフの敵対者が「もしわれわれが、自分の自由な行為すべてを通じて、最大限可能な自分自身の完全性を求めるよう自然的に義務づけられているとすれば、自然な義務づけの全体は恥ずべき利己性 (schändliche Eigennützigkeit) に変容してしまう」と批判するのに対して、「ヴォルフ派の概念」にしたがった完全性としてバウムガルテンによる目的と手段の区別を持ち出す[19]。マイアーによれば、目的としての自己完全化の場合、行為の目的は「自己自身のうちに見いだせるような実在性（Realitat）の獲得」であるのに対して、手段としての自己完全化の場合には、行為の目的は「自己の外なる他の事物において偶有性（Accidenz）として現実にあるような実在性の産出」であり、この場合、人間は「他の事物の完全性のための手段として自己をより完全なものにし、自分の自由な行為にさいして他の事物への真の関心を眼前にもつ」とされる（Meier (1764). §. 105）。そこでマイアーは、「ある人が自分の自由な行動すべてを通じて、たんに目的としてのみ（blos als einen Zweck）自己をより完全にしようとするなら、その人は恥ずべき利己性から行為してもいよう」（Meier (1764). §. 105）と論敵に譲歩しながらも[20]、それは自己完全化の半面にすぎず、いわば利他的なあり方である「手段」としての自己完全化を付け加えるのである。さらにマイアーはこうしたあり方の根拠を「神の摂理」に求め、「神の摂理は、人間を被造物の連鎖（Kette der Creaturen）のうちに他の諸事物の完全性のための手段としても織り込んだ」と主張し、「人間の最高の完全性は、人間がこの連鎖のなかで、最も完全な目的であると同時に最も完全な手段として存在することにある」と結論づけることによって、エゴイズム批判を回避しようとするのである（Meier (1764). §. 105）。

②次にバウムガルテンにおける「浄福」（beatitudo）と「幸福」（felicitas）の関係について見てみよう。先に見たようにヴォルフ学派の標準的見解では、「浄福」はこの世界におけるより大きな完全性への不断の進歩のことを指し、この状態の直観的認識によって生じる持続的な喜びが「幸福」であった。それに対してバウムガルテンは、「幸福」のためには、「浄福」だけではなく、外的な物理的善によってもたらされる「僥幸」（prosperitas）も必要だと説くのである。バウムガルテンがこの概念を主題的に導入するのは、シュヴァイガーが指摘するように、道徳哲学関係の著作ではなく、『形而上学』においてである[21]。バウムガルテンは次のように述べる。

　与えられた自由により密接に依存するものは、厳密な意味で道徳的と呼ばれ、ときに端的に道徳的と呼ばれる。

したがって、精神にとってより緊密に精神の自由に依存する善いものは、厳密な意味で道徳的に善いものであり、このような〔厳密な意味で道徳的に善い〕ものが定立されるときに定立されるべき完全性が浄福（beatitudo, Seeligkeit）である。精神にふさわしい完全性の複合が幸福（felicitas, Glückseligkeit）である。有限な精神の幸福のための浄福の補完物が僥幸（prosperitas, gutes Glück, Wohlfarth）であり、それが定立されると僥幸が定立される善きものは繁栄（prospera, Glücks-Güther）（厳密な意味で物理的な善いもの）である。有限な精神の幸福は僥幸と浄福の複合である（Felicitas spiritus finiti est complexus prosperitatis et beatitudinis）。（Baumgarten（1757）. §. 787）

このようにバウムガルテンは、人間のような有限な精神の幸福にとって、浄福という道徳的な側面は幸福の必要条件だが十分条件ではなく、僥幸という物理的条件の充足が不可欠であると指摘する。しかし、僥幸をもたらしてくれる繁栄は、そのドイツ語 Glücks-Güther が示唆するように幸運（Glück）の賜物にすぎないものであるから、バウムガルテンは『哲学的倫理学』において、快適な生活という幸運を手にした人は、それを傲慢にも自分に帰すべきではなく、「第一作者」（auctor primus）である神と「第二原因」（causae secundae）である他人に感謝すべきである、と述べる（BEP §. 475）。さらに同書では、「浄福な生活がきわめて不快な生活であることもありうるし、逆もありうる。快適な生活がかなり不幸な生活であることもありうるし、逆もありうる」（BEP §. 472）と語られるように、道徳的な浄福と物理的な僥幸が一致しない可能性も認めている。そして彼は、促進されるべきものは浄福であり、他人を判断するさいも僥幸よりも浄福の根拠が重んじられるべきだという（BEP §. 354）。こうしたバウムガルテンの議論は、完全性の追求という道徳的な活動が必ずしも僥倖ひいては幸福につながらないことを示している点で、ヴォルフ派に対するエゴイズム批判に応えるものになっているだろう。さらに幸福を浄福と僥幸の二要素によって説明するバウムガルテンの議論は、シュヴァイガー（Schwaiger（2011）. S.107）が指摘するように、最高善を徳と幸福の調和として説明するカントの議論を先取りしたものであるといえようが、それにとどまらず、完全性の追求と幸福との直接的な結びつきを断ち切る点において、カントが『徳論』で展開した完全性と幸福をめぐる自他の非対称性の議論にも影響を与えているように思われる。

以上考察してきたように、ヴォルフ流の倫理学が抱えるエゴイズムの嫌疑を払拭すべく、学派内では自分の完全性だけではなく他人の完全性の促進も義務として正当化するための試みが行われてきた。とくにバウムガルテンによる「目的」としての自己完全化と「手段」としての自己完全化という考えについては、シュヴァイガーが、その革新性を指摘するとともに、それが要求するところはいわばカントの定言命法の目的自体の法式を「逆立ち」（auf den Kopf stellen）（Schwaiger（2011），S.163）させたものだと述べて、次のように定式化している。「自分の人格のうちなる完全性を、決してたんに目的としてではなく、つねに同時に他人を完全にするための手段としても扱うように、行為しなさい」（Schwaiger（2011），S.163）。シュヴァイガーは「逆立ち」という表現を用いることで、自分の完全性の手段化を禁じるカントに対して、バウムガルテンがそれを要求していると解釈しているように思われる。[22]

三　カントにおける他人の完全性の排除の真意

これまで他人の完全性をめぐるシュヴァープとヴォルフ学派の議論を見てきたが、ここで次のような疑問が生じる。すなわち、シュヴァープがヴォルフの完全性の原理から出発し、バウムガルテン流の目的および手段としての自己完全化を用いて、カント風の定言命法を導出したのに対して、シュヴァイガーはバウムガルテンの目的および手段としての自己完全化から反カント的な定言命法を導出したが、これら一見対立する主張のどちらが正しいのだろうか。それとも、どちらも間違っているのだろうか。あるいはむしろ、両者の見解は見かけほどには対立していないのだろうか。実際、両者ともカントとは異なり「他人の完全性」の促進を認める点では一致している。

こうした疑問を考えるうえで、先に引用したシュヴァープの「あらゆる人間を、たんに手段としてではなく、同時に目的として扱いなさい」（傍点筆者）（Schwab（1800）. S. 103f.）という箇所が手がかりになるように思われる。つまり、傍点を付した「あらゆる人間」の箇所は、カントでは「自分の人格やあらゆる他人の人格における人間性」（IV 429）であり、「人間」と「人間性」の区別を認めていない点で、両者はカントを誤認しているのではなかろうか。こうした見通しのもと、カントが『徳論』で「他人の完全性」を「同時に義務である目的」に含めなかった理由を考えてみたい。

カントの『道徳の形而上学』によれば、「人間性」とは「物理的諸規定から独立した人格性」（叡智人 homo noumenon）であり、「人間」は「物理的諸規定をかかえた主体」（現象人 homo phaenomenon）である（VI 239）。カントはこのように人（homo）を理性的で道徳的な側面（homo noumenon）と感性的な側面（homo phaenomenon）の「二重の固有性」（zweifache Eigenschaft）（VI 239）においてとらえ、その観点から義務を区分しており、自分に対する徳の義務としては「自分の人格のうちなる人間性の目的」（der Zweck der Menschheit in unserer Person）を、他人に対する徳の義務としては「人間の目的」（der Zweck der Menschen）を割り当てる（VI 240）。具体的には、前者の「人間性」の目的が「自分の完全性」であり、後者の「人間」の目的が「他人の幸福」であり、これら二つだけが「同時に義務である目的」であると主張する（VI 385）。つまり、ひとは道徳的・精神的な人格として自分に向き合うときには、その「人間性」にふさわしい目的として「自分の完全性」の促進をめざすべきであり、他方、感性的・物理的な制約をもつ「人間」としての他人に対しては、「他人の幸福」の促進をめざすべきだ、というわけである。ここには自分と他人の非対称性が認められる。自分は、現象人としての自分だけではなく、理性ないし道徳法則を介して叡智人としての自分にも関係しうるのに対して、他人には現象人としてしかアクセスできない。しかし、他人もまたその人格のうちに人間性を宿す深みのある存在であり、その人間性を尊重すること、言い換えれば、その人間性の尊厳を毀損するようなことを行わないことが求められる。カントが「他人の完全性」を「同時に義務である目的」に含めない理由もそこに認められるように思われる。その理由の箇所をもう一度引用しよう。

なぜなら、一個の人格としての他人の完全性とは、その他人がみずから、自分自身の義務概念にしたがって、自分の目的を設定できることなのであって、その当人にしかできないことを、私がすべきだと要求すること（私の義務とすること）は、自己矛盾だからである。（VI 386）

カントが別の箇所で言及しているように、そもそも人間は、ある目的を達成する手段としての「行為」は強制されうるにしても、「目的」をもつことそれ自体は強制されえず、主体の自由な作用によるしかないのであり、ここに一つの自己矛盾を見いだすこともできる（vgl. VI 381）。しかし、この引用の「自己矛盾」は、それにとどまらない意味をもっているように思われる。ここで私が相対する他人は、たんに「人間」としてではなく、「人間性」を宿す「一個の人格」としても考えられる存在である。したがって、この主体にとっての目的は、その人が思いのままに設定できる「したい目的」ではなく、同時に「義務」である「もつべき目的」のはずである。しかるに、こうした「もつべき目的」をみずから設定できることこそが、道徳的行為者たる人格としての完全性である。それゆえ、その人の代わりに私が目的を決めるべきだというのは、他人の人格としての在り方を否定するものであり、この意味で自己矛盾なのである。こうした意味での他人の完全性の代替不可能性こそ、カントが「他人の完全性」を「同時に義務である目的」に含めない理由だったと考えられる。

このようにカントが問題視したのは、私が他人の道徳的な目的設定の代替不可能を無視し、その肩代わりをすべきだと要求することであったとすれば、私や他人がみずから「同時に義務である目的」を設定するかぎり、この目的のための手段として自分の完全性を扱うこと自体には問題がないと考えられる。だとすれば、前節の最後でみたように、シュヴァイガーはカントがバウムガルテンとは異なり「自分の完全性」の手段化を禁止していると示唆していたが、そのように解釈するのは正しくないように思われる。実際、カントは『徳論』で「自己自身に対する積極的義務」を示す原則として、「たんなる自然が創造した以上に、自己をより完全にしなさい（目的として自己を完全にしなさい、手段として自己を完全にしなさい（perfice te ut finem; perfice te ut medium)）」というバウムガルテン流の命題を挙げているのである（VI 419）。それではカントはバウムガルテンの思想をそのまま受け継いだのであろうか。この問題を考えるうえで参考になるのが、『徳論』に重複する内容を含む唯一の講義録である『ヴィギランティウス道徳の形而上学』（一七九三／九四）の次の発言である。

われわれ自身に関しては、義務の格率は〔自己の〕完全化にのみ向けられることができる。なぜなら、他人の幸福を促進するという目的は、私が自分自身の完全性によってのみ、この道徳的目的にふさわしい行為のための手段を得ることができるからである。（XXVII 651）

『徳論』によれば「自分の完全性」とは具体的には「知性」や「意志」といった「自分の能力の陶冶」（Cultur seines Vermögens）を指す（VI 387）。つまり、ここで語られているのは、自分の能力を陶冶してはじめて他人の幸福を促進することができるという関係性である。ここから読み取れるのは、カントは、シュヴァイガーが示唆するように「自分の完全性」が手段となることそれ自体を禁じていたわけではなく、むしろそれが――「他人の完全性」ではなく――「他人の幸福」を促進する唯一の手段だと考えていた、ということである。言い換えれば、カントはバウムガルテン的な「手段としての自己完全化」を――完全性の規定根拠を「他人の完全性」から「他人の幸福」に入れ替えたうえで――採り入れているといえよう。さらにカントは続ける。

特殊的には、ここで道徳的な意味での完全性とは、みずからの全能力が人間性の目的である幸福と一致することである。もしわれわれが自分の完全性を他人の幸福のために求めるような方向で行為するとすれば、われわれの行為は人間性の目的と一致する。それどころか、もしこれによって道徳性の法則が実現されるならば、われわれは万物の最終目的、すなわち最高善に到達するだろうが、人間は自己をそれに役立つものにすることによってのみ、そこへ到達することができる。（XXVII 651f.）

ここでカントは、われわれが「自分の完全性を他人の幸福のために」求めあうとすれば、最終的にはこの世界での最高善に到達しうるというビジョンを示しているが、それは人間がそこに向かって努力すべき理念といえよう。

以上のように、カントは「他人の完全性」を「同時に義務である目的」の範疇から排除したが、それは他人の人格のうちなる人間性の尊厳を守るためのものであった。また、こうした「他人の完全性」の排除は、他人への援助一般を否定するものではなく、むしろ「自分の完全性」を「他人の幸福」のために促進することが求められた。紙幅の関係で論じることはできないが、『徳論』では前者の側面が「尊敬の義務」として、後者の側面が「愛の義務」として展開されたといえる。カントにおいて自分と他人は、お互いに人間性の尊厳を毀損しないよう敬意を払いながら、同時に感性的存在である人間として幸福を配慮し合うべき存在なのである。

註

（1）たとえば、両者を主張するものとして Jeske（1996）、「他人の完全性」を詳細に議論したものとして Denis（1999）を参照。

（2）本書の出版の経緯については Nicolai（1799）, S. 103ff. を参照。匿名の著者がシュヴァープであり、ニコライ（Friedrich Nicolai, 1733-1811）が序言だけでなく第六の対話「カントの哲学的文体について」も書いたことについては、Strauß（1927）, S. 41f. Schmidt-Biggemann（1983）, S. 255 を参照。なお「他人の完全性」をめぐるカントの同時代人による他の批判としては、Schmid（1802）, S. 337ff. も参照。

（3）シュヴァープに関する説明は Albrecht（2016）, pp. 713-714 を参照。

（4）Albrecht（2016）によれば、「初期のシュヴァープは決してライプニッツ＝ヴォルフ哲学の確固たる支持者ではなかった。しかし、批判哲学によってライプニッツ＝ヴォルフの体系を破壊する恐れのあったカントとの論争を通じて、彼はヴォルフ主義を熱心に擁護するようになったのである」（p. 713）。

（5）カント哲学の普及に大きな役割を果たしたシュッツ編の『一般学芸新聞』に対するシュヴァープの批判については Schröpfer

(2003)、田端（二〇一九）を参照。

（6）シュヴァープ（[Schwab]（1798）. S. 135f.）は、「幸福とは完全性の直観である」というヴォルフ的な定義を提示し、もしこの定義を受け入れるならば、①他人が完全性を直観したいかどうかはその他人自身の問題であるから、私は他人の幸福よりも他人の完全性に貢献することができるし、またそうするよう義務づけられるのであり、②他人の幸福を促進するよう義務づけられるなら、他人に新しい完全性を直観させることにも義務づけられるし、もし他人が新しい完全性をもっていないなら、他人に新しい完全性を調達することにも義務づけられる、と主張する。こうした批判は、カント自身は「幸福とは完全性の直観である」という定義を受け入れないので、外在的な批判だといえる。

（7）シュヴァープはヴォルフの口を借りて「カントがその『徳論』によって読者の道徳的完全性になんらかの貢献をしたとは思わないか?」（[Schwab]（1798）. S. 135）と言うことで、逆にカントの遂行的矛盾を指摘していると読むことができるように思われる。

（8）周知のように、シュヴァープの法式における「あらゆる人間」は、カント自身の法式では「自分の人格やあらゆる他人の人格における人間性」であり、「人間」と「人間性」の違いがもつ意味については、本稿の三で考察する。

（9）ヴォルフの倫理学に関する日本語の主要な研究としては、河村（二〇〇八）、佐藤（二〇一四）、清水（二〇二三）を参照。

（10）ヴォルフにおいて「自己と自分の状態」というのは、魂と身体の「内的状態」と名誉や財産等の「外的状態」のことを指す（DE §.2）。佐藤（二〇一四、五八頁）によれば、身体の完全性とは「健康や巧みさ（Geschicklichkeit）」であり、魂の完全性とは認識能力に関しては「あらゆる事物の、できるかぎり判明な表象」である。

（11）佐藤（二〇一四、七四頁）は「すべての状態がまとめて人間の本質や自然本性と一致する」の部分がランゲからのエゴイズム批判を受けて加筆修正した部分だと指摘している。なお佐藤（二〇一四）は明示していないが、それは一七二八年の第三版以降の修正である。

（12）河村（二〇〇八）は辞書の説明に基づいてSeeligkeitを「至福」と訳し、「「至福」には現世的な「福」にとどまらない、より以上の意味が込められている」（七二—七三頁）と述べ、ここに「幸福をあくまでも経験的な地平で考えているカントとの差異が認められるだろう」（七三頁）と推測している。しかしヴォルフ自身、ここでは「人間が自然の力によって到達可能な浄福についてのみ語り、したがって、われらが神学者たちが恩寵に帰すのを常とするものを自然に帰属させることは決してしない」（DE §.47）と断っている。

（13）ヴォルフの完全性をめぐる批判と応答については、佐藤（二〇一四、六〇―八〇頁）を参照。

（14）前記の注10で指摘したように、ヴォルフにおいて「自己」は「内的状態」を、「状態」は「外的状態」を指すものであり、したがってこの一般的規則は「他人の内的状態」を除外しているから、本稿が指摘するカントにおける自他の非対称性とは別の意味で、ヴォルフにおいても自他の非対称性を語ることができるように見えるかもしれない。しかしヴォルフは「他人一般に対する義務」の箇所で、「人間は自己と自分の状態だけではなく、他の人間とその状態（andere Menschen und ihren Zustand）も自分の力のうちにあるかぎり完全にするよう義務づけられている」（DE §. 767）と述べており、「他の人間」すなわち「他人の内的状態」の完全化も含むものとして理解すべきだと思われる。

（15）たとえば、他人に労働の能力と機会がある場合には、他人を助ける義務はないが（DE §. 769）、他人に労働の能力や十分な機会がなく、私が必要な生活費の全部または一部を提供できる場合には、手助けする義務がある（DE §. 770）。

（16）この引用文では「自然法」を表す原語として lex naturalis と jus naturale の両者が用いられているが、ここでは両者を区別せず「自然法」の訳語で統一した。ケーラーは「法則（lex）ないし法（jus）とは義務づける命題である」（INE §. 348）と述べ、さらに「自然法」（lex seu jus naturale）（INE §. 351）という表現も用いており、両者を同一の意味で理解していると考えられるからである。

（17）この点については Schwaiger（2011）, S. 135f. を参照。

（18）バウムガルテンは『自然法』（Baumgarten（1763b））において、ケーラーの『自然法の研究』の三四一節に対して次のように注記している。「もしあなたが有用性（utilitas）ということで受動的な（passiva）有用性と同時に能動的な（activa）有用性を理解するならば、われわれはほとんど、あるいは何も異議を唱えないだろう。しかし、もしあなたが受動的な有用性だけを理解するならば、あなたは「自分を完成しなさい」の意味を正しく理解していないし、もし外的状態の便益だけを理解するならば、いっそう理解していない。さらに恥ずかしくも些事に拘泥して富の増大（auctio）だけを有用性と呼ぶとすれば、少しも理解していない」（§. 31）。ここでバウムガルテンは、自分の完全性を他人に受動的に促進してもらうだけではなく、他人の完全性を積極的に促進することを求めているように思われる。この箇所で「道徳的独我論」（solipsismus moralis）に言及されていることも、一種のエゴイズム批判として興味深い。「能動的な有用性」と「受動的な有用性」については、Baumgarten（1757）, §. 336 を参照。

（19）Schwaiger（2011）, S. 164.

(20) マイアーが接続法二式で表現していることから、彼自身はその見解にコミットしていないことが窺える。彼はむしろ目的と手段の両面において最高度の自己完全化を求めているといえよう。

(21) Schwaiger (2011), S. 107.

(22) 河村はシュヴァイガーの解釈をそのように理解している。「この解釈によればこの命題は、目的それ自体である自己の完全性を、他者がより完全になるための「手段」として扱うことを命じており、自己の完全性を同時に「手段」とすることを求めている。シュヴァイガーの解釈は、バウムガルテンが積極的な意味を担わせた「手段」のうちに、カントが過剰な要求を読み取っていることを示しているといえるだろう。バウムガルテンの求める「完全な手段」のうちに、カントは自己犠牲や他者への奉仕といったことを洞察している、とみなすわけである」(河村 二〇二四、二八頁)。

参考文献

Albrecht, M. (2016). Schwab, Johann Christoph (1743-1821). *The Bloomsbury Dictionary of Eighteenth-Century German Philosophers*. Edited by H. F. Klemme & M. Kuehn. Bloomsbury Academic, 713-714.

Baumgarten, A. G. (1757). *Metaphysica*. 4th ed. Carl Hermann Hemmerde.

Baumgarten, A. G. (1760). *Initia philosophiae practicae primae*. Carl Hermann Hemmerde.

Baumgarten, A. G. (1763a). *Ethica philosophica*. 3rd ed. Carl Hermann Hemmerde.

Baumgarten, A. G. (1763b). *Ius naturae*. Carl Hermann Hemmerde.

Denis, L. (1999). Kant on the Perfection of Others. *The Southern Journal of Philosophy*, 37(1), 21-41.

Jeske, D. (1996). Perfection, Happiness, and Duties to Self. *American Philosophical Quarterly*, 33(3), 263-276.

河村克俊（二〇〇八）「目的としての「自己の完全性」と「他者の幸福」――十八世紀ドイツ倫理思想史の一断面――」『言語と文化』一一号、六一―七六頁。

河村克俊（二〇二四）「カントとバウムガルテン　義務づけ命題の比較」『日本カント研究』二五号、一六―二九頁。

Köhler, H. (1738). *Iuris naturalis eiusque cumprimis cogentis methodo systematica propositi exercitationes*. Io. Adam. Melchior.

Meier, G. Fr. (1764). *Allgemeine practische Weltweisheit*. Carl Hermann Hemmerde.

Nicolai, Fr. (1799). *Ueber meine gelehrte Bildung, über meine Kenntniß der kritischen Philosophie und meine Schriften dieselbe*

betreffend, und über die Herren Kant, J.B. Erhard, und Fichte. Berlin und Stettin.
佐藤恒徳（二〇一四）「完全性の哲学の解体――ヴォルフ学派とカント――」東北大学博士論文。
Schmid, C. Chr. E. (1802), *Versuch einer Moralphilosophie*, zweyter Band, vierter, verbesserte und vermehrte Auflage. Verlag der Crökerschen Handlung.
Schmidt-Biggemann, W. (1983), Nicolai oder vom Altern der Wahrheit. *Friedrich Nicolai 1733-1811. Essays zum 250.Geburtstag*. Hrsg. v. B. Fabian, Nicolaische Verlagsbuchhandlung, 198-256.
Schröpfer, H. (2003). *Kants Weg in die Öffentlichkeit: Christian Gottfried Schütz als Wegbereiter der kritischen Philosophie*. Frommann-Holzboog.
[Schwab, J. Chr.] (1798). *Neun Gespräche zwischen Christian Wolff und einem Kantianer über Kants metaphysische Anfangsgründe der Rechtslehre und der Tugendlehre. Mit einer Vorrede von Friedrich Nicolai*. Berlin und Stettin.
Schwab, J. Chr. (1800). *Vergleichung des Kantischen Moralprincips mit dem Leibnitzisch-Wolffischen*. Berlin und Stettin.
Schwaiger, Cl. (2011). *Alexander Gottlieb Baumgarten — Ein intellektuelles Porträt. Studien zur Metaphysik und Ethik von Kants Leitautor*. Frommann-Holzboog.
清水颯（二〇二三）「完全性と義務づけ――18世紀ドイツ倫理思想の一側面――」『研究論集』二二号、一三七—一五一頁。
Strauß, W. (1927). *Friedrich Nicolai und die Kritische Philosophie. Ein Beitrag zur Geschichte der Aufklärung*. Kohlhammer.
田端信廣（二〇一九）『書評誌に見る批判哲学――初期ドイツ観念論の展相―― 『一般学芸新聞』「哲学欄」の一九年――』晃洋書房。
Wolff, Chr. (1728). *Vernünfftige Gedancken von der Menschen Thun und Lassen, zu Beförderung ihrer Glückseeligkeit*, dritte Auflage. Frankfurt und Leipzig.
Wolff, Chr. (1733). *Vernünfftige Gedancken von der Menschen Thun und Lassen, zu Beförderung ihrer Glückseeligkeit*, vierte Auflage. Frankfurt und Leipzig.

＊本研究は JSPS 科研費 21K00002 の助成を受けたものである。

Ⅳ　カント人間学講義における「生理学的人間知」の役割

――カントのプラトナー批判を手引きにして――

李　明哲

はじめに

本稿の目的は、カント人間学講義における「生理学的人間知（physiologische Menschenkenntniß）」の役割を明らかにすることである。(1)

ケーニヒスベルク大学の教授に就任した二年後の一七七二年冬、カントは人間学講義を開講する。晩年にカント自身が編纂した人間学講義録『実用的見地における人間学』（一七九八）（以下、『人間学』）序論でカントは、「体系的にまとめられた人間知の学説（人間学）は、生理学的な見地Hinsichtからのものか、それとも実用的な見地からのものかの二つの類型が可能である」（VII 119）と述べる。(2) ここから、生理学的／実用的な「見地」の区分によって、生理学的／実用的な人間学が区分されることがわかる。

上述の引用に続けてカントは、「生理学的人間知は、自然が人間から何を形成するのか（was die Natur aus dem Menschen macht）の究明に関わるが、実用的人間知は、人間が自由に行為する存在として自分自身から何を形成するのか、または何を形成することが出来、すべきなのか（was er als freihandelndes Wesen aus sich selber macht, oder machen kann und soll）の研究に関わる」（VII 119）と述べる。ここでは人間を出処とした知識である点は共通しつつも、前者は（自然との関係において）受動的に形成され、後者は人間自身が能動的に形成するという対比が見て取れる。

講義録のタイトルから考えても、カントが「実用的な見地」および「実用的人間知」に焦点を当てていることは疑い得ない。しかし実際の講義においてカントは、生理学的知識についても逐一、丁寧な説明を施しており、とりわけ実用的「見地」においても生理学的「人間知」が取り扱われているかのような叙述が、散見される。

冒頭で「体系的にまとめられた人間知の学説」が「人間学」であるとされた限り、「人間学」と「人間知」は厳密には同じではない。さしあたり人間知とは、人間学を形作るための素材としての知識内容と考えられる。そして人間学そのものを分けるものは、人間知を体系的にまとめる際の「見地」の区分であった。つまり、生理学的／実用的という区分規定は同じでも、知識を体系化する方法上の「見地」における区分と、知識の内容上の「人間知」における区分は重ならず、同義ではないと考えられる（本論二―一、二―二で詳述）。

そうであれば、たとえ実用的「見地」においても、「自然が人間から何を形成するのか」に関する知識、すなわち「生理学的人間知」が取り扱われても不思議ではない。そしてそこでの「生理学的人間知」と「実用的人間知」という内容上の区分は、相互に排他的ではない状態が考えられ得る。本稿では、このような実用的「見地」における、生理学的／実用的「人間知」の区分を、非排他的な区分と表現する。

カントは、生理学的／実用的という人間学を峻別するにも関わらず、なぜ「見地」の区分と同義ではない、非排他的な「人間知」の区分を設けたのだろうか。また、実用的「見地」において生理学的「人間知」は、どのような役割を果たすのだろうか。

このような、カント人間学講義における生理学的／実用的区分に関わる問いに迫るため、本稿ではカントのプラトナー（Ernst Platner, 1744-1811）批判の内実に着目する。というのも人間学講義開講直後、ヘルツ（Markus Herz, 1747-1803）宛書簡で既にカントは、生理学的知識を駆使した『医者と哲学者のための人間学』（一七二二）を著したプラトナーを痛烈に批判しながら、自らの実用的な人間学構想を語っているからである（cf. X 145-6）。ただ、カントがプラトナーのどのような点に批判的であったかは、それほど明らかではない。もし、カントのプラトナー批判のねらいが、単に生理学的な説明を否定するだけであれば、カントが生理学的／実用的な「見地」の区分と同義ではない「人間知」の区分を設ける必要はない。それゆえ本稿では、なぜカントが生理学的／実用的な「見地」および「人間知」の区分を設けたのかをプラトナー批判を手引きに考察する。さらにそこから、実用的「見地」における生理学的「人間知」の積極的役割を示したい。

なお、カントとプラトナーの関係をめぐる最近の先行研究の多くは、晩年のプラトナーがカントからどのような影響を受けたかを考察しているが、本稿はこのような考察は含まない[3]。他方、カントにおけるプラトナー批判について考察した近年の研究においても、上述した「見地」と「人間知」の区別や「生理学的人間知」の役割について十分な説明を行っていない。本稿では、これらカントのプラトナー批判に関する先行研究を批判的に取り上げながら、考察を進める。

そこで以下より第一節では、『人間学』において、生理学的／実用的「見地」の区分および「人間知」の区分が同義ではないこと、さらに後者の区分は非排他的な区分であることを具体例と共に示す。第二節では、人間学講義ノートの分析を通して、なぜカントが生理学的／実用的な「見地」および「人間知」という区分を導いたのかをプラトナー批判を手引きにして考察する。さらにその考察結果をプラトナー著『医者と哲学者のための人間学』の要点と照合する。第三節では、T. Sturm による先行研究を批判的に検討することを通じて、「生理学的人間知」の積極的な役割を論じる。

一　生理学的／実用的な「見地」および「人間知」

本節では、生理学的／実用的な「見地」および「人間知」という二種類の区分が同義ではないこと、および後者の区分は非排他的であることを主に『人間学』の具体的叙述から示す。

一―一　「見地」と同義ではない非排他的な「人間知」の区分の事例

まず『人間学』序論でカントは、ある人が記憶を呼び起こすメカニズムに関して、「頭脳のうちに残存する印象の痕跡についてあれこれと（デカルト風に）詭弁を弄することは可能である」（VII 119）と述べる。ただしカントによれば、その人が「脳の神経や繊維の何たるかを知らないし、またそれらを彼の意図に合わせて操作するすべも心得ていない」なら、「記憶力に関していくら理論的に理屈をこねてもすべて完全な失敗に帰してしまう」（cf. VII 119）。しかしその同じ論者が、「何か記憶を妨害ないし促進すると判明したものに関する知見（Wahrnehmungen）を利用して記憶〔力〕を向上させるのに役立てようとする」ならば、「それは実用的な見地（Absicht）からの人間学の一部門を構成するであろう」とカントは述べる（ibid.）。

ここでは、「実用的な見地」から記憶に関する知識を役立てようとする際、「記憶を妨害ないし促進すると判明したものに関する」生理学的な知見や知識が関わり得ることが示されている。これは、人間学そのものの区分を可能にする生理学的／実用的「見地」の区分が、生理学的／実用的「人間知」の区分と同義ではない叙述の一例と言える。

続いて、『人間学』第一部「人間学的な教訓論」で見出せる具体例を見ていこう。カントによれば、「単調さ（感覚がまったく一様であること）は最後には感覚の無力症（自分の状態に対する注意力の衰弱）を引き起こし、感官感覚は麻痺する」が、なんらかの「転換」がそれを「蘇らせる」（cf. VII 164）。具体的に、「労働と休息、都市生活と田園生活、社交場における談話とゲーム、孤独なときには物語や詩、あるいは哲学それから数学と対話をすることが心を元気づける」（VII 164）とカントは述べている。さらに次のように続けられる。「感覚のそれぞれ異なった器官は、活動する際に互いに入れ替わる。だから長い時間歩行を楽しむ方が（脚の）一方の筋肉が他方の休んでいた筋肉と交代するので、ずっとひと所に休めの姿勢で立っていて一方の筋肉がしばらく緊張したまま働いていなければならない場合よりも楽なのだ。――それゆえに旅はあんなにも魅力的なのである」（ibid.）。ここでは、感覚や筋肉などに関して（簡略ながらも）生理学的説明を施し、その知識を日常生活における実用的な知識と関連づけていることがわかる。

また、カントは「怪談は深夜でさえも喜んで聞かれるのに、朝目覚めてすぐに話されると誰にとってもつまらなく、〔…〕反対にそこでは、どんな家事をしなければならないか、国政に何か新しいことが起こったかどうかが話題にされたり〔…〕するのはなぜか」（VII 181）を問う。その理由として「〔…〕戯れ（Spiel）にすぎないものは一日中酷使されてきた心身の諸力の緊張を緩めるのに適しており、逆に様々な業務に関する会話は、夜の休息のあいだに力を貯えていわば生まれ変わった人間に適しているから」（ibid.）だと説明される。ここでは、社交的な場で何が求められるかという問いが、心身の疲労や睡眠による回復といった生理学的現象に関連づけて答えられている。

さらにカントによれば、「笑い」（cf. VII 261）は「横隔膜」など「常に消化に必要な筋肉を揺さぶるので、〔…〕巧みに消化を促してくれる」（cf. VII 262）。そのため老人は「劇のあとに控えている社交の席での晩餐に向けて食欲をそそってくれる」「喜劇」を（悲劇よりも）好み、「そこでのお喋りによってより活発になる」（cf. VII 263）。ここでは、笑うという行為が、消化器官に関わる生理学的な説明を媒介に、社交に関わる実用的な説明と関連づけられている。

上述の具体例からわかるように、カントは、人間が受動的に従わざるを得ない「生理学的人間知」と、逆に能動的に自らの振る舞いを決める「実用的人間知」の双方とを関連づけながら、実用的な「見地」における人間学の説明を展開している。このように、生理学的／実用的「見地」の区分と「人間知」の区分は同義でないだけでなく、後者の「人間知」の区分は非排他的であることが確認できるだろう。

一―二　性格概念に見る「人間知」区分の非排他性

『人間学』第二部「人間学的な性格論」「A　個人の性格」の冒頭でカントは、「実用的な観点からいうと、〔…〕性格（Charakter）という言葉は二様の意味で使われる」と述べる（cf. VII 285）。一方では「このようなまたはあのような（自然にもって生まれた）性格」として使われる性格概念は、「気だて（Naturell）」あるいは「気質（Temperament）」と呼ばれ、「感性的な生物つまり自然存在としての人間の目印」であるとされる（cf. VII 285）。他方では「ただ一つあるかそれとも一つも無いかのどちらでしかありえないような、一つの性格（道徳的な性格）」として使われる性格概念は、「狭義の性格あるいは心構え（Denkungsart）」と呼ばれ、「理性的な生物つまり自由を天与された存在としての人間の目印」であるとされる（ibid.）[4]。ここに、カントの考える感性的／理性的（道徳的）という性格概念の対比が見て取れる。

ここで注目すべき点として第一に、カントは「実用的な観点（Rücksicht）から」感性的／理性的という性格概念の対比に関わる「二様の意味」を述べている。つまり、この性格概念の議論は、すでに実用的な「見地」から行われていると考えられる。第二に、「心構え」が「狭義の性格」であるなら広義の性格概念もあるはずだが、カントは「気立て」「気質」「心構え」という三つの区分をひっくるめて、すなわち感性的／理性的という両義的な性格概念を包摂する意味で、「性格的なもの（das Charakteristische）」という言い方をする（cf. VII 285）。これがカントにおける広義の性格概念と言えるだろう。実用的な見地において、理性的な性格概念のみを「性格」とするのではなく、わざわざそれを「狭義」として、感性的／理性的な性格概念を包摂する広義の性格概念が置かれるのは、何故だろうか。

カントは、「気だて」や「気質」からは「（自然によって）人間から何が形成されているのか（was sich aus dem Menschen machen läßt）」がわかるのに対して、「心構え」からは「人間が自分自身から何を形成する覚悟でいるのか（was er aus sich selbst zu machen bereit ist）」がわかると説明する（cf. VII 285）。ここでの説明内容はそれぞれ、（本稿冒頭で引用した）生理学的／実用的「人間知」それぞれの説明内容と概ね一致する。つまり、カントは生理学的人間知に相当する性格概念として「気立て」「気質」を、さらに実用的人間知に相当する性格概念として「心構え」を位置付けていると考えられる。

そうであれば、カントがわざわざ理性的な「心構え」および感性的な「気立て」「気質」を含んだ、広義の「性格的なもの」を置くことに、（それぞれの性格概念が相当する）生理学的／実用的「人間知」区分の非排他性が関連しているとも考えられるだろう。

では、そもそもどのような変遷を辿って、こうした性格概念が成り立ったのだろうか。開講時一七七二／七三年Collinsノートでは、「性格」という言葉は人が自分の能力を「いかに使用するか」という「目的」に関連して使うとされる（cf. XXV 227）。また同年のParowノートで、「性格」の本質は人間の「心情（Gemüt）」にあるとされる（cf. XXV 437）。一七七五／七六年Friedländerノートでは、「性格」における、原則に従うための「選択意志（Willkür）」や「心術（Gesinnung）」の役割が語られ始める（cf. XXV 630, 632-3）。一七七七／七八年Pillauノートでは、性格に関する自然の「素質（Anlage）」を認めつつ、それを規定する原則的な「格率（Maxim）」の役割が説明される（cf. XXV 822-3）。このように、批判期以降で理性と深い関わりを持つ諸概念が登場するものの、七〇年代において、感性的／理性的という性格概念の対比は見出せない。

他方、一七八一／八二年Menschenkundeノートでは、人間は「善い性格」を通じて自らに固有の価値の「創始者（Urheber）」になると述べられ（cf. XXV 1174）、「心構え（Denkungsart）」が初めて登場するものの、それはいまだ「才能（Talent）」や気質と同じ「内的な性格論」の中で横並びに語られる（cf. XXV 1156-7）。一七八四／八五年Mrongoviusノートでようやく「自然産物」および「自由な存在」という二通りの人間の見方が登場し、気立てや気質などの自然的な性格概念とは区別された、「自由な性格」という道徳的性格が語られる（cf. XXV 1367-8, 1384-5）。このように、一七八〇年代半ばになってようやく性格概念に自然／自由という明確な区分が持ち込まれるものの、同時にカントは一貫して、性格概念を広義に捉えていたことがわかる。

このような変遷を辿ることで、『人間学』に残る広義の性格概念（「性格的なもの」）と、生理学的／実用的「人間知」区分の非排他性が関連することが理解し易くなる。では、生理学的／実用的「人間知」の非排他的な区分は、性格概念の具体的な説明に、どのように見出せるのだろうか。

カントによれば「気質」は、生理学的には「身体的な基本構造〔…〕と体質（身体の中を流れる液状のもの、生命力によって法則的に循環するもののことであるが、ここでいう体質はこうした体液の精製（Bearbeitung）に関与する体温の高低も含まれる）」によって説明され得る（cf. VII 286）。続けてカントは、次のように述べる。「心理学的にみれば、すなわち、魂（感情能力および欲求能力）の気質としてみれば、あの血液質から借用した諸々の表現は、感情と欲望の戯れと、身体を動かす様々な原因（血液はその最たるものである）との類推にしたがうものとしてのみ、考えられる」（ibid.）[5]。ここでの「あの血液質から借用した諸々の表現」とは具体的に、「感情にまつわる気質」としての「多血質」と「気鬱質」、そして「活動にまつわる気質」としての「胆汁質」と「粘液質」という四つのタイプ分けを指すと考えられる（cf. VII 286ff.）。このようにカントは、「気質」を生理学的人間知と関連づけて説明する。

しかしカントは同時に次のように説明する。「血液の特質によった表現は、人間が感性的に触発される限りで起きる諸現象の原因を枚挙してくれることに役立つのではなく、〔…〕そうした原因を観察された結果に即して分類してくれることに役立つのである」（VII 287）。ここで「血液の特質によった表現」というのは、上記の気質の生理学的説明およびその類推としての心理学的説明における、血液による四つの気質のタイプ分けを指す。そしてそのような表現は、生理学的な「原因」を知らせてくれるからではなく、その原因を「観察された結果に即して分類してくれる」限りにおいて「役立つ」と述べられている。一体なんの観察結果だろうか。

カントによれば、「ある特殊な気質に名を付けようとする」際に重要なことは、「血液のどのような化学的配合がその根拠を与えてくれるのか」ではなく、「人間を観察するにあたって一人の人間に一つの特殊な類型を適切に割り振るときに、これまでどの感情とどの傾向性が組み合わされてきたか」である（cf. VII 287）。つまり、カントはあくまで人間の感情や傾向性を観察した結果を分類する際、適切な気質の呼称に役立てるために、生理学的知識を活用していることがわかる。換言すれば、単なる受動的な身体機能に関する生理学的知識を、人間が自らをどのように捉え、どのように振る舞うのかを考える知識のために活用していると言える。ここに、実用的「見地」における、生理学的／実用的「人間知」の非排他的な区分が見出せるだろう。

二　生理学的／実用的区分とカントのプラトナー批判

本節では、カントによるプラトナー批判の内実を丁寧に見ることで、生理学的／実用的な「見地」および「人間知」の区分が採用されていく過程を明らかにする。

二―一　学校知／世界知および理論的／実用的の諸区分

『人間学』序論の以下の引用には、生理学的／実用的とは異なる、学校知／世界知および理論的／実用的という諸区分が一体的に用いられている。

人間学が、学校を卒業したのちに習得しなければならない（welche auf die Schule folgen muß）世界知（Weltkenntniß）と見なされる以上、世界中の事物の認識を列挙するだけでは、例えば国ごとや気候ごとに動物、植物、鉱物に関する知見を長々と開陳するだけでは、本来まだ実用的な（pragmatisch）人間学とは呼ばれず、人間を世界市民として認識する内容となっていてこそ、人間学は実用的人間学と呼ばれるのである――だから、人種に関する知識さえも、人種を自然の戯れの産物の一つと見なすあいだはまだ実用的な世界知とはいえないのであって、単に理論的な（theoretisch）世界知と見なされるにすぎない。（VII 120）

ここで第一にカントは、人間学が（学校知ではなく）「世界知」と見なされるべきだと述べる。(6) 第二に、カントは世界知としての人間学は（理論的ではなく）実用的なものでなければならないとする。なぜカントは『人間学』でこれらの諸区分に言及したのだろうか。

実は、これら学校知／世界知および理論的／実用的の諸区分は、一七七二年から一七八九年までの現存する七冊の人間学講義ノート（とりわけ序論に該当する箇所）で、頻繁に記されている（cf. XXV 7-9, 469-470, 733-34, 853-4, 1209-11, 1435-6）。これらの諸区分は、生理学的／実用的区分といかなる関係にあるのだろうか。以下で、それぞれの区分ごとに考察しよう。

①　学校知／世界知（一七七二／三～）

そもそも「世界知」とは、地理学と人間学という二つの部門によって形成されるという構想が、人間学講義一七七二／三年 Collins ノート（cf. XXV 9）および『自然地理学』序論（cf. IX 157）で示されていた(7)。そこでは「自然」に関する世界知（の一部として）の地理学と、「人間」に関する世界知（の一部として）の人間学とが、区別されながらもゆるやかに繋がる（ibid.）(8)。この「世界知」のゆるやかな内部区分を、自然の一部としての人間に関する「生理学的人間知」と、人間自らが形成するものに関する「実用的人間知」との非排他的区分の背景として解釈することもできるだろう。

さらに一七八一／八二年 Menschenkunde ノートでは、「学校を超えて（über die Schule）知識を拡張させ、一般的利益のための知識に広げようとする」のが「世界知」であるとして、学校知／世界知の区分は排他的ではないと解釈できる記述が登場する（cf. XXV 853）。この点は、生理学的／実用的「人間知」という知識区分に関して、内容的に非排他的であることの理解を促すだろう。

②　理論的／実践的（一七七五／六～）

一七七五／七六年 Friedländer ノートで、「世界知」は、理論的／実用的な完全性という「二通りの方法（zwiefacher Art）」によって存在するとされたのち、「実用的知識の根拠は、人があらゆる理論的知識を活用するような世界の知識である（Der Grund der pragmatischen Kenntnis ist die Kenntnis der Welt, wo man von allen theoretischen Kenntnißen Gebrauch machen kann）」と述べられる（cf. XXV 469）。つまり、理論的／実用的の区分は、知識を実用的に活かすか否かという方法的区分である。この特徴は『人間学』での生理学的／実用的「見地」の区分の特徴に通じるだろう。また、先の『人間学』の独立引用でも「理論的な世界知」（VII 120）を認めていることから、「見地」とは知識を活用しようとする行為者の意図によって「理論的」なものから「実用的」なものへ移行するものだと解釈できる。

ここまで、①の区分が、生理学的／実用的「人間知」という内容上の非排他的な区分、②の区分が、生理学的／実用的「見地」という方法上の区分それぞれの特徴を表していることが示された。それでは、最終的に生理学的／実用的の区分はいかにして採用されるのか。残念ながら管見の限り、分析可能な講義ノートの中には、生理学的／実用的という区分はそのままのかたちでは登場していない。

ただし重要なことに、上記の講義ノートにおいて、カントの人間学の分類やビジョンが語られる序論部分に関連づけて、何度もプラトナーが言及される。本稿はじめにでも述べたように、カントは人間学講義開講直後から痛烈にプラトナーを批判するものの、その批判の内実は明らかではない（cf. X 145-6）。以下、時系列で講義ノートごとの分析を行い、プラトナー批判の内実を見ていくことで、カントの生理学的／実用的という区分の採用が明らかになることを示そう。

二―二　人間学講義ノートにおけるカントのプラトナー批判

(1)　一七七二／三年 Collins ノート：生理学と似ている人間学

一七七二／三年 Collins ノート冒頭で次のように記される。「人間の学問（人間学）は、経験と観察から認識の根拠を獲得する限りにおいて、外的感覚の生理学（Physiologie）と似ている」（XXV 7）。ここでは、人間学と生理学の差異よりも寧ろ、「経験と観察」を頼りにするという共通点に触れられる。そして別の箇所で次のように記される。

「プラトナーとその他の新たな哲学的医者は、どんな像（Bild）に関しても、脳とその神経に特徴が留まると考える。像の戯れ（Spiel）が、まるで身体の血液の循環のように、無意識に脳内で走り去る」（cf. XXV 85-6）。ここでは記憶における印象に関して、プラトナーらが行った脳や神経による説明が紹介されるにとどまり、とり立ててカントによる批判は見受けられない[9]。ただカントが開講当初から、人間学と生理学との関係を意識していたことは確認できる。

（2）一七七五／七六年 Friedländer ノート：「思弁」という批判の理由

先ほどとは異なり、ここではカントのプラトナー批判が記される。「人間の怜悧な（klug）振る舞いに関係しないものはすべて、人間学には属さない。即座に、生活のなかに取り入れることができる怜悧な使用だけが、人間学に属する。観念（Idee）から生まれたものはすべて思弁（Speculation）に属するのであり、人間学には属さない。まさにプラトナーがやったように」（XXV 472）。ここで「思弁」と言われるのはどういう意味か。

その直前では次のように記されている。「私たちは自らを研究しなければならない。さらにその研究を他者に応用（auf andere anwenden）しようとするから、心理学的ないし思弁的にではなく、実用的に人間を研究しなければならない〔…〕」（XXV 471）。この記述は、先ほど②理論的／実用的区分の分析を行った箇所の直後でもあり（cf. XXV 469）、人間に関する研究を「応用」するために思弁的ではなく実用的に研究すべきという主張から、知識活用のための方法的区分に関するものだと考えられる。すなわち、プラトナーのやったことは「思弁に属する」というカントの批判は、（『人間学』における）「見地」の方法上の区分に関連するものとして解釈できる。ただし、未だ「思弁的」と「生理学的」の繋がりは見受けられない。

（3）一七八一／八二年 Menschenkunde ノート：生理学との接続、「学校的」という批判の理由

ここでは次のように記される。「人間知は二重にある。思弁的な人間知は私たちを熟練させ、心理学と生理学

(Physiologie)において取り扱う。しかし実践的(praktische)な人間知は私たちを怜悧にさせ、ある人間がいかに他者に影響を与え、自分の見地(Absicht)に従っていかに他者を導くことができるのかの方法(Art)についての知識である。どんな実践的な知識も、それが私たちの全体の見地を満たすことに役立てられる限り、実用的(pragmatisch)と呼ばれる」(XXV 855)。ここでは第一に、「思弁的」な人間知と「生理学」とが接続される。第二に「人間知」の話をしながらも、知識をいかに「見地」に役立てるのかという方法上の議論がなされる。第三に、「全体の見地」のために役立つ実践的知識は「実用的」と言い換えられている。[10] すなわち、ここでの区分の説明は、(『人間学』における)生理学的/実用的「見地」の区分のそれに極めて近い。

さらに同ノートでは次のように記される。「プラトナーは学校的(スコラ的)な(scholastische)人間学を書いた」が、その「学校的な人間学はしかし、規則一般とその原因に関して取り扱う。それゆえ我々は、規則の原因を研究するや否や、学校的になる」(cf. XXV 856)。他方で、「私たちの人間学」(実用的な人間学)においては「規則に関して、観察出来たもの以外の原因を述べることはない」(ibid.)。なぜ突然、プラトナーの人間学が「学校的」と表現されるのか。

注目すべきは、観察可能なものを超えて、規則の「原因」を説明するか否かが、二つの人間学の差異とされる点である。これは本稿一—二で、血液に関する生理学な原因探求そのものより、その知識を人間の観察結果に即した「気質」の呼称に活用する知識が重要だとされた点に通じる。つまり、ここでカントがプラトナーを「学校的」と呼ぶのは、そこで取り扱われる生理学的知識に特有の原因探求の姿勢が、自らの人間学が求める実用的な知識とは異なることを示すためだと考えられる。ただし、この直前には上記(①学校知/世界知)で見たように、学校知/世界知の区分は排他的ではないと解釈できる記述が登場していた(cf. XXV 853)。それゆえここでの「学校的」というプラトナー批判は、(『人間学』における)「人間知」の非排他的な内容上の区分に関連するだろう。

(4)　一七八四／八五年 Mrongovius ノート：学校的／実用的という交差の理由

ここでは上記のプラトナー批判における学校的／実用的という対比が引き継がれる。まず「実用的な人間学(Anthropologia pragmatica)」とは「人間学が人間知を社会一般で役立つものと考える場合」であり、「学校的な人間学(Anthropologia scholastica)」とは「むしろ人間知が学校知(Schulkentniss)として取り扱われる場合」だとされる(cf. XXV 1210)。注目すべきは、学校的／実用的という人間学の区分において、これまでの学校／世界および理論的／実用的の諸区分が交差するかたちとなっている点である。なぜ交差するのか。ここまでの考察を踏まえれば、学校知／世界知という非排他的な内容上の区分と、理論的／実用的という知識活用の方法上の区分との両方を、いかに整合的に打ち出すべきかをカントが試行錯誤していた可能性が浮かび上がる。

ここでもプラトナー批判は継続する。「後者の種類の〔学校的〕人間学をプラトナーが最近出版した。それは身体と魂の性質、例えば、夢の構想力の原因などを記述している〔…〕」(cf. XXV 1211)[11]。上記(2)(3)を踏まえれば、「思弁的」そして「学校的」というプラトナー批判は、その意味するところは「生理学的」と言い換えられるものであり、内容上(学校知／世界知)・方法上(理論的／実用的)の二種類の区分に関連した。ただそれら両方を整合的に示すためには、人間学における「人間知」の位置付けが定められる必要がある。

(5)　一七八八／八九年 Busolt ノート：二種類の区分、人間知から人間学へ

このノートでプラトナーへの言及は出てこないが、上記までの流れを受け、内容上・方法上の二種類の区分を整合的に示そうとする姿勢が見て取れる。まず「人は学校知(Schulkentniss)と世界知に区別を設ける」(XXV 1435)と記されたのち、「実用的人間学は私たちの目的」であり「それは理論的な人間学であるはずはない」と記されるように(cf. XXV 1436)、改めて学校知／世界知および理論的／実践的という諸区分が並んで登場する。ただし、その諸区分の説明をつなぐ箇所では、以下のように世界知、人間知そして人間学との関係がより明確にされる。

まず、「世界で最も私たちの関心を引くもの、つまり私たちの傾向性や欲求、意志などを最も動かすものは、人間である。それゆえ世界知は人間知と同然である。この人間の観察（人間誌（Anthropographie））が、学問に用いられるなら、それが人間学となる〔略〕」（cf. XXV 1435）。ここでは世界知としての人間知が、「人間の観察」と言い換えられ、それが「学問」としての人間学となる過程が示される。さらに「もし私たちが意図せぬ経験や観察を通して人間知を手にいれ、その人間知が一つの関連のうちで、一定の方法（Methode）に従って、一言でいえば体系的に示されるとすれば、その人間知は一つの学問であり、人間学と呼ばれる」（ibid.）。このように、人間知が学問として体系化されて人間学となるが、そこには知識をいかに活用するかという「方法」が関わることが端的に示されている。

ここまでの分析をまとめよう。学校知／世界知という内容上の区分、そして理論（思弁）的／実用的という方法上の区分という二種類の区分でもって、カントは自らの人間学を位置付けようとして来た。最終的には(5)で示したように、人間学における「人間知」の位置付けが準備されてはじめて、生理学的／実用的という区分を二層に分けることが可能となる。

重要なことに、方法上だけでなく内容上の生理学的／実用的という区分採用にもプラトナー批判が関わっている。(2)での「思弁」に過ぎないとのプラトナー批判は、理論的／実用的という知識活用のための方法上の区分に関連した。(3)では「思弁的」という形容が生理学と接続されると同時に、「学校的」というプラトナー批判が登場した。そこでの学校知／世界知という区分は、観察を超えて原因探求する生理学的知識と、カントの実用的な人間知を区分するための非排他的な内容上の区分だと考えられる。(4)での学校的／実用的という交差された区分は、(2)での知識活用の方法上の区分と、(3)での非排他的な内容上の区分の両方を整合的に示そうとした、カントの試行錯誤として解釈できる。

二―三　プラトナーの人間学の要点との照合

本節の最後に、プラトナー著『医者と哲学者のための人間学』の要点を整理し、その内容が、どのように批判され得るかをヘルツ書評や先行研究で確認した後、本稿二―二で抽出されたプラトナー批判といかに照合され得るのかを論じよう。

『医者と哲学者のための人間学』序論で、プラトナーは次のように述べる。「人間は身体だけでも魂だけでもない。人間はその両方の調和である。〔…〕医者は前者に制限すべきでない」（Ⅳ）。このようにプラトナーは、医者たちが身体だけでなく魂にも考察を巡らし、人間の心身全体に注目するため、哲学を取り入れるべきだと主張する。第1編「人間学の予備的知識とその基礎づけ」は総論部分であり、ここで示された心身解釈などを基軸に、第2編から第7編は応用的な内容が展開される。そのため、以下では第1編（全9章）からプラトナーの人間学の要点を探ろう。

第1章でプラトナーは、人間、動植物すべてが該当する「機械的生命」、人間と動物のみが該当する「精神的生命」、人間のみが該当する「理性」というかたちで、「人間を三通りに説明できる」とする（cf. §2, 3）。機械的生命は「規則的な液状物質の動き」そのものを指し（cf. §4）、これらの動きをプラトナーは「生命の力」と呼ぶ（cf. §6）。植物に比べて動物や人間は「欲求」を伴って自らの経験をまとめることができ（cf. §15, 16）、人間は動物のような本能ではなく理性によって幸福を追求することができる（cf. §40-44）。ただし、人間も胎児のときや深い睡眠状態など、機械的生命として「魂との結合（Vereinigung）無しに生きている」側面があるとされる（cf. §13-14）。総じて、ここでは理性や精神的生命よりも、物質的な機械的生命がすべての生命の基盤であることが強調されている（cf. §22, 24）。

第2章以降、プラトナーは魂の性質を説明するが、まず身体における作用を度外視しても連続した「私」が実存するとされる（cf. §48, 51, 56）。そして「自らを意識しているもの（Das was sich bewußt）、これは私（Ich）と呼ばれるが〔…〕私の魂（meine Seele）ではない。私（Ich）と魂（Seele）は同一のものだからだ。それゆえ魂は一つの実体

（Substanz）であり、身体とは完全に異質な実体である〔…〕」（§59）と述べられる。さらに「その意識（Bewußtsein）は脳の調和の作用ではなくある特別な存在の部分（Anteil）に違いない」とされる（cf. §60）。ここでの、「ある特別な存在」とは、上記の内容から、「実体」としての「魂」と考えられる。このように、身体と魂はそれぞれ相互の作用に関係なく、各々自立して存在するかのような説明がなされる。さらにプラトナーは「感覚や思考、意志など」の精神的なものだけでなく、「拡がりや形状、大きさや密度など」の物質的なものまでの「観念 Ideen」が魂から生じると述べる（cf. §66, 69, 70）。

第7章以降は心身の関係について述べられる。魂は身体と結び付く限りで世界と関わることができ、そこでは「脳」を媒介にして対象が表象される（cf. §127, 131）。プラトナーによれば、このような魂と身体の「相互性（Gemeinschaft）」は、心身相互の依存関係を意味する（cf. §138）。さらに魂と身体が最も密接に依存するような「境界（Grenze）」（「魂の座（Sitz）」）は、脳全体および体内をめぐる神経経路組織としての「脳髄（Gehirnmark）」だとされる（cf. §142-3, 159, 163）。さらにプラトナーはその経路を流れる「神経液（Navensaft）」や「生命生気（霊）（LebenGeist）」などの概念に言及し、血液やリンパ液などの医学的知識も交えながら、それら諸概念がいかに心身の相互性を成り立たせているかを説明する（cf. §150-8）[12]。

このような独自の心身解釈が、プラトナーの人間学の軸となっている。その問題点として目につくのは、二つの異なる「実体」としての心身が自立的に存在しているかのように説明するにも関わらず、脳髄や神経液の機能やメカニズムを通して心身の相互性を説明しようとする点にあるだろう。実際、同書の書評を書いたヘルツは、（プラトナーと同様）医者という立場から心身の相互性に注目する必要性は認めながらも（cf. Herz 1773 p. 28）、いくつかプラトナーに反論を加えている。まず、プラトナーは生命全般の基盤を機械的に説明するが、ヘルツの考えでは、自然の特徴として生命の各構成要素は「単に広範囲に隣接しているわけではない」（ibid. p. 35）。つまり「互いに結びついて（verknüpft）、密接に絡み合って（verwebt）」いるという有機的な「全体」の視点がプラトナーには欠けていることが指摘される（ibid.）。さらにそこから、上述の胎児や睡眠の状態に関するプラトナーの説明（cf. §13-14）に触れ、「人間の身体が魂と統合せずに生きているのであれば、たちまち魂と身体は、全体を形成しているに違いないあらゆるつながりから、離れて生きている二つの実体となってしまう」と批判する（ibid. p. 36）。

カントとプラトナーを取り扱った先行研究のW. Eulerは、上述のようなヘルツによる批判が自然全体の有機的繋がりを強調したことを評価する一方で、心身の相互性についてうまく説明できないのはヘルツも同様であるとする（cf. Euler 2007 pp. 47-9, 53）。Eulerによれば、カントにとって「実体」としての魂は認識不可能であり、そもそも実体はカテゴリーに属するのであり、思考の形式や機能を指す。つまりプラトナーの異質な二つの「実体」としての魂と身体は、どちらも経験における使用から離れており、その時点でそれらの「相互性 Gemeinschaft」の問題は、医学的ないし生理学的分析からはわからない「仮象問題」である（ibid. p. 66）。

このようなEulerによる解釈は、批判期カントの観点から見たプラトナーの心身解釈批判としては妥当かもしれないが、とりわけ人間学講義への影響を踏まえた、カントのプラトナー批判の内実を見定めることには貢献しないだろう。というのもカントは、一七七三年の書簡で既に、「身体諸器官はどのように思考と結びついているのか」などの「永年に不毛な探求」は行わないと、痛烈な批判を行なっていたからである（cf. X 145-6）。

その後の断続的なプラトナー批判の変遷については、本稿二―二で考察した通りである。カントはプラトナーについて「観念から生まれたものはすべて思弁Speculationに属するのであり人間学には属さない」（XXV 472）や「〔…〕規則の原因を研究するや否や、学校的になる」（XXV 856）と批判していた。ここでは便宜的に、前者を批判A、後者を批判Bと呼ぶ。このようなカントによる批判は、上記のヘルツやEulerによるプラトナー批判とは異なり、プラトナーの心身解釈そのものに対する批判というより、あくまでも人間学としての知識の区分やその活用方法に関する批判だと言える。

その観点で言えば、『医者と哲学者のための人間学』序論の最後でプラトナーは、人間の知識を三種類に分けている。第一に「機械の部品と仕事だけを考察し、これらの運動が魂から受け取る制約、または他方で、魂が機械から被る制約には目を向けない」ことが挙げられ、これは「解剖学と生理学である」と述べられる（cf. XV-XVI）。これは同書第1章の機械的生命の説明が該当するだろう。第二に、「身体の作用や機械に生じる変化を常に考慮に入れることなく、魂の力や特性を調査すること」（XVI）が挙げられ、これは同書第2章以降が該当する。第三に、「身体と魂をその相互的な比較・制限・関係という点で同時に考察する」知識で「人間学と呼ぶもの」が挙げられるが（cf. XVII）、これは同書第7章以降が該当するだろう。これらは、同著作の終盤で「洞察力」や「観察」のあり方を「分析的」「思弁的」「実用的」と三種類に分けていることとも通じる（cf. §747, 732）。

さて、カントの批判Aは、プラトナーの第二の「魂」に関する思弁的知識、すなわち「実体」としての魂や、そこから生じる「観念」といった記述に向けられていると言える。一方で、カントの批判Bは、プラトナーの第一の機械的生命に関する生理学的説明のみならず、第三の「心身」の相互性に関する知識にも当てはまると考えられる。なぜなら、実際そこでは「脳髄」を軸とした生理学的説明が施されているからである。これらの知識を「人間学」や「実用的」と呼ぶプラトナーにカントは、反発することはあれ、沈黙することはなかったと言えるだろう。

三　実用的な見地における生理学的人間知の役割

本節では、生理学的説明は実用的な人間学にとって「重要でない（irrelevant）」とするT. Sturmの主張を批判的に検討することで、「生理学的人間知」の積極的な役割を示す。

三—一　Sturmによる主張の検討①：存在論的な区分規定

Sturmによれば、カント人間学が登場した時代、人間の感情や欲求に関する代表的なアプローチは「経験的心理学」と「生理学的（医学的）人間学」の二つであった。そこに登場したプラトナーは、心身二元論者でありながら、心理現象に生理学的アプローチを施し、生理学と心理学の区別を無くそうとする立場であった（cf. Sturm 2008 pp. 495-7）。しかしそのような「生理学的‐心理学的」説明の試みは、同時代の多くの学者から、その方法論的ないし認識論的な脆弱性を指摘された。一例として、ヘルツとテーテンスに共通する異論を挙げれば、当時すでに多くあった脳解剖学的発見などの生理学的知識が、実際の人間の意識や精神の変様をうまく説明できないことへの不安が大きかったという（ibid. pp. 497-9）。

ところがカントは、同時代の学者たちのように、生理学的説明の方法論的ないし認識論的な点を拒否した訳ではなく、生理学的説明は実用的人間学に「重要でない（irrelevant）」と考えて拒否した、とSturmは主張する（cf. VII 119, 176）（ibid. p. 499）。

まずSturmは、本稿一―二でも述べたように、一七七〇年代に学校／世界という知識の区別が示され（cf. II 443, XXV 9）、一七八〇年代以降、学校知／世界知は相互排除しない旨の記述がなされた（cf. XXV 853, 1210）ことを指摘する（ibid. p. 500）。この点から、カントが学校知であるからという理由で、生理学的説明を拒否することは考えにくい。次に、世界知は（自然を対象とする）地理学と（人間を対象とする）人間学によって形成されるが、Sturmによればこの世界知の内部区分は、一七七〇年代半ばまで、外官／内官の区分によって認識論的に基礎付けられていたという（cf. IX 157, XXV 469）。ただ、一七七七／七八年Pillauノートで世界知を形成する「自然」と「人間」のうち、後者は「自由にふるまう存在」だと記されて以降（cf. XXV 733）、世界知の内部区分の規定は、認識論的なものから存在論的な規定に転回したとSturmは主張する（cf. Sturm 2009 pp. 296-7）。彼によれば、自然の存在／自由の存在という存在論的な区分規定は、最終的に『人間学』における理論的／実用的という区分を基礎づけ、生理学／実用的な人間学の区分を生み出す。このような自然／自由という存在論的な区分規定を根拠にしてSturmは、生理学的説明は（実用的な人間学にとって）重要でないと主張する（ibid. pp. 300-1）。

ここで、本稿の立場から批判的な検討を加えよう。Sturmは、自然／自由の存在という、世界知に関する存在論的な区分規定にまで掘り下げ、理論的／実用的という区分、さらには最終的な生理学／実用的な人間学の区分が定着したプロセスを示そうとしている。しかし第一に、理論的／実用的という区分は、一七七五／七六年Friedländerノートで既に方法上の形式的な区分として登場し、その特徴は『人間学』まで一貫している（cf. XXV 469, 本稿二—一②参照）。果たしてSturmが注目する一七七七／七八年Pillauノートでの自然／自由という存在論的区分が、理論的／実用的という方法上の区分までも基礎づけたと言えるのか疑わしい。

第二に、本稿では、生理学／実用的という区分には方法上の「見地」の区分だけでなく、内容上の「人間知」の区分もあり、後者の区分は非排他的であることを明らかにした（一—一、一—二参照）。その観点からすれば、たとえ自然／自由という存在論的な区分規定が方法上の「見地」の区分を強めることがあったとしても、その見地のもとで生理学的「人間知」の区分は非排他的であり、重要でないとは言えないのではないか。Sturmの主張は、生理学的／実用的という区分の定着過程を重視する方向性は本稿と共有するものの、「見地」と「人間知」という二層の区分を見落とす限り、カントの人間学講義の解釈として十分とは言えない。

三—二　Sturmによる主張の検討②：「実用的歴史」と「習慣」の開発

前項で示した主張をさらに根拠づけるためSturmは、生理学的説明が拒否された実用的な人間学において、自由な行為者としての人間がいかに発展するかを「実用的歴史」概念との関わりから論じている。Sturmは、ヒュームの『イングランド史』（1762-4）をきっかけに一八世紀で議論された「実用的歴史」の論点（「歴史は、人間の行動の動機などの諸原因に関わる限りで実用的と呼ばれる」など）を整理した上で、カントが一七七〇年代半ばまで、実用的歴史を肯定的に受け入れていたことを指摘する（cf. Sturm 2008 pp. 501-2）。たしかに一七七五／七六年Friedländerノートに、戦争などの歴史上の記録は、人間を包括的に理解し、規則に基づいた思慮深い行動を考えることに有効だと記されている（cf. XXV 472）。

ただしそれ以降のカントは、人間本性が一定であることや、人間の行動に関する因果的法則を提供するという「実用的歴史」に反対していく。確かに、一七七七／七八年 Pillau ノートで既に「人は規則通り行動しない」と強調されている（cf. XXV 733）。Sturm によれば、人間はエゴイズムと他者への依存のあいだで揺れ動き一定ではないとする主張が、カントの人間学講義の中心となっていく（cf. VII 128-130, 321-5）（ibid. pp. 502-3）。

それゆえ Sturm は、次のように結論づける。人間は複雑な社会に身を置きながらも、自ら（道徳的な）性格形成を行うが、その際、自らの一人称の観点に反省・変革を加え、社会的役割やルールをつくる。それは人間の自然本性によって形成される「習慣（Angewöhnungen）」としての「第二の自然（eine andere Natur）」（VII 121）を開発させていくことでもある。そのような目論見にとって生理学的な語彙は重要ではなく、信念や欲望、行為などの意図的な語彙のみが適合する（ibid. p. 504）。

本稿の立場から、上記の結論を批判的に検討しよう。Sturm は、一定ではいられない人間が性格形成を進める上で重要なものとして、「習慣」や「第二の自然」を挙げている。ただカントによれば「習慣」は「自分の能力を頻繁に反復して使用しているうちに獲得されるもの」（VII 147）である。ところが、「習慣化」されたものは「同じ種類の感覚が変わることなく長い時間持続して注意力を感官から逸らして」しまうので、「一方で災いを忍ぶことを簡単にするが〔…〕他方またそれは他人から受けた善意をしかと意識し記憶に留めることをいっそう難しくする」（cf. VII 148f.）。また、「第二の自然」は「土地柄（Ort）」や「時代状況（Zeitumstände）」が長期間持続すると形成される習慣の一種であり、「人間が自分のことを何者と見なすべきかという判断の邪魔になるうえに、むしろいっそう、未知の交際相手をどう理解したらいいかという判断の妨げになる」ものだと説明される（cf. VII 121）。つまり習慣や第二の自然は、無意識的で受動的な側面が多分に含まれる、人間に関する知識と言える。

確かに性格形成を行うためには、このような習慣の改善や開発が必要であろう。しかしそのためには、日常においてさまざまな習慣が定着する受動的な過程にも目を向ける必要があるだろう。というのも、本稿一―一で具体的に示したように、人間が能動的に自らの振る舞いを決めるための実用的人間知は、人間が受動的に従わざるを得ない生理学的人間知と、相互に排他的ではなく関連するからだ。そうであれば、習慣の改善のために、自らの生理学的メカニズムと向き合い、その知識を駆使しながら、住み慣れた土地や時代の習慣に固執し過ぎないこともまた求められるだろう。それでこそ、「自分のことを何者と見なすべきか」や、生活習慣や文化も異なる「未知の交際相手をどう理解したらいいか」の判断を妨げる「第二の自然」を改善することができるだろう（cf. VII 121）。

では、このような生理学的人間知は、実際の性格形成の議論にどう関わるのか。『人間学』第二部「人間学的な性格論」「E 人類の性格」でカントは、人間には「自分自身で設定した目的に向かって自己を完成させていくという能力」があると述べる（cf.VII 321）。カントによれば、そのような自己完成によって「理性能力を賦与された動物（Vernunftfähigkeit begabtes Thier）としての人間」は自分自身を「理性的な動物（ein vernünftiges Thier）へと形成していくことができる」（ibid.）。このように、人間を特徴づける理性という能力を理由に、人類の性格形成の可能性が語られる。

さらにこの人類の性格形成は、「技術的な素質」「実用的な素質」「道徳的な素質」という三段階の素質の発展というかたちで論じられる（cf. VII 322）。もちろん最終的には道徳的な素質の発展が目指される訳だが、あくまでもカントの実用的な人間学が焦点を当てるのは、実用的な素質だと考えられる。

カントはこの二段階目で「（とりわけ交際面での素質の）開化による文明化（市民化）のために必要な実用的素質」が「いまやより高い段階にある」と述べる（cf. VII 323）。それは「さまざまな社会関係を営むなかで〔…〕（たとえまだ道徳的な存在ではないとしても（wenn gleich noch nicht sittliches））礼儀を身につけ、共存（Eintracht）を目指した存在になるという、人間種にとって自然的な傾向は、いまやより高い段階にある」ことを意味する（cf. VII 323）。この実用的な素質においては、交際や礼儀などを通した社会関係の中での共存が最大の目標であり、道徳的であることは必須ではない。だからこそカントは直後に「人類という種は、気が遠くなるほどの多くの世代の積み重なりのなかで（in einer Reihe unabsehlich vieler Generationen）前進することでしか自らの使命に向かって自らを高めていくことができない」のであり、「そこでの目標は、常に展望（Prospecte）の中にとどまる」と述べる（cf. VII 324）。つまり実用的な素質の段階では、人間が類として連帯することまでが求められており、その先は、第三の「道徳的な素質」の議論に移行してから求められることになる。

他方で、第一の「技術的な素質」においてカントは、人間の「泳ぎ」や鳥の「囀り」などを事例に、「技術」はまったく生得的な本能であるとも、教わって習得されるものとも言い切れず、自然に与えられた素質が成長過程で発展することで技術が習得されることを説く（cf. VII 322-3）。さらに「理性的動物としての人類」特有の技術的な素質として「手、指、指先」の構造や感覚が挙げられ、それによって人間はさまざまな方法で事物を扱うことができ、それは「理性の巧みな使用」を意味すると述べられる（cf. VII 322）。重要なことに、これら技術的な素質は、それによって自然が人間をどのように形成しているかがわかるものとして語られている（ibid.）。これは「生理学的人間知」としての受動的な人間の知識の説明と符合する。

つまり、実用的な素質の発展に関しては、一方で道徳的な素質の発展を見据えつつ、他方で技術的な素質の発展における生理学的知識を踏まえながら、交際や礼儀などを通して社会関係の中での連帯を目指すという、中間的な位置付けが端的に確認できる。

このことを本稿での考察に引きつければ、次のように言えるだろう。すなわちプラトナーがしたように、人間個人の心身が依存する生理学的知識に終始するのでもなく、かといってそのような「生理学的人間知」を度外視するのでもなく、それを「実用的人間知」と関連づけてこそ、道徳性の素質の発展を見据えた実用的な素質の発展は着実なものとなるだろう。そこに、実用的「見地」における生理学的「人間知」の役割が見出せると言える。

おわりに

本稿の大きな特徴は、カントによるプラトナー批判の内実を手引きに、カント人間学構想の発展史研究のみでは見えづらい部分に迫った点にあるだろう。他方で本稿は、プラトナーやカントの人間学が、心身問題の歴史的脈絡の中でいかに解釈されるべきかについて踏み込むことは出来なかった。ただそのことによって寧ろ、心身問題の脈絡には還元されないような、人間に関する知識およびその活用方法の区分に関する考察が深められたと言える。すなわち、人間の能動的な側面に焦点を当てた実用的知識を体系的に論じようとすればこそ、そこに自然によって形成された受動的な生理学的知識が関与するという、カント人間学構想の新たな特徴が示されたと言えるだろう。

註

（1） Physiologie は通常「生理学」と訳され、生物の身体機能や医学的メカニズムについての知識を指す言葉として知られているが、カント哲学においては「自然学」とも訳される。『純粋理性批判』（一七八一／八七）では「与えられた諸対象の総括」の考察として「Physiologie der reinen Vernunft」が登場し、それは理性の使用に応じて「内在的自然学」と「超越的自然学」に分けられる（cf. A 845/B 873）。また、形而上学講義では「empirische Physiologie」も登場し、内官／外官の区別に応じて「経験的心理学」と「経験的物理学」に分けられる（cf. XXVIII 221-3）。ただし人間学講義ではその用法から「生理学」と訳して問題ないと思われる。KANT- LEXIKON 2015, p. 1792 参照。

（2） カントは『人間学』において Absicht と Hinsicht とを概ね同じ意味で使用していると考えられるため、本稿はこれら二つの言葉の意味をとりわけて区別することはしない。

（3） 例えば Wunderlich（2018）によれば、プラトナーは、一七八〇年代にカントを懐疑論者と批判するものの、九〇年代にはカントを独我論者であると批判する。このようなカント評の揺れは、プラトナーがカント哲学から影響を受けながらも、「自己感情」を軸とした自らの思想の位置付けを定めることに苦戦したことに起因するという。一方、Thiel（2023）によれば、晩年のプラトナーは、ラインホルトから影響を受けた「表象の意識」をはじめ、多様な意識についての理論を強化していった。しかし、一七七〇年代から模索して来た「自己感情」を軸としたpre-Kantianとしての心理学的アプローチと、超越論的アイデアを取り入れたpost-Kantianとしての自己意識の理論とを一貫させることは難しく、結果的にプラトナーはそれらをただつなぎ合わせることに終わったと、指摘されている。

（4）本稿では扱えなかった、性格概念に関するもう一つの問題として、狭義の性格概念「心構え（思考様式）（Denkungsart）」が持つ二重性の問題がある。一方では、道徳的意味を有していると語られながら、他方で「格率」のような行動原則に従う一貫性のみを意味すると解釈され得る（cf. XXV 1385, VII 293）。高木によれば、道徳的な普遍化可能性によって性格が確立されるという「方法的主張」で前者（道徳性）を解釈し、主体における諸格率をまとめ上げるという「定義的主張」で後者（一貫性）を解釈すれば、矛盾は避けられるとしている（高木 二〇二三、六六頁および第2章を参照）。

（5）ここでの心身に関する議論は、カントの経験的心理学と人間学講義との関係を含め、重要な論点ではあるものの、本稿で扱う余裕はない。ただ以下のことは参考になるだろう。人間学講義一七七七／八年Pillauノートでは「魂と身体の相互性（Gemeinschaft）」は「心理学的にではなく、人間学的に話され得る」と記されるように(cf. XXV 813)、カントの人間学では、経験的心理学のように内官の対象としての魂のみを取り扱うのではなく、内官／外官それぞれの対象としての魂／身体の相互性を含めた、人間全体を考察することが求められている（cf. XXV 解説（VIII～XI), Brandt 1999 pp. 9-11）。

（6）Weltkenntnißは人間学講義におけるその社交的内容から「世間知」とも訳され得るが、本稿はそもそも人間学と地理学の双方でWeltkenntnißが形成されるとされた点（本項①参照）を重視するため、「世界知」と訳す。ただしそのことは、学校知／世界知という区分のあとに理論的／実用的という区分が設けられたことを踏まえ（本項②参照）、人間学講義に特化した実用的なWeltkenntnißという意味で「世間知」と訳すことを否定するものではない。

（7）「世界知」に関する『地理学』序論の叙述は、『さまざまな人種について』（一七七五）の叙述（cf. II 443）および同年の地理学Kaehlerノート（cf. XXVI 299-300）の内容との一致から、一七七五年ごろの講義内容であると推定される。

（8）このような地理学と人間学の連続性／非連続性の観点から、カントの人種概念に関する記述を考察した拙稿も参考されたい（李 二〇二二）。

（9）たしかにプラトナーは、「記憶力」の基礎は魂ではなく脳にあるとし（cf. §385）、その印象の定着に脳や神経の機能が関わることを主張している（cf. §383）。

（10）カントは『人間学』において「実践的」と「実用的」を厳密に区別して使っているとは言い切れない（cf. XXV 128, 140, 271）。

ただ、『判断力批判』（一七九〇）では「技術的＝実践的」と「道徳的＝実践的」という区別を行い、前者はさらに「熟練（Geschicklichkeit）」と「怜悧（Klugheit）」に分けられる（cf. V 172f）。さらに『道徳形而上学の基礎づけ』（一七八五）では、技術、実用、道徳という三段階で行動の諸原理や命法が説明され、二段階目の「実用的（幸せのための）」命法は「怜悧の忠告」であるとされる（cf. IV 416f）。つまり人間学講義における「実用的」は、道徳性に至るまでの「怜悧さ」に焦点を当てた「技術的＝実践的」の意味として解釈できる（道徳的な三段階の発展に関しては本稿三節も参照）。

（11）「夢の構想力の原因」に関連するプラトナーの記述は、確かに§535-6に見られる。

（12）Sturmは、脳や神経系の説明において、魂の位置を機械論的に特定しようせず、少なくとも心身の相互性そのものは一つの経験として自明であるという点に依拠する立場を「方法論的唯物論」と呼び、プラトナーの人間学もそこに位置付けている（cf. Sturm 2009 pp. 72, 75-6）。

文献表

カントからの引用・参照は、アカデミー版全集に依拠し、その巻数をローマ数字、頁数を算用数字で示す。ただし『純粋理性批判』のみ第一版をA、第二版をBとし、頁数を算用数字で示す。邦訳は主に岩波カント全集を参照した。引用文中の強調および（　）内の補足はカント本人によるものである。また〔　〕内の補足および省略は筆者によるものである。

プラトナーからの引用は Platner, Ernst（1772）. *Anthropologie für Ärzte und Weltweise*. Dyck を使用し、本文内にはセクション番号を示す。

Brandt, R.（1999）. *Kritischer Kommentar zu Kants Anthropologie in pragmatischer Hinsicht*. Meiner.

Euler, W.（2007）. Commercium mentis et corporis? Ernst Platners medizinische Anthropologie in der Kritik von Marcus Herz und Immanuel Kant. *Aufklärung*. 19, 21–68.

Herz, Marcus（1773）. D. Ernst Platners, der Arzeneykunst Professors in Leipzig. Anthropologie für Aerzte und Weltweise. Bd. 1. In *Allgemeine deutsche Bibliothek*, 20, 25–51.

Sturm, T.（2008）. Why did Kant reject physiological explanations in his anthropology? *Studies in History and Philosophy of Science*, 39, 495–505.

――(2009). *Kant und die Wissenschaften vom Menschen*. Mentis.

Thiel, U. (2023). Between Empirical Psychology and Transcendental Philosophy: Ernst Platner on the Feeling of Self. In Hahmann, A. & Klingner, S. (Eds.). *Kant and Eighteenth-Century German Philosophy: Contexts, Influences and Controversies*. De Gruyter, 47-68.

Willaschek, M. et al. (eds.) (2015) *Kant-Lexikon*. De Gruyter.

Wunderlich, F. (2018). Platner on Kant: From Scepticism to Dogmatic Critique. In Dyck, C. & Wunderlich, F. (Eds.). *Kant and his German Contemporaries*. Cambridge UP, 155-172.

高木裕貴（二〇二三）『カントの道徳的人間学　性格と社交の倫理学』京都大学学術出版会。

李明哲（二〇二二）「自然地理学と実用的人間学の連続性／非連続性――カント哲学における人種概念をめぐって――」『日本カント研究』（日本カント協会編）、二三号、七四―八七頁。

V 「カントの師」クヌッツェンをめぐる対立
——B・エルトマン『マルティン・クヌッツェンとその時代』とM・キューン『カント伝』のあいだで——

渡邉浩一

はじめに

学校時代のカントの熱中の対象はローマの古典作家であった。(1)ところでケーニヒスベルク大学に入学後、カントはわけても「クヌッツェンの哲学と数学の講義に欠かさず出席し」（B 28[18]）、彼によって「祖述者でなく、いずれ独自の思想家（Selbstdenker）となりうる道」（B 29[19]）を示される。このマルティン・クヌッツェン（Martin Knutzen, 1713-51）こそ、「アカデミックな経歴のはじめに、そこからカントがとくに受け継ぐところのあった師（der Lehrer, an den sich Kant vorzüglich anknüpfte）」（B 28[18]）であった。

こうしたボロフスキ（Ludwig Ernst Borowski, 1740-1831）による伝記記述を最も有力な根拠として、クヌッツェンとカントのあいだに親密な師弟関係ひいては深い影響関係があったことは長らく定説とされてきた。(2)クヌッツェンについては、若きベンノ・エルトマン（Benno Erdmann, 1851-1921）による『マルティン・クヌッツェンとその時代——ヴォルフ学派の歴史およびとりわけカントの発展史への寄与——』（一八七六年）が標準的業績であるが、(3)ここでもやはり「カントの最初の立脚点ならびに哲学的諸学への愛とそれら諸学におけるその方向性は、彼にまるごとクヌッツェンによって与えられた」（E 146）と結論づけられている。

だが前世紀末以降、この師弟関係のイメージを反転させるような研究が現われ、新たなスタンダードとなりつつあるM・キューン『カント伝』（二〇〇一年［邦訳二〇一七年］）ではクヌッツェンからカントへの積極的影響を否定する次のような主張がなされている。[4] すなわち、「ボロフスキは、クヌッツェンとカントとの間の連続性を示唆することに関心をもっていたのだが、そのような連続性は断じて存在しなかったのである」（Ka 425n.[813n.]）。はたして《「カントの師」＝クヌッツェン》という定説は覆されたのか。当否の判断は、究極的には、各人が両者のテクストの精読・比較を通じて行うべきものである。とはいえ日本のカント研究においては、それ以前に、クヌッツェンの論著はもとよりエルトマンのクヌッツェン書の受容も十分ではない。[5] キューン『カント伝』の問題提起を偏りなく評価するため、そのうえで「カントの最初の立脚点」を見きわめるためには、あらかじめエルトマンの業績とその後の研究動向を共有財産として登録しておく必要があるように思われる。

それゆえ本論では、まず『マルティン・クヌッツェンとその時代』に即して、エルトマンの示すクヌッツェン像およびクヌッツェン‐カント関係の骨格を素描する（「一」）。次いでキューン『カント伝』によるアンチテーゼを確認し（「二」）、そのうえで、それぞれの観点からエルトマンのクヌッツェン書を更新した前世紀終盤から今世紀初頭にかけての諸研究に拠りつつ、「カントの師」クヌッツェンをめぐる争点を立体的に浮かび上がらせることに努める（「三」）。もっぱら研究文献に即した叙述となるが、哲学者カントの原点に関わる問題——大きくは「信仰と理性」という古典的モチーフに集約される——と、今後クヌッツェンのテクストに取り組むにあたっての一つの方向性——哲学と神学の両面にわたる彼の「数学的方法」解釈に関わる——を示すことがここでの課題である。

一　エルトマンの描くクヌッツェン像——「カントの最初の立脚点」を与えた師

エルトマンのデビュー作『マルティン・クヌッツェンとその時代』は、哲学史研究（・カント研究）草創期の著作ながら、依然として唯一かつ現役のクヌッツェン書である。個別のテーマに関してこれを更新する仕事は見られるものの（「三」で後述）、周到な文献調査と高密度の歴史的再構成によって、「クヌッツェンとその時代」を語るうえで最有力の典拠であり続けている。そこでまず、同書の各章の概要と全体像を確認しておくことにしたい。

本論は全八章からなるが、副題の示す「ヴォルフ学派の歴史およびとりわけカントの発展史への寄与」という目論見に照らして、叙述は一八世紀前半のケーニヒスベルクの思想状況から始められる。その歴史記述の基調となるのは敬虔主義（Pietismus）とヴォルフ学派（die wolfische《ママ》 Schule）という同時期のドイツの二大思潮であり、それぞれ信仰と理性に根差すこの両者は、先走って言えば、著作全体を通してのクヌッツェンの思想の評価軸となるものでもある。

一七世紀末から一八世紀初頭にかけて、敬虔主義は教条化・形骸化した正統派神学に対する改革運動、ヴォルフ学派は旧来のアリストテレス主義に対する新哲学の代表として、それぞれ支持を広げ、神学と哲学において覇権的地位を占めるに至った。それとともに震源のハレでも僻遠のケーニヒスベルクでも思想的・党派的対立を深め、敬虔主義者によるヴォルフ（Christian Wolff, 1679–1754）のハレ追放（一七二三年）やフィッシャー（Christian Gabriel Fischer, 1686–1751）のケーニヒスベルク追放（一七二五年）といった事件が出来する。とはいえドイツ全体としては敬虔主義の勝利は長続きせず、「新哲学が新時代の担い手であった」（E 20）。ただし、そのなかにあってもケーニヒスベルクはシュルツ（Franz Albert Schulz, 1692–1763）の監督下、「一七三〇年から一七四〇年の時期は純然たる敬虔主義の街であった」（E 34）。シュルツ本人はフランケ（August Hermann Francke, 1663–1727）とヴォルフ両者の謦咳に接し、敬虔主義者とヴォルフ学派の融和、信仰と理性の調和を志向したが、彼において「ライプニッツ‐ヴォルフ哲学はその形式を敬虔主義の宗教的内容に引き移す」（E 26）にとどまっている、というのがエルトマンの見方である（第一章[6]）。

このケーニヒスベルクに一七一三年に生まれ、カント同様、郷里を離れることのなかったクヌッツェンであるが、彼の人柄・エピソードについてはほとんど語られることはない。それよりもエルトマンが重視するのは、旧市の教区学校を経て一七二八年に大学に進むまでの敬虔主義的教育の影響と、大学進学後の新哲学への傾倒という思想的経歴である。早くも一七三二年にシュルツの教授就任論文（後出「三―三」）の応答者を務め、三四年には論理学および形而上学の員外教授となるクヌッツェンは、哲学、神学、自然科学、数学と多方面にわたる論著を次々と公刊するが、地位には恵まれず、過労による衰弱のため一七五一年に早世する。短いながらも濃密な彼の知的営為の基調をなすのは、敬虔主義とヴォルフ哲学の両者への関心――ただしエルトマンのみるところ後者が上回る――、および広範な文献収集にもとづく「博学（Polyhistorie）」（E 50）であるという（第二章）。

しかしなにより著者が高く評価し、論述の中心に据えるのは、クヌッツェンの哲学上の主著と目される『作用因の体系、または自然的影響によって解明された魂と身体の相互作用についての哲学的論考（*Systema causarum efficientium, seu commentatio philosophica de commercio mentis et corporis per influxum physicum explicando*）』（一七四五年、以下『作用因の体系』）である。[7] 一七二〇年から六〇年にかけてドイツ哲学はヴォルフ学派から折衷的通俗哲学へと発展をとげるが、その前半（二〇年～四〇年）は予定調和説の受容・解釈をめぐる論争によって特徴づけられる。ライプニッツ（Gottfried Wilhelm Leibniz, 1646–1716）が予定調和説を実体間の相互作用に関する一般理論として――モナド論と表裏一体のものとして――導入したのに対して、ヴォルフはこれを心身相関の説明に局限し、しかも「確からしいだけの仮説」（E 57）へと格下げして用いた。このヴォルフ経由の予定調和説は急速な普及の一方で、それが魂の自由を否定し、宿命論をもたらすとするランゲ（Joachim Lange, 1670–1744）ら敬虔主義者――スコラ哲学流の自然的影響説（physischer Einfluß）を採る[8]――の批判に直面する。彼らとの理論的・党派的闘争を経て、やがてヴォルフ学派内部からもゴットシェート（Johann Christoph Gottsched, 1700–66）をはじめ自然的影響説の支持者が台頭するが、そのなかでも次代の通俗哲学への転換点となったのがほかならぬクヌッツェンであった（第三章）。

もともと予定調和説を採っていたクヌッツェンが自然的影響説に転じたのは、当人の言によれば、当時の活力論争を背景に力学の研究に取り組んだことによる。[9] すなわち『作用因の体系』とは、端的には、実体の相互作用に関わる一般理論として――ライプニッツ・ヴォルフの予定調和説に対して――新たな自然的影響説を確立しようとする著作であった。そのためにクヌッツェンは、かねて批判対象となってきた「流入（influxus）」という語義はあくまで比喩であるとし、スコラ的な旧説との差異化をはかったうえで、[10] 次のように新説を展開してゆく。すなわち、物体は単純な要素から構成されるが、その要素とは（ヴォルフと違って）「表象するモナド」である。[11] 心的モナドと物体的モナドはそれゆえ程度の差において区別されるのみであり、[12] そしてそれら諸々のモナドは（ライプニッツの場合と違って）因果的に作用しあう。[13] このようにクヌッツェンの自然的影響説は心身相関に限定されない普遍的な因果性理論であり、「ライプニッツへの回帰」（E 88）という点（「普遍性」）において一八世紀前半の予定調和論争の一つの画期をなすとともに、自然科学の基礎概念（「因果性」）の理論的考察――認識論的基礎づけこそ欠くが――によって一九世紀後半においてもアクチュアリティをもつものと評価される（第四章）。

以上のようにエルトマンは、主著『作用因の体系』の自然的影響説の読解によって、クヌッツェンをまずもって哲学者として、ヴォルフ学派の展開のメインストリームに位置づけた。では、もう一つのモチーフとされる敬虔主義についてはどうか。たとえば初期の『世界の不可能な永遠性に関する形而上学的考察（*Dissertatio metaphysica, de aeternitate mundi impossibili*）』（一七三三年、以下『世界の不可能な永遠性』）は、早くもヴォルフ流の数学的・演繹的な論述方法への習熟を示す一方で、その論証の前提となる神学的内容に関しては、「旺盛な哲学的膂力にもかかわらず神学が優位にあったシュルツの人格の影響がここではなお決定的である」（E 98）と言われる。そうした神学的関心は『作用因の体系』では純然たる哲学的関心の背後に退き、一七四一年の『魂の非物質性』（注7参照）でもイギリスの理神論者たちを念頭に置いた唯物論批判からうかがい知れる程度になっている。しかし、やはり理神論者を論敵とする『キリスト教の真理についての哲学的証明（*Philosophischer Beweis von der Wahrheit der christlichen Religion*）』（一七四七年、以下『キリスト教の真理』）では、[14]「数学的教授法にしたがい、しかもその外的形式、つまり定義・定理・補助定理等々による展開を保ちつつ、敬虔主義的に把握された神の啓示の必然性としるしの証明が与えられる」（E 116）。そしてエルトマンは、まさにこの「敬虔主義と合理主義の驚くべき仕方での混淆」（E 116）というところに、敬虔主義とヴォルフ哲学の調和という課題をシュルツから受け継ぎ、師よりも哲学に重きを置く仕方で両者の統一に努めた「クヌッツェンの根本性格」（E 124）と、しかし後のカントのように「新たな形式」（E 125）でもってより高次の立場に到達することはなかった時代の過渡的性格とを見いだしている[15]（第五・六・七章）。

ひるがえって、それではクヌッツェンのカントへの影響はどのように見積もられるのか。端的には、「カントは大学時代の後期と、おそらく家庭教師時代の初期もなお、クヌッツェン流の断固たるヴォルフ派（ein entschiedener Wolfianer nach der Art Knutzens）であった」（E 141）というのがエルトマンの解釈である。学校時代のカントは古典文学に熱中し、両親やシュルツの宗教的関心に対してある程度距離をもつようになっていたが、大学入学後、シュルツの敬虔主義的人脈の枠内でクヌッツェンやテスケ（Johann Gottfried Teske, 1704–72）――またひょっとするとラッポルト（Karl Heinrich Rappolt, 1702–53）――の講義に参加し、なかでも「哲学、物理学および数学の全部門、修辞学や記憶術のみならず天文学といった個別学科にさえ及ぶクヌッツェンの最高に刺激的な講義」（E 139）に新たな興味をかきたてられた。「生き生きとした宗教的感情」（E 140）に裏打ちされていたであろう彼の講義は、カントに哲学徒としての生き方――シュルツ流の神学でなく――の指針を与えるとともに、「時代の哲学的諸潮流」（E 141）を伝えるものでもあった。

それゆえクヌッツェンは、いわばカントのロールモデルとして、掛け値なしに「カントの師」と呼ばれるべき存在である。この点を信仰と理性という二軸に即してみると、前者についてカントの後年のキリスト教理解――原罪、再生、義認、キリストに関する――は敬虔主義のそれと非常に近しく、幼少期以来の確信は師によって強められたものと解される[16]。一方、後者についてはデビュー作『活力測定考』（一七四七年）への影響が決定的である。同書のカントは基本的に「ライプニッツ‐ヴォルフ説の精神」の支配下にあるが、とはいえ「その精神を学説の文字にしたがって解釈しているのではない」（E 143）。それはクヌッツェンと同じく自然的影響説を採っていること、そして「ある鋭敏な著者」――クヌッツェンのことと思われる――が「予定調和に対する自然的影響の勝利を完全なものとする」妨げとなった「些細な概念の混乱」（I 21）に言及する仕方からも明らかである。同箇所で物体の力を――『作用因の体系』のように――たんに「運動力」でなく、むしろ広く「作用力」と解すれば心身相関がよりよく説明できると主張することで、カントは師説を批判的に継承する姿勢を示している。実にエルトマンが、「カントの最初の立脚点ならびに哲学的諸学への愛とそれら諸学におけるその方向性は、彼にまるごとクヌッツェンによって与えられた」（E 146）と言うのは、以上のような意味においてである（第八章）。

二　キューンの描くクヌッツェン像――「キリスト教原理主義者」

しかしながらボロフスキ-エルトマンによる「定説」に対しては、近年、M・キューンが強烈なアンチテーゼを示している。彼の『カント伝』（二〇〇一年）は、「人類を読者とする『すべてを粉砕する』哲学的な自由思想家」（Ka 8[41]）ないし「啓蒙された『世界市民』」（Ka 21[66]）としてのカント像を描き出そうとするものであるが、この反宗教的・世俗的解釈はクヌッツェンによる積極的影響を最大限引き下げることと表裏一体の関係にある。

クヌッツェン-カント関係についてのキューンの評価は、一般的には次のようなものである。「たとえクヌッツェンがカントのお気に入りの教師だったとしても、クヌッツェンがカントの唯一の教師だったわけではないのである。結局、カントはケーニヒスベルクのような場所で獲得されうるだろう最も多方面にわたる教育を求めたのである」（Ka 81[174]）。

キューンによればカントにとって大学進学は、本人の気質と相容れない幼少期および学校時代の敬虔主義的教育からの解放を意味した。入学とともに得た「大学市民」としての社会的・精神的自由を享受し、下級学部である哲学部の教師たち――クヌッツェン、テスケ、ラッポルトに加え、グレゴロヴィウス（Johann Adam Gregorovius, 1681-1749）、キュプケ（Johann David Kypke, 1692-1758）、ボック（Johann Georg Bock, 1698-1762）、マールクヴァルト（Konrad

Gottlieb Marquardt, 1694–1749)、アモン（Christian Friedrich Ammon, 1696–1742）――に接することで、「カントは哲学と神学と自然科学への多くの異なる研究方法に精通するようになった」（Ka 84[179]）。

とはいえ、上記の八人の評価はキューンにおいても横並びではない。実験物理学の師としてテスケへの注意を喚起するとともに、しぶしぶながらクヌッツェンの重要性も承認している。「しかしクヌッツェンは人気があり魅力があったので、ほぼ即座にカントにとってお気に入りの教師の一人になったのであり、早い時期に、この若い学生にきわめて重要な影響を与える教師になったのである」（Ka 81[173]）。

だがその影響とは、むしろ反面教師的なものであった。クヌッツェンは一七四四年の彗星出現を予言し、実際に同時期に彗星が現れたことで生地の有名人となったが、ほどなくオイラー（Leonhard Euler, 1707–1783）によって指摘されたように、別の彗星と取り違えていた。これに関連する著作『彗星考』（注15参照）については、エルトマンの評価も「まったく誤った物理学・天文学的前提」と「間違った観測」に基づくもので「議論の必要はない」（E 124）ときわめて辛い。だがキューンはそれにとどまらず、「クヌッツェンはニュートン物理学の詳細を理解している大陸の科学者たちの『少数の精鋭』に属していなかった」（Ka 84[178]）とダメを押し、その意義を次のように解釈してみせる。「クヌッツェンの彗星についての論争によって、教師たちについての幻想は打ち砕かれた。オイラーの批判のおかげで、カントは科学者としてのクヌッツェンの短所を理解したであろう」（Ka 84[179]）。

さらにキューンは、カントの『活力考測定』もこの解釈の延長線上に位置づける。ボロフスキによれば、同書はクヌッツェンとの親密な師弟関係を前提に、師説を発展的に継承するかたちで執筆されたものとされる(17)。しかしクヌッツェンの伝記類に即せば、彼の愛弟子とみられるのはブック（Friedrich Johann Buck, 1722–86）とヴァイテンカンプ（Johann Friedrich Weitenkampf, 1726–58）である。カントがとくに目をかけられていたとする証拠はない。それどころか『活力測定考』が学位論文として公刊されず、その後カントがいったん大学を離れるに至ったことは、クヌッツェンによる冷遇の証とも考えられる。

ここからなお一歩踏み込んで、キューンは『活力測定考』をクヌッツェンに対する反抗の書として解釈する。たしかにカントは同書で自然的影響説を受け入れているが、それはあくまで外的因果性の説明に関してであって、実体の内的原理については「ヴォルフ派のバウムガルテン」(Ka 91[191]) ――ひいてはライプニッツ――に従っている(「三―二」で詳述)。しかしながら、ライプニッツ-バウムガルテン路線の予定調和説は「クヌッツェンと他のケーニヒスベルクの敬虔派にとって、神学的理由のために受け入れ不可能であった」(Ka 93[194])。敬虔派にしたがえば予定調和説は意志の自由に反し、決定論と宿命論に導くものであり、それゆえ同書のカントの主張はひるがえって「『敬虔主義に対する反対 (opposition to Pietism)』表明」(Ka 94[195]) とも受け取れるものである。

この反転されたクヌッツェン-カント関係は、『カント伝』の反宗教的・世俗的カント像にとっておそらく本質的な意味をもつ。史料の評価にあたってキューンは、最初の伝記作者たちのバックグラウンドがいずれも神学であることから彼らの記述に強い留保をつけるが、なかでもボロフスキに対しては「ひそかに反カントのたくらみを持つ」(Ka 12[50]) 者と取り付く島もない。「ボロフスキは、クヌッツェンとカントとの間の連続性を示唆することに関心をもっていたのだが、そのような連続性は断じて存在しなかったのである」(Ka 425n.[813n.])。――本論冒頭でみたこの主張は、以上の解釈に基づいている。そしてキューンの理解では、「クヌッツェンは、じっさいにはヴォルフ派というわけではな」く、「クヌッツェンの哲学的関心は大体においてヴォルフによって決定づけられていたのだが、クヌッツェンの立場はキリスト教原理主義者 (fundamentalist Christian) の立場であった」(Ka 79[170])。「定説」との差異は明確である。信仰と理性の二軸に即して言えば、エルトマン説はシュルツ-クヌッツェン-カントを一連の段階的な発展図式、合理化過程において捉えるものであった。これに対してキューンは、シュルツ-クヌッツェンを信仰(狂信 (enthusiasm))、カントを理性(啓蒙)の側に配し、連続性を断ち切る。そうして示される自立心旺盛な若きカント像(そのネガとしての「反面教師クヌッツェン」)は、なるほど挑発的であり、今日的でもある。――とはいえ、それを直ちに「新たな定説」とするのは早計だろう。その前に紹介・検討を要する重要な業績が複数存在するからである。

三　エルトマン説の問い直し――師弟関係・自然的影響説・敬虔主義

三―一　師弟関係をめぐって――ヴァシュキースvsシュタルク‐キューン

近年のクヌッツェン‐カント関係の問い直しについて、その最初のきっかけをつくったのは一九八七年のH‐J・ヴァシュキース『若きカントの自然学と自然神学』である。[18]

クヌッツェンの『彗星考』は、既述のように、自然科学の観点からみて価値の乏しいものとしてエルトマンに一蹴されていた。しかし本書でヴァシュキースは、自然学・自然神学に焦点化することで、『彗星考』には「カントの最初の主著」（Wa 2）と目される『天界の一般自然史と理論』（一七五五年）の「前史」として積極的意義が認められると主張する。具体的に、クヌッツェンによる天体観測、当時のドイツの大学の天文学教育、一六世紀からニュートンやハレーに及ぶ彗星理論の変遷など[19]、文献の博捜にもとづく情報豊かな叙述を通じて示唆されるところでは、クヌッツェンの『彗星考』および『世界の不可能な永遠性』を経由して――とくに後者にライプニッツ‐クラーク論争への関心を喚起され――カントは『天界の一般自然史と理論』の宇宙生成論ひいては自然神学への知見を育んだという。

もっとも、この主張を支える伝記面での論拠は新しいものではない。クヌッツェン‐カント関係については、ボロフスキに加えて、クラウス（Christian Jakob Kraus, 1753–1807）とハーマン（Johann Georg Hamann, 1730–88）の証言も知られているが、前者によれば「カントの天賦の才をクヌッツェンのもとで開花させ、彼にその堂々たる『天界の自然史』において詳述される元々のアイデアをもたらしたのは一七四四年の彗星であり、それについてクヌッツェンは一書をものしている」[20]。また後者は「私は哲学の全部門、数学において、また数論についての私講義において名高いクヌッツェンの学生であり、彼のもとで立ち上げられるも成就しなかった自然‐神学協会のメンバーでもあった」との回想を残している。[21] 論証面では鷹揚なヴァシュキースの叙述は、それゆえ、自然学（天文学）・自然神学（神の存在証明）の面からエルトマンの「定説」を修正・補強する注釈といった性格が色濃い。

大きな転換点となったのは、一九九九年のW・シュタルクによる小論である。[22] ここでシュタルクは――とくにヴァシュキースを念頭に――「どの程度カントはクヌッツェンの弟子とみなされているだろうか」（S 124）と問い、そしてクヌッツェンについての同時代の伝記の読み直しによって、カントでなくブックこそが彼の愛弟子であったことを示した。ブックは一七四一年のクヌッツェンの講義で討論の仕切りを任され、師の死去に伴って講義や学術交流を引き継ぎ、さらに『彗星考』に関わる天体観測の参加者でもあった。ひるがえってカントには、その種のクヌッツェンとの「特別な学術的師弟関係」（S 129）を示す証拠は認められない。とすればカントは、人気講師であるクヌッツェンの数ある聴講学生の一人でしかなかったのではないか。

そしてこの関係の希薄化を「敵対」にまで強めたのが、二〇〇一年の『カント伝』――および同年の小論[23]――におけるキューンである。前節でみたように、彼はカントの『活力測定考』を「敬虔主義に対する反対表明」の書として解釈していた。その根拠としてキューンはまず、シュタルクと同じ伝記的事実を引き合いに、ケーニヒスベルク大学の哲学部のメンバーとりわけクヌッツェンによって「カントは自分がふさわしい仕方で遇されていないと感じていたかもしれない」（Kb 22, cf. Ka 87-88[184]）という読解を示す。そしてクヌッツェンも、「カントの敬虔主義への反抗に気づいていたのであれば、彼を嫌う十分な理由があったことになるだろう」（Kb 22）と畳みかける。[24]

このシュタルク‐キューンのアンチテーゼは、「定説」の過剰解釈を戒めるという点でも、必ずしも親密なものばかりでない学術的師弟関係に目を向けさせるという点でも、すぐれて教育的である。とはいえキューンの「敬虔主義に対する反対表明」という解釈は、それはそれで過剰な読み込みのようにも思われる。両説の適否の判定のためにも、以下、争点である自然的影響説およびケーニヒスベルクの敬虔主義について、エルトマン以降の研究に即して検討することにしよう。

三―二　自然的影響説をめぐって――ワトキンスvsキューン

哲学的原理に関わる「定説」とキューンの争点は、『活力測定考』をクヌッツェンの自然的影響説とバウムガルテン（Alexander Gottlieb Baumgarten, 1714-62）の予定調和説のどちらに系譜づけるか、というところにある。

先に見たようにエルトマンは、クヌッツェンの『作用因の体系』の自然的影響説をヴォルフ学派の発展の本質的契機として――そして『活力測定考』のカントをクヌッツェン流のヴォルフ主義者として――位置づけていた。これに対して、同時期に予定調和説を標榜したバウムガルテンとマイアー（Georg Friedrich Meier, 1718-77）については、次のような補足説明を行っている[25]。すなわち、そもそもバウムガルテンはモナド間の相互作用――ライプニッツが否認している――を承認しており（『形而上学（*Metaphysica*）』（一七三九年）、408節）、その内実は自然的影響と等しい。たしかに彼は、ある実体への他の実体からの影響に関して、その受動作用が同時に当の実体の能動作用でもある場合を「観念的影響（influxus idealis）」、そうでない場合を「実在的影響（influxus realis）」と呼び、後者を自然的影響、そして前者を予定調和と対応づけている（同212節、およびマイアー『予定調和の証明（*Beweis der vorherbestimmten Uebereinstimmung*）』（一七四三年）、11、12節[26]）。ここから観念的影響において、物体が魂に作用する際に生じる表象は当の魂自体の力によるものと解され、その力の終局根拠は神に帰される。それはひるがえって諸実体の普遍的調和と神による予定を要請するものであるから、その点ではライプニッツの予定調和と合致する。――しかしエルトマンのみるところ、本質的な点でこの観念的影響はクヌッツェンの自然的影響と同一である。というのも、「どちらの理論も相互作用は作用する実体が作用を受ける実体の固有の力を新たな変容へと規定することによって生じると想定しており、どちらもこの変容はとどのつまり表象過程の変化であると説明する」（E 96）からである。バウムガルテンが観念的影響ということで「普遍的調和」を要求するのに対して、クヌッツェンにはその議論がないという違いはあるが、前者の証明に新たな理論的寄与はなく、「不十分なつけたし」（E 96）にすぎない。

キューンはこれに対して、まさにその「普遍的調和」への志向に焦点化することで、若きカントをバウムガルテンの予定調和説の延長線上に位置づけようとする。——たしかに、モナド間の実在的な影響関係を認める点でバウムガルテンはライプニッツと異なるが、しかしそれは自然的影響説と同一視されるものではない。彼の実在的影響と観念的影響の区別の真意は、前者（外的原因性）が究極的には後者（内的原理）に基づくことを示すことにあった。これは『活力測定考』のカントも同様で、その終末部でライプニッツの「普遍的調和と秩序（die allgemeine Harmonie und Ordnung）」（I 171）に言及する仕方からも、彼が予定調和説に依拠していることが読み取れる。もちろんカントの場合、「諸実体の内的状態」だけでなく、それと並んで「諸実体の相互作用」も予定の対象に含むから、ライプニッツ派とそのまま同じではない。しかしいずれにしても、「世界の秩序は予定されているのであり、諸実体の内的原理は諸実体の外的関係と調和している、とする一つの決定的な側面において、カントはライプニッツ派に留まる」（Ka 92[192], cf. Kb 26）。自然的影響説についていえば、それは外的原因性の説明理論でしかなく、エルトマンは「バウムガルテン（とカント）の説く実在的影響の『現象的性格』を深刻に受け止めない」（Ka 448n. [852n.] =Kb 26）という点で誤っている。以上のようにキューンは主張する。

はたして青年カントは、自然的影響（クヌッツェン）と予定調和（バウムガルテン）のどちらの系譜に属しているのか。エルトマンとキューンの対立は複数の論点——自然的影響説の範囲・基礎づけの評価、学派と学説を一対一対応させることの当否 etc.——を含むが、いずれにせよ、両説のカントへの影響を吟味するうえでは一九九〇年代初頭の諸論文から二〇〇五年の『カントと因果性の形而上学』に及ぶE・ワトキンスの一連の業績への参照が不可欠である[27]。ワトキンスは一八世紀前半の予定調和論争に関わる諸家の再調査を進めた後、単著では理論的寄与の大きな五者——ライプニッツ、ヴォルフ、クヌッツェン、バウムガルテン-マイアー、クルージウス（Christian August Crusius, 1715-75）——に焦点を絞り、それぞれの論証の詳細かつ明晰な再構成を行っている。

なかでもクヌッツェンは最も詳細に論じられる哲学者であるが、『作用因の体系』に即してまず指摘されるのは、「その自然的影響のための論証はライプニッツ派の諸原理に基づく」(Wb 53) ということである。ここで「ライプニッツ派の諸原理」とは端的には「物体の根底をなす単純実体は自らを動かす力をもつとともに不可入的でもある」(Wb 96) というもので、そこからクヌッツェンはそうした運動に関する実体内の因果性(自らの場所を変える力)が実体間の因果性(他の事物の場所の変化)を含意すること、[28] 不加入性(抵抗)とは因果的な用語であること、[29] そしてそのような自然的影響説が神の作用の完全性からして矛盾なく・可能であること、[30] のみならず事物をより簡潔かつ自然に説明できるため他説よりも蓋然的であることを論証する。[31] さらに、自然的影響による心身相関は運動の保存則を攪乱するというライプニッツによる批判に対しても、クヌッツェンは保存則を物体の領域に限定し——心身相関には適用外とし——、これによって物体とモナドの両領域をライプニッツ同様、和解に開かれたものとする。[32] かくしてワトキンスのみるところ、ライプニッツの原理に拠りつつ自然的影響説を擁護するその精妙な議論によって、クヌッツェンは「まずなにより(広義にとった)ライプニッツ‐ヴォルフ派の哲学者である」(Wb 53)。

そして『活力測定考』のカントも、基本的にクヌッツェンと同様、ライプニッツ派の諸原理に沿った自然的影響説に立っている。たしかに同書でカントは、力の概念規定という点で「鋭敏な著者」クヌッツェンに対して一定の批判的距離をとっていた(「一」末尾参照)。[33] しかしながら単純実体(モナド)から空間的に延長する物体が構成される仕方に関して、予定調和説をとるバウムガルテンがモナドの内的性質・作用によるものと捉えるのに対し、カントはクヌッツェンとともに外的・関係的なものと考える点で——後の『自然モナド論』(一七五五年)まで——一貫している。[34]

これに対してキューンは、上述の『活力測定考』の「普遍的調和」解釈に加えて、一七五五年の『形而上学的認識の第一原理』終末部の「元来言われるところの自然的影響(influxus physicus proprie sic dictus)は排除され、諸事物の普遍的調和が存在する」(I 415) という一文を引き合いに、実在的＝自然的影響に終始するクヌッツェンと、その根底に観念的影響＝予定調和を認めるカントの決定的な違いをあくまで主張する。なるほどカントが『形而上学的認識の第一原理』で、自身が提示した共存の原理にもとづく「実体の相互作用の普遍的体系」は「周知の自然的影響の体系」より改善されており、「あの使い古された作用因の体系（tritum illud causarum efficientium systema）は真理からかけ離れている」（I 415-416）と言うとき、批判は『作用因の体系』の著者に及んでいるようにも思われる。――しかし問題はその内実である。（クヌッツェンの）作用因の体系への不満は、それが「事物の相互連関（mutui rerum nexus）の起源そのものを明らかにし」（I 416）ないことであり、カントは「神の知性」による創造を持ち出すことでこれに答えたのだった。[35] つまり、ここでカントはクヌッツェンの議論の不足を批判しているのであって、「カントはあらゆる面でクヌッツェンの立場を拒否するわけではなく、それゆえ彼らの立場はキューンが示唆しようとするほど甚大ではないかもしれない」（Wb 159n.）。

このようにワトキンスにしたがえば、クヌッツェンとカントはその自然的影響説においてやはり連続している。にもかかわらずキューンが両者の峻別にこだわるのは、[36] 既に明らかなように、クヌッツェンの自然的影響説が敬虔主義の宗教的確信に由来する（そして若きカントが反敬虔主義者である）と考えるからである。しかし、それではクヌッツェンの敬虔主義への態度とは改めてどのようなものか。

三―三　敬虔主義をめぐって――フェーア vs キューン

師であるシュルツと同様、クヌッツェンは宗教・神学面で敬虔主義者であると同時に哲学的にはヴォルフ流の合理主義者であり、そして両者を師とするカントは自然的影響説という哲学的立場のみならず、信仰面での敬虔主義的確信も受け継いでいる。これがエルトマンの基本見解であり、まさにキューンが斥けようとするものであった。

ところで、敬虔主義とヴォルフ哲学の調和という場合、当然ながら両者の関係の具体的なあり方が問題となるが、エルトマンにおいては――ヴォルフ哲学の発展を焦点としているため――この点は十分明確とは言いがたい。クヌッツェンの神学的著作『キリスト教の真理』に対しては、「当時の敬虔主義の大半の書物よりも明晰で、深く、真であるだけでなく、穏健で実践的に正しくもある」（E 118）という評とともに、それが同時代の哲学と神学の闘争を念頭に、神学（信）のもとに哲学（知）を従わせる仕方で両者の統一を図るものであったという判定がなされている。[37] しかし、だとすると「キリスト教原理主義者」というキューンの評は的を射ていることになるのではないか。

解釈上の問題は、ヴォルフ学派の予定調和論争のような評価軸が欠けていることであるが、J・J・フェーア『事物の驚くべき連関――フランツ・アルベルト・シュルツのもとでのケーニヒスベルクの啓蒙主義と敬虔主義――』（二〇〇五年）はまさにその欠を補う貴重な研究である。[38] ワトキンスがライプニッツまで引き戻して予定調和論争を辿り直してみせたように、ここでフェーアはシュルツに立ち返って、神学の面からプロイセンおよびケーニヒスベルクにおける敬虔主義とヴォルフ主義の展開を描き出している。

表題のみ知られ内容にはほとんど論及されてこなかったシュルツの教授就任論文『理性の信仰との調和についての論考（*Commentatio de concordia rationis cum fide*）』（一七三一年）の精読によってフェーアが浮き彫りにするのは、フランケやランゲら「ハレの敬虔派」とシュルツとのヴォルフ哲学に対する姿勢の根本的な差異である。前者のヴォルフ批判は、予定調和説が宿命論・無神論をもたらすというお決まりの論点のみならず、教育面にも及ぶものだった。すなわち、ヴォルフ哲学の主知主義・合理主義を特徴づける数学的方法による認識の展開は、同時に「完成」に向けた「知性の陶冶」（F 132）という実践的・道徳的意義をもつが、ハレの敬虔派にはそのような「理性のオプティミズム」は手綱のきかない理性使用によって若者の「気質を粗暴にする（das Gemüth verwildern）」（F 151）ものと思われた。

このように信仰による理性の抑制を旨とするハレの敬虔派に対して、しかしシュルツは神学においてもヴォルフの路線を継承・発展させる。フェーアにしたがえば、「諸事物はその連関において理解され、証明されうる」（＝「協和（convenientia）」）、そして「知恵（sapientia; Weisheit）」とは本来この「協和」を学問と人生に適用すること、すなわち「すべての認識と行為を体系的・論理的に調和させることである」（F 279）というのが彼の就任論文の中心思想である。シュルツの神学における数学的方法の使用は、それゆえ、エルトマンの言うような「敬虔主義の宗教的内容」へのたんなる形式的適用ではなく（「一」参照）、ヴォルフ哲学の深い内容理解に基づくものである。ベルリンのラインベック（Johann Gustav Reinbeck, 1683-1741）らとともに、シュルツはむしろ最初のヴォルフ派神学者のひとりとして理解されるべき存在である。

このようにフェーアは、先行研究よりもシュルツをヴォルフの合理主義の方へと引き寄せ——事実、同時代的にはシュルツはヴォルフ派として知られていた——、それに応じてクヌッツェンの宗教論（『キリスト教の真理』）も、簡単ながら、この哲学・神学的合理主義の進展のもとに位置づけ直している。すなわち、同書は「ケーニヒスベルクの合理化された敬虔主義」の典型であり、「自然の真理と啓示された真理は調和し、『哲学（Weltweisheit）』は信仰の促進のために動員されうる」（F 283）という師説を特筆大書したものである。そしてこのようなシュルツ（－クヌッツェン）像は、「啓蒙における敬虔主義の影響史のパラダイム転換の可能性を示す」ものであり、「批判的精神と学問的厳密性は世俗化と手を携えて進まなければならないわけではない」（F 289）という言葉でフェーアは論を閉じている。

しかしながら、これはキューンには受け入れがたい議論らしい。下って二〇一〇年の人名事典項目でクヌッツェンを担当するにあたって、彼はなお——フェーアの論文を参照しながらも——「キリスト教原理主義者」（Kc 649）という評を固守している。(39) シュルツは「ヴォルフの哲学の方法と敬虔派の把握したキリスト教の教義を結びつけることの本質的な難しさをわかっておらず」、両者の「奇妙な結合」をケーニヒスベルクにもたらした。彼の影響のもとにあるクヌッツェンの『キリスト教の真理』は、「この書物の方法論はヴォルフ派のものである——定理、証明、経験的命題にあふれている——が、その精神はヴォルフ派の哲学から、これ以上離れることはありえないほど離れているのである」（Kc 649, cf. Ka 81[173]）。同書の評価はまさしく正反対のものとなっている。

暫定的結論または課題――ふたたび「カントの最初の立脚点」をめぐって

では改めてクヌッツェンは「カントの師」なのか、そうでないのか。

「定説」はクヌッツェンからカントへの影響を、①「最初の立脚点」としての自然的影響説、および②「哲学的諸学への愛とそれら諸学におけるその方向性」という二重の観点から説明していた（一―一）。言い換えれば、一一歳年長の新進の教師クヌッツェンによって体現される哲学という知的営為に心惹かれ②、師と同じく自然的影響説の路線で哲学的原理をめぐる思索を深めていった①、というのがエルトマンの描く若きカント像である。

これに対してキューンの新説は、両者の親密な師弟関係に留保をつけるシュタルク説（三―一）を梃子に、イメージを反転させるものだった（一―二）。たしかにクヌッツェンはカントのお気に入りの教師の一人であったが、哲学的諸学への幅広い関心はその他の教師も含めたケーニヒスベルク大学の知的風土によるもので②、哲学的原理の点でもカントはクヌッツェンの敬虔主義的確信に由来する自然的影響説でなく、バウムガルテンの予定調和説に与している①。

そのうえでまず②からみると、この点では両説は必ずしも矛盾しない。ケーニヒスベルク大学入学後にカントが自らの知的関心にしたがって広く哲学的素養を育んだことと、哲学部の教師のなかでも新旧の思想に通じ、同時代の哲学論争のなかで「独自の思想家」としての境地を開きつつあったクヌッツェンに感化されたこととは両立しうる。実際、カントの『活力測定考』と『天界の一般自然史と理論』はクヌッツェンの『作用因の体系』と『彗星考』の延長線上においてみられるものであり、一面においてはキューンもそれを追認している。両者の関係が親密であったにせよ敵対的であったにせよ、修業時代のカントに方向性を示したのがクヌッツェンであるということは依然として確からしい[40]。

一方、①のカントの「最初の立脚点」に関しては、新説は「定説」に真っ向から反対している。すなわちキューンは、（α）『活力測定考』においてカントが真にコミットしていたのはバウムガルテンの予定調和説であること、また（β）青年期のカントが狂信的な敬虔主義に反感をもっていたこと（そして敬虔主義の哲学上の立場が自然的影響説であること）から、同書をクヌッツェンひいては「敬虔主義への反対表明」として解釈してみせた（「二」）。――とはいえ、（α）が成り立ちがたいことは控えめながらワトキンスの指摘するところであるし（「三―二」）、仮に成り立つとしても時期や局面を分けて考えればクヌッツェンの自然的影響説へのコミットと両立し得る。それゆえ（β）が新説の生命線ということになるが、これに対してはフェーアがケーニヒスベルクの敬虔派の合理主義的性格を詳細に描き出してみせている（「三―三」）。

したがってクヌッツェンを「カントの師」とする見方は、近年の研究成果からしても――適当な修正を加えれば――なお有効であるように思われる[41]。たしかにカントのテクスト中にはクヌッツェン批判と読める文言もみられるが、むしろそれは「独自の思想家（Selbstdenker）」同士の影響関係においては当然のことだろう。また仮にその結果、感情的な軋轢が生じたとしても、それは思想の影響関係とは別の話である。

とはいえキューンも、とくに（β）に関しては譲歩していない。ここでの争点はクヌッツェンの『キリスト教の真理』での数学的方法の用いられ方であるが、キューンにしたがえばそれはどこまでも「キリスト教原理主義」と評されるべきものである。したがって、哲学・神学への数学的方法の適用という同じ事柄が、合理化（フェーア）と狂信（キューン）という正反対の解釈を生じさせていることになる。フェーアの解釈がヴェーバー‐トレルチ以来の宗教社会学ないし神学的な合理化・近代化論に連なるとすれば、キューンのそれはスコットランド啓蒙をベースにした世俗化論に与するもののようであるが[42]、それだけに事ここに至っては立場・世界観の違い（「神々の争い」）ということになるだろうか。

しかしいずれにせよ、各人が自分のクヌッツェン像をもつためには、当人のテクストの読解が不可欠である。とくに以上の研究状況に照らしてみれば、『作用因の体系』と『キリスト教の真理』は、哲学と神学それぞれの面からの精読に加えて、著者自身が自覚的に用いている数学的方法の観点から――それゆえ『論理学綱要』（注5参照）も含めて――総合的に考察される必要があるだろう[43]。一七六〇年代以降カントは哲学・形而上学における数学的方法の使用に関して思索を深め、批判期にはその無反省な使用を「ドグマティズム」として厳しく斥けるに至るが、その修業時代においてどの程度、師であるクヌッツェンの哲学する仕方は内面化ないし対象化されていたのか[44]。カントの思想の原点が問題である限り、クヌッツェンもまた問題であり続ける。特定の解釈のみによって解決済みとされてはならない。

註

（1） Cf. Borowski, L. E. (1804). *Darstellung des Lebens und Charakters Immanuel Kant's*. Friedrich Nicolovius, p. 25.［ボロウスキー・ヤッハマン・ヴァジヤンスキー／芝烝［訳］（一九六七）『カント　その人と生涯――三人の弟子の記録――』創元社、一七頁。］以下、引用にあたっては簡便のため「B」と略記してページ数を記す（訳は論者によるが、邦訳のページ数も［　］で併記する）。

（2） これはカント自身のテクスト中にクヌッツェンを名指しして師弟・影響関係を語った箇所が認められず、一方ボロフスキの伝記の前半部（B 11-104[9-60]）はカント本人による添削を経たものとされることによる。

（3） Erdmann, B. (1876). *Martin Knutzen und seine Zeit: Ein Beitrag zur Geschichte der Wolffschen Schule und insbesondere zur Entwicklungsgeschichte Kants*. Leopold Voss. 同じく「E」と略記。

（4） Kuehn, M. (2001). *Kant: A biography*. Cambridge University Press.［マンフレッド・キューン／菅沢龍文・中澤武・山根雄一郎［訳］（二〇一七）『カント伝』春風社。］「Ka」と略記し、原書のページ数に［　］で邦訳のページ数を併記する。本書からの引用は原則として邦訳によるが、専門用語については本文の文脈にあわせて訳語を変更したものもある。『カント伝』が今日のスタンダードとなりつつある状況については山根雄一郎（二〇二二）「二一世紀初頭におけるカント受容の一断面――キューン著『カント伝』書評に見る――」、陶久明日香・長綱啓典・渡辺和典［編］『モナドから現存在へ――酒井潔　教授退職記念献呈論集――』工作舎、一二八―一四二頁を参照。

（5）クヌッツェンのテクストの読解を含む邦語文献としては、『理性的哲学または論理学の綱要（*Elementa philosophiae rationalis seu logicae*）』（一七四七年、以下『論理学綱要』）を扱った石川文康（二〇〇七）「根拠律批判から理性批判へ――「アプリオリな総合」の起源をめぐって――」、『近世哲学研究』一三、一―一九がある。
クヌッツェンへの論及はやはりエルトマン『マルティン・クヌッツェンとその時代』に依拠して行われるのが通例であるが、その学説紹介に比較的多くの紙幅を割いているものとして山下和也（二〇一六）『カントと敬虔主義――カント哲学とシュペーナー神学の比較――』晃洋書房、一一五―一一七頁（第Ⅱ部「第四章　シュルツとクヌッツェン」）を参照。

（6）このシュルツ評価の適否については「三―三」で後述。エルトマンの本章の叙述はキューン『カント伝』のケーニヒスベルクの敬虔派（Ka 36-39[95-100]）および哲学者たち（Ka 65-72[146-157]）の解説に――解釈のトーンは同じではないが――用いられている。なお、ヴォルフ追放の詳細については山本道雄（二〇一六）『ドイツ啓蒙の哲学者　クリスティアン・ヴォルフのハレ追放顛末記――ドイツ啓蒙思想の一潮流2――』晃洋書房、第一論文を参照。

（7）本書は一七三五年刊行の論文の増補改訂版にあたる。『人間の魂の個体的本性または非物質性についての哲学的論考（*Commentatio philosophica de humanae mentis individua natura sive immaterialitate*）』（一七四一年、以下『魂の非物質性』）のドイツ語訳（一七四四年）――クヌッツェンの講義の聴講者 George Heinrich Püschel による――とともに、英語抄訳が Watkins, E.（ed. & trans.）(2009). *Kant's* Critique of pure reason: *Background source materials*. Cambridge University Press, pp. 57-83 に採録されている。

（8）physischer Einfluß（独）および influx(us) physicus（羅）の訳語としては「物理（的）影響」が優勢であるが、physical はこの場合 natural の意（hyperphysical ないし supernatural の対義語としての）であるとのワトキンスの指摘を踏まえて、本論では「自然的影響」で一貫させる。Watkins, E.（1995）. "The development of physical influx in early eighteenth-century Germany: Gottsched, Knutzen, and Crusius," *Review of metaphysics*, **49**, 296n.

（9）Cf. E 84.『作用因の体系』序文 p. 8 以下。エルトマンおよび後出（「三―二」）のワトキンスによる『作用因の体系』からの引用・参照箇所については、ラテン語原著（Leipzig: Apud Io. Christian. Langenhemium）のページ数ないし節番号を併記する。

（10）Cf. E 87.『作用因の体系』10、11節。

（11）Cf. E 88.『作用因の体系』20節、31節注。

（12）Cf. E 90.『作用因の体系』32節注。

(13) Cf. E 89.『作用因の体系』30、31節。

(14) 同書については二〇〇五年に U. L. Lehner による注釈・編集版が Verlag Traugott Bautz から刊行されている。

(15) ただし『論理学綱要』(一七四七年)の内容・立場は「直接にイギリス経験論に依拠している」(E 112)とも言われる。クヌッツェンの論理学の非ヴォルフ派的性格については前掲注5の石川(二〇〇七)も参照。イギリス思想の影響は『彗星についての理性的思考(*Vernünftige Gedanken von den Kometen*)』(一七四四年、以下『彗星考』)にも認められるが、同書の評価については「二」および「三―一」で後述する。

(16) Cf. E 142. ここでエルトマンは、『たんなる理性の限界内の宗教』(一七九三年)――本論ではカントの著作名について岩波版全集の邦題を用いる――執筆時にカントが一七三二年ないし一七三三年ごろのプロイセンの教義問答書を精読したというボロフスキによる挿話(cf. B 171-172[95])も援用しているが、敬虔主義とカントのキリスト教理解の比較分析には踏み込んでいない。この点については前掲注5山下(二〇一六)が詳しい。

(17) Cf. B 163-164[91]. ボロフスキは同箇所でクヌッツェンがカントに「ニュートンの著作(Newtons Werke)」を貸与したとも記しており、若きカントのニュートン受容に関する有力な情報源とされてきた。ただしこれはカント没後の追記部分(B 105-205[61-112])の記述であり、本人の添削を経ていない。

　カントのニュートン受容をめぐる問題および『活力測定考』のヴォルフ派的性格については松山壽一(二〇〇四)『若きカントの力学観――活力測定考を理解するために――』北樹出版を参照。また直近では加藤尚武(二〇二三)「科学と哲学の断絶」、『ヘーゲル哲学研究』二九、一一―二三(「二　恩師クヌッツェン」(キューン))が、キューンのクヌッツェン評価と松山のカント評価とをつなげてカント批判を展開している。

(18) Waschkies, H.-J. (1987). *Physik und Physikotheologie des jungen Kant: Die Vorgeschichte seiner* Allgemeinen Naturgeschichte und Theorie des Himmels. B. R. Grüner. 以下、「Wa」と略記。クヌッツェンへのまとまった論及を含む研究として、これ以前には Fabian, G. (1925). *Beitrag zur Geschichte des Leib-Seele-Problems: Lehre von der prästabilierten Harmonie und vom psychophysischen Parallelismus in der Leibniz-Wolffischen Schule*. Hermann Beyer & Söhne, pp. 98-107 が知られる。

(19) 前出(「二」)のオイラーによるクヌッツェン批判も本書が情報源である(cf. Wa 309-310)。

(20) Reicke, R. (ed.) (1860). *Kantiana: Beiträge zu Immanuel Kants Leben und Schriften*. Th. Theile's Buchhandlung, p. 7n.

(21) Hamann, J. G. (1821). *Gedanken über meinen Lebenslauf*, in F. Roth (ed.). *Hermann's Schriften*, Bd. 1. G. Reimer, p. 168.

(22) Stark, W. (1999). "Hinweise zu Kants Kollegen vor 1770," in R. Brandt & W. Euler (eds.). *Studien zur Entwicklung preußischer Universitäten*. Harrassowitz Verlag, pp. 113-162.「S」と略記。

(23) Kuehn, M. (2001). "Kant's teachers in the exact sciences," in E. Watkins (ed.). *Kant and the sciences*. Oxford University Press, pp. 11-30.「Kb」と略記。

(24) キューンはそれゆえ『活力測定考』の「鋭敏な著者」のくだりも、むしろ「こき下ろし(put-down)」(Ka 93[194]; Kb 25)として解釈している。

(25) Cf. E 95-96.

(26) バウムガルテン－マイアーの実在的影響/観念的影響については増山浩人(二〇一五)『カントの世界論――バウムガルテンとヒュームに対する応答――』北海道大学出版会、四二一―四九頁で詳論されている。

(27) Watkins, E. (2005). *Kant and the metaphysics of causality*. Cambridge University Press.「Wb」と略記。前掲注8も参照。

(28) Cf. Wb 54-60.『作用因の体系』28節。

(29) Cf. Wb 60-63.『作用因の体系』29節。

(30) Cf. Wb 63-67.『作用因の体系』33、34節。

(31) Cf. Wb 67-68.『作用因の体系』35、36節。

(32) Cf. Wb 68-73.『作用因の体系』53-55節。

(33) Cf. Wb 108, 107n. クヌッツェンが心身相関の解明に懐疑的なのに対して、『活力測定考』のカントは楽観的である。前者については前掲注18のFabian(1925)も参照。

(34) Cf. Wb 111.

(35) Cf. Wb 158-159, 179.

(36) 単著に先立つ諸論文(一九九五―一九九八年)でのワトキンスの議論を受けて、キューンは『カント伝』(二〇〇一年)で次のように注記している。「ワトキンスはカントがかなりのところクヌッツェンの追随者であると考える。私はカントをバウムガルテンの追随者であると考える」(Ka 448n.[853n.])。本文で引用したワトキンスの(キューンへの)コメントは、この経緯を踏まえてのものである。

(37) Cf. E 120-121.

(38) Fehr, J. J. (2005). „*Ein wunderlicher nexus rerum*“: *Aufklärung und Pietismus in Königsberg unter Franz Albert Schultz*. Georg Olms.「F」と略記。フェーアはワトキンスとともに『カント伝』の書評者のひとりでもある（前掲注4山根（二〇二三）参照）。

(39) Kuehn, M. (2010). “KNUTZEN, Martin (1713-51),” in H. F. Klemme & M. Kuehn (eds.). *The dictionary of eighteenth-century German philosophers*, vol. 2, Continuum, pp. 647-651.「Kc」と略記。三巻本として出版された本事典は二〇一六年に一巻本として再版されているが、クヌッツェンの記述に変更点はない。

(40) 前掲注17松山（二〇〇四）は、カントの初期著作と各地のアカデミーの懸賞課題との関連を指摘している。クヌッツェンの論著も同様の観点からその文脈を検証してみる余地があるのではないか。

(41) Effertz, D. (2015). “Knutzen, Martin,” in M. Willaschek, et al. (eds.). *Kant-Lexikon*. De Gruyter, p. 1258 は、簡略ながらエルトマンとキューンのあいだでバランスをとった記述を試みている。

(42) キューンの出世作 Kuehn, M. (1987). *Scottish common sense in Germany, 1768-1800: A contribution to the history of critical philosophy*. McGill-Queen's University Press および『カント伝』へのG・モーアの評（前掲注4山根（二〇二三）、一三六頁）を参照。

(43) 哲学および神学への数学的方法の適用という構想はヴォルフに由来するものであるから（前掲注6山本（二〇一六）、六一七頁参照）、キューンの主張の当否は――フェーアの研究の延長線上で――ヴォルフとクヌッツェンの神学における数学的方法の適用のあり方を比較検討することで明らかになるだろう。

(44) このことはクヌッツェンの『魂の非物質性』とカントの合理的心理学批判の関係という論点とも関連する。古くは Meyer, J. B. (1870). *Kant's Psychologie*. Wilhelm Hertz, pp. 225-226、最近では Dyck, C. W. (2014). *Kant and rational psychology*. Oxford University Press, pp. 113-117 を参照。

〔書　評〕

高木駿『カント『判断力批判』入門：美しさとジェンダー』（よはく社、二〇二三年）

浜野喬士

（註：〔…〕は評者による省略。「本書」は高木本を意味する。カントの引用はローマ数字でアカデミー版の巻数を、アラビア数字で頁数を示す）。

本書は美学的観点を中心に、『判断力批判』を分かりやすく読み解くことを目指して書かれた本である。本書をユニークなものにしているのは、五つの章すべての最終節で、高木氏がジェンダーの観点からカント美学に対する問題提起を行っている点である。

本書の構成は以下である。

第一章は「無関心性：快の感情の分析その一」である。第一節「趣味の能力と趣味判断」においては判断力としての趣味とはいかなることであるのかが説明される。そして趣味判断と認識判断の比較がなされる。続いて第二節「関心とは何か？」においては、欲求能力を動かす感情という問題が扱われる。そのうえで、快適なものについての関心と、善いものについての関心が検討される。第三節「無関心性の意味」においては、純粋な美しさ、純粋な趣味判断が説明される。第四節「カント美学とジェンダー」においては、カントがエロティックな美に対置するであろう純粋な美について考察がなされた上で、それが「美の家父長制」を強化する側面もありうるという指摘がなされる。

第二章は「主観的な普遍性：快の感情の分析その二」である。第一節「無関心性から導かれるもの」においては概念を欠く普遍性が考察される。第二節「快の感情の普遍性」においては、まず客観的な普遍性への考察が行われる。第三節「快の感情の源泉」では前節を受けて、主観的普遍性が何に基づくものであるのかが検討される。普遍的伝達の可能性や認識能力の調和が議論される。第四節「認識能力とジェンダー」では、カント美学に対するジェンダーの観点からの考察が前節同様なされる。この節については後で詳述する。

第三章は「目的のない合目的性：快の感情の分析その三」である。第一節「合目的性」においては、まず原因性の概念との関係で合目的性が分析される。第二節「目的のない合目的性」では、単純に趣味判断の根拠となる快の感情を合目的性の現れと考えることについての困難が問題として提示される。第三節「認識論的な合目的性」では認識一般のための合目的性という観点が提示される。第四節「感情の男性化」においては、ジェンダー的観点から本章の議論が捉えなおされる。高木氏によれば合目的性は、『判断力批判』において実践的なものから理論的なものへと再構成され、感情は知性の側へと近づけられ、その結果、美に関わる感情は女性的な概念グループから男性的な概念グループへと移行させられたとされる。

第四章は「範例的な必然性：快の感情の分析その四」である。第一節「範例的な必然性」では、そもそも必然性とは何かが問われ、さらに考察は「範例的必然性」へと進められる。第二節「共通感覚」では、まず認識判断と客観的な必然性への整理がなされたうえで、快の感情の必然性を支えるものが共通感覚であるのかが検討される。第三節「快の感情の正当化へ」においては、快の感情について、分析と正当化の違いが強調されたうえで、正当化のバリエーションが、共通感覚、調和、自然の合目的性という区分に沿って提示される。第四節「感情の理性化」においては、共通感覚に支えられた快が、誰にでも一様であるというかたちで理想化された理念的な感情であると捉え直される。高木氏はカントが感情を理性の側へ近づけたどころか、感情を理性化し、理性と同一化させたと考える。

第五章は「三つの原理と正当化：快の感情の正当化」である。第一節「共通感覚という原理」では、正当化ということについての一般的な説明がなされ、そのうえで共通感覚をめぐる正当化の議論が、『判断力批判』第二一節の論証に即し、四段階に分けて考察される。第二節「認識能力の調和という原理」では調和に関わる正当化が、『判断力批判』第九節に遡っての確認も踏まえつつ検討される。第三節「自然の合目的性という原理」では、自然の合目的性による正当化、さらには自然の合目的性自体の正当化が、『判断力批判』序論の検討も交えつつ考察される。さらに自然と芸術に関する説明、および芸術美を趣味判断の対象とするための天才概念についての説明が与えられる。第四節「女性の排除」では、自然の合目的性の法則性は男性ジェンダーをおびているということ、そして自然科学の法則では捉えきれない自然には女性性が結びつく余地もありえたが、自然の合目的性という概念はそうした余地を駆逐したと主張が高木氏によりなされる。

「おわりに」においては、本書の展開するジェンダー的観点が、美の概念に関わる男性中心的な構造に対する問題提起として戦略的に採用されたもので、そこには潜在的に排除の論理的な可能性があるが、著者高木氏はその点について自覚的であり、排除の意図、特にトランス排除の意図はないという宣言がなされる。

本書において特筆すべきと私が考える点は以下である。

第一に、高木氏の解説の分かりやすさである。第一章第一節における「表象」の説明（二七〜二八頁）、第二章第二節における目的の概念の説明（五五〜五六頁）、第三章第三節の認識一般の説明（八五〜八八頁）、第五章の天才概念への説明（一四五頁）など高木氏の説明は親切であり、堅実かつ明快である。

第二に、カントの美学を、ジェンダー的観点から読み直してみる、という高木氏の試みの方向性自体がもつ重要性である。カント美学の可能性と制約を見定めることは、非常にカント的な限界確定のプロジェクトであるともいえる。

以下は私が考える本書への疑問点である。

第一に本書が「判断力」批判の入門書でありながら、肝心の判断力、特に反省的判断力の説明に乏しい点である。なぜカントにおいては、美の問題が、反省的判断力あるいは ästhetisch な判断力（私はこれを美感的判断力あるいは感性的判断力と解するが）と呼ばれる判断力の対象であらねばならなかったのかという、第三批判の核心に関わる問いが本書では抜けている。高木氏は、本書「はじめに」において次のように趣味「判断」の問題を後景化している。「なお、本書とカントの説明のあいだで齟齬が生じることがあるでしょう。例えば、カントは実は快の感情ではなく趣味判断を分析／正当化の対象にしています。なので、快の感情の分析／正当化という表現は厳密に言えば間違っています。でも、実際にカントが問題の中心にするのは快の感情なので、本書ではそれを全面に出しています」（二二〜二三頁）。高木氏のこうしたスタンスは本書全体に及び、たとえば第五章副題も「快の感情の正当化」であって「趣味判断の正当化」にはならない。高木氏においては、趣味判断という言葉こそ残るものの、反省的判断力や美感的判断力が議論上、前に出ることはない。

第二の疑問点は、高木氏の『判断力批判』における「感性」の位置づけの扱いである。高木氏は第二章第四節で次のように書く。「認識を説明するさいには、感性、構想力、悟性という三つの能力が重視されています。これに対して、趣味判断を論じるさいには後者の二つだけが強調されるのです。認識の成り立ちを明らかにした『純粋理性批判』(1781/87) には特別に感性を論じる「感性論」という箇所がある一方で、『判断力批判』にはそんな箇所がないばかりか、感性という語もほとんど登場しません。この違いは何を意味しているのでしょうか?」(本書六八頁)。

高木氏はここで原語を添えていないので、この引用の「感性」では Sinnlichkeit を、「感性論」では Ästhetik を思い浮かべているものとして話を進める。

高木氏の考えによれば、ここにはカントによる意識的な、ジェンダー上の概念グループの変更があるのだという。高木氏は「[…]感性は受動的な能力であるのに対して、構想力と悟性は能動的な能力なのです[…]」(本書六八頁)と二元論的図式を整理した上で、「受動のグループには、感性以外にも身体、感情、被支配、具体性、欲望などが、能動のグループには、構想力、悟性以外にも、精神、知性(理性)、自由、抽象性、道徳などが含められ」(本書六九ページ)てきた、というフェミニズムの視座にそれを接続する。そして高木氏は、カントの上記変更の背後には次のような意図があると主張する。「[…]趣味判断を説明するために能動的な能力が全面に出されているという事態には、美は男性的な概念によって語られるべきで、男性的な概念グループに分類されるべきという意志が見て取れます。カントは、美しさを男性のジェンダーが関わる概念グループの枠内で論じようとしているのです。こうなると、純粋な美しさについても、エロティックな美とはまた違った仕方で、結局のところ男性(性)が決定権を持つ家父長制のような構造が成立するのではないでしょうか? カントは、明らかにジェンダーの二元論を意識したうえで、美しさを女性的な概念グループから男性的なグループへと移し変えています。「はじめに」で少し触れた『美と崇高の感情に関する観察』では、美が女性に、崇高が理性(および道徳)とともに男性に結びつけられ、後者が前者の上位に位置づけられていました。しかし、そのあとで執筆された『判断力批判』では、美しさが、能動的な認識能力の強調を通じて男性的な概念グループへと移行させられているのです」(本書六九~七〇頁)。

こうした二元論そのものの妥当性は脇に置くにせよ、高木氏の以上の議論の大前提は、カントが「感性」という語を、『判断力批判』において使わなくなった、ということである。

しかしながら、広く感性ないし感性的と呼びうるものに属する言葉としては、高木氏がおそらく考えている Sinnlichkeit だけでなく、ästhetisch(美感的、感性的)、すなわちアイステーシス(αἴσθησις)の系列が存在するわけである。本書が主な対象とする『判断力批判』の第一部はまさに「ästhetisch な判断力の批判」と銘打たれている。これを筆頭に、『判断力批判』には、無数にアイステーシス的なものが溢れていると言える(なお高木氏が「ほとんど登場しません」と言う「感性」——おそらくSinnlichkeit——にしても、実際には『判断力批判』内に二〇回以上の登場箇所がある)。

しかしながら、高木氏がこうした概念史的な問題をまったく知らないなどということは私には到底信じられない。だとすれば、次のように考えるしかない。これは、なぜ高木氏が議論を快の感情へと(やや不自然にも)集中させ、判断や判断力については、せいぜい「趣味判断」までしか概ね言及しないのか、という背景の一端をも推察させるものである。つまり感性的とも訳せるästhetischな判断や判断力が、『判断力批判』の第一部のいたるところに頻出する、ありふれた、しかし中核的な術語だとすると、高木氏の立論、つまり女性に割り振られる受動的な感性が『判断力批判』からは排除され、代わりにそこには男性に割り振られる構想力や悟性が入ってきた、というストーリーが崩れる。この物語を護持するためには、ästhetischな判断やästhetischな判断力といった、場合によっては「感性的」とも取れる概念を含む用語には触れるわけにはいかなくなった、という事情である(なお高木氏は一二四頁の演繹の解説で、節タイトルに言及し、そこでDeduktion der reinen ästhetischen Urteileを「純粋な美的判断の演繹」と訳しているが、そこでのästhetischの訳語は美的とされ、感性あるいはそれを思わせる「感性的」「美感的」といった訳語は採用されていない。本書一六頁の「美的判断力の分析論」も同様である)。

本書に対する第三の疑問点とは、『判断力批判』における立法の特殊性の問題を高木氏が見落としているのではないか、という疑念である。上の第二の疑問点の箇所で高木氏は、美しさが能動的な認識能力の強調を通じて、男性的な概念グループに変更された、という主張に続けて、次のように書いている。「しかも、この変更はカントのこだわりであったようにも見えます。『純粋理性批判』第二版で割り当てられた分量から考えると、認識判断を説明する場合でも、受動的な能力(=感性)はそこまで重視されていません。カントにとってそもそも重要なのは能動的な能力なのです。なのに、趣味判断を説明するために能動的な能力の役割をわざわざ強調しています。趣味判断が感情に基づくことや、美学がそもそも感情や感覚といった感性的なものを重視することを踏まえると、強調されるべきはむしろ受動的な能力の方なのに。これは明らかに不自然な強調じゃないでしょうか? カントは、そんなことをしてまでも、一度は所属先を決めていた美を別のジェンダーグループへ移行しているのであって、これには強いこだわりを感じざるをえません。どうしてそこまでして美の概念を男性性の主導の下で説明し直したかったのでしょうか？　この疑問に答えるのは難しいですが、一つ確実に言えるのはカント美学がジェンダー化された思考法の上に成立しているということです」（本書七〇頁）。

高木氏は、受動的な能力が重視されるはずの美学において、カントはジェンダー化された思考法にしたがって、不自然にも能動的な能力を強調している、と主張しているわけである。

しかしながら『判断力批判』とは、そもそも悟性が自然に対して、あるいは理性が自由に対して立法的な関係に立つように、判断力（厳密には反省的判断力）もまた特殊な立法的関係に立ちうる――すなわち能動性を持ちうる――という点を出発点にしていたのではなかったか？　もちろん悟性にとっての自然、理性にとっての自由のような、自らに固有の領域は判断力にはない。そのため判断力は自分自身との間で立法的関係に入るのであり、その広義の対象性を持たない自己関係的な立法のことを、カントは現行序論で「自己自律（Heautonomie）」（V 185）と表現していたのではなかったか？　高木氏の解釈は『判断力批判』の根幹にかかわる部分を無視した議論ではないだろうか？

こうした事態を招いているのは、第一の疑問点で述べたような判断力、反省的判断力の等閑視だと思われる。高木氏においては合目的性の概念に関する議論こそあるものの、なぜそれが反省的判断力の超越論的原理になるのか、という問題設定がない。もしそれがあれば、立法の問題が見落とされることはなかっただろう。

浜野喬士氏の書評への応答

高木　駿

拙著の書評をありがとうございます。本書は、学術書、研究書ではなく、とりわけ大学生向けに書いた一般書ですので、本来でしたら『現代カント研究』のような専門書が評す本ではないと思います。それにもかかわらず、評してくださった浜野さんには感謝しております。一般向けの表現や解釈に対して応答するのは、大変だったのではないかと思います。なお、本書の性格と表現に合わせて、今回は「ですます調」で応答させていただきます。

まず、本書の構成について、丁寧にまとめてくださっている通りですので、僕が付け加えることはありません。また、「わかりやすさ」と「ジェンダーの観点からの批判」が本書最大のエッセンスでしたので、それらを「特筆」として評してくださった点についても付言することはありません。ただし、これらの特筆すべき点があったからこそ、浜野さんがご指摘してくださった三つの疑問点が浮上したのではないかと考えます。以下では、順番に応答していきたいと思います。

第一の疑問点は、『判断力批判』の核心とされる「判断力」に関する問いが抜けているのではないかというものです。ご指摘の通りです。抜けているというよりは、意図的に抜きました。その理由は単純で、判断力の問題が極めて複雑で難しいものだからです。周知のように、判断力の問題は、『判断力批判』のなかだけでは完結せず、『純粋理性批判』、『実践理性批判』に関わるものです。その名の通り『判断力批判』が「判断力」の書であることに疑いの余地などないのですが、その点にこだわって判断力の説明から初めてしまうと、多くの初学者が置き去りにされてしまいます。僕自身、学生時代、『判断力批判』の概説書や研究書を読んで、判断力の問題のせいで「わからない」となったことがありました。とはいえ、本格的に勉強したい方のために、終わりの方で判断力の問題系に触れてもよかったのかもしれません。

次に、二つ目の疑問点は、「感性 Sinnlichkeit」、「感性論 Ästhetik」、「美的 ästhetisch」という概念に関わるものです。たしかに『判断力批判』には「感性」という言葉が複数回登場するので、「感性という語もほとんど登場しません」という表現は正確ではなく、「美に関わる箇所には」などの限定をすべきでした。しかし、それでも、感性が美および美の感情の説明に対して重要な役割を担わされているとは考えられません。例えば、第五十九節では、「構想力（すなわち、われわれの能力の感性）の自由は、美の判定において悟性の合法則性と調和するものとして表象される」と言われていて、「感性」という言葉が使われる一方で、構想力という、本書が「能動的」と形容した能力が前面に出されています。このように、美を説明するにあたり、感性が担当してもよさそうな役割を構想力が担っていることからは、やはり構想力（および悟性）の役割が強調されていると考えられます。また、美の感情の源泉が構想力と悟性の心的状態にあるという分析に加えて、そうした感情を根拠とする判断（趣味判断）を「美的」と理解している点からは、ästhetisch という概念の核心にも、感性ではなく、構想力と悟性という「能動的」な能力が位置付けられていると言えます。そうであれば、感性論 Ästhetik として『判断力批判』を捉えたとしても、それは単なる感性の論ではなく、感性という隠れ蓑を着た（悟性と協働した）構想力の論になるはずです（構想力は直観の能力なので、広義の感性論とすることに問題はないでしょうが）。したがって、を申し上げます。

美をめぐっては、Sinnlichkeit、Ästhetik、ästhetisch いずれの概念においても「女性に割り振られる受動的な感性」の意味は確認できません。この事態を本書では「男性的な概念グループへと移行」と表現しました。

最後に、三つ目の疑問点は、本書が『判断力批判』の根幹である「立法」概念を軽視しているのではないかという指摘です。本書は、カントが、『美と崇高の感情に関する観察』で女性側に割り振っていた美を、『判断力批判』では、男性中心的にジェンダー化された思考に従って、男性側に移行させ、家父長制のもとに置いた点を批判しました。その際に重要な役割を担ったのが能動的な能力の強調だったわけです。本書は判断力の立法の話をしていませんが、その話をするとなれば、もちろんそれに対しても、ジェンダーの観点から「不自然にも能動的な能力を強調している」という主張が展開されることになります。ただし、これは、カント美学および『判断力批判』が「能動的な能力を強調している」点で廃棄されるべきだという主張ではありません。本書が行なったのは、カントが男性中心的なジェンダー観を持って美学を展開していたという分析にすぎません。

いずれの疑問点についても、改訂版では加筆したいと思います。最後に評してくださった浜野さんには改めて感謝

〔書　評〕

高木裕貴『カントの道徳的人間学――性格と社交の倫理学』（京都大学学術出版会、二〇二三年）

高畑菜子

『実用的見地における人間学』のうちに、カント道徳哲学における「道徳的人間学」の構想を見出すこと、この一点が本書を貫く目的である。この目的そのものが、本書を他のカント研究と一線を画すものにしているのは間違いないだろう。

それ自体でひとつの長い歴史を構築しているカント研究にあっては、既存の研究がもたらす成果を踏襲し、そこから引き継いだ問題設定が行なわれがちである。実際、格率、理性の事実、尊敬の感情といったカント道徳哲学の根幹概念を主題として設定する研究は、枚挙にいとまがない。そのうえ、こうした研究のほとんどで、『基礎づけ』や『実践理性批判』など批判期の著作を中心に、その内的な整合性を示しつつ、体系的な一貫性や正当性を主張しようというアプローチがなされている。

こうしたある種スタンダードとも言うべきカント研究と比べると、本書は異彩を放つものと言える。『人間学』や『教育学』といったカント哲学において周辺的な著作から、有限な理性的存在者としての人間が世界市民として、ひいては理性的存在者へと自らを形成していくプロセスを読み解こうという野心的な試みは、カント道徳哲学の新たな領野を切り開くものである。またその過程で、社交、礼儀作法、信頼といったカント哲学においてマイナーとも言える概念に対して深い考察を行なっていることも注目に値する。

以下では、全六章からなる本書の概要を紙幅の許すかぎり紹介したい。著者の思考の手つきが伝わるよう、その議論をたどることに重点を置いたあまり、書評の体をなしていない感は否めないが、お許しいただければと思う。

第一章「道徳的人間学への展望」では、著者の構想する「道徳的人間学」という独創的かつ大胆な発想が『人間学』ならびに『教育学』を通じて提示される。冒頭では、やや教科書的な理解ではあるものの、『基礎づけ』や『実践理性批判』といった批判期の著作に見られる純粋な道徳哲学、すなわち道徳の「形而上学」について概観し、道徳形而上学においては、あらゆる経験的要素が排除されるべきであるということが確認される。

そのうえで、これまでカント道徳哲学に向けられてきた批判的な論点が「個別的批判」と「根本的批判」という二種類の批判に区別される。「個別的、あるいは特殊な論点・側面・要素を批判する」（二一頁）個別的批判を受け入れることは、カント道徳哲学の意義を否定することになるため、応える必要があるという（以下、丸括弧内の数字は本書の頁数を示す）。それに対して、「カント道徳哲学の理性主義的、あるいは形而上学的性質を突く」（二二頁）根本的批判に対しては、説得的なかたちで応答を試みる必要はないとされる。著者に言わせれば、カント道徳哲学の根幹を揺るがすような批判の論点をカント道徳哲学のなかに読み込もうとする応答は、それ自体がカントの純粋道徳哲学を根底から否定することにほかならないのである。

著者は、カントに向けられてきた批判への従来的な応答とは異なる仕方で、根本的批判に応えようとしている。それが、「道徳的人間学」の導入である。『人間学』の序文を手がかりに、純粋な道徳哲学と経験的な人間学の接合点としての「道徳的人間学」を『人間学』における性格論と社交論のうちに見出そうとするものである（三二頁）。『人間学』が対象としているのは、批判期の倫理学的主著において想定されるような理性的存在者一般ではなく、感性を備えた理性的存在者としての人間である。当該テクストの射程が、理性を備えつつも十分に行使できない存在者としての人間が、世界市民として自らをつくり上げていくための知識を目指すことであれば、「道徳的人間学」を『人間学』に見出すことは正当化できるはずだというのが、著者の主張なのである。

第二章「性格基礎論」では、『人間学』を中心とした晩年期における「性格（Charakter）」概念が多様な観点から論じられる。「性格をもつ」とは、「理性によって諸格率に統一を与え、時間を通じて継続的にそれらに基づいて行為すること」と理解され、そのためには「思考様式の独自性(Originalität der Denkungsart)」が必要とされる（五九頁）。

ここでは、性格概念の特徴を浮き彫りにするために、道徳と性格の関係性について、性格とは、道徳的に善くも悪くもありうる中立的なものなのか、それとも道徳的に善いもののみを指しているのか、という問題が取り上げられる。この問いに対しては、両立的な解釈が示される。性格は、性格とは何かという定義に関しては、道徳的に中立的であるが、どのように性格が確立されるのかという方法に関しては、純粋な道徳的動因のみが性格を確立しうることから、道徳的に中立ではないという解釈がなされる。しかし、性格を確立するために道徳的動因が必要であるということは、つまるところ道徳的に善い性格なくして性格は確立しえない、ということになる（七一頁）。とすれば、先の両立的解釈は無意味なものになってしまうのか。著者は、性格概念に「完成した性格」と「発展途上の性格」というさらなる区別を設けることで、整合的な解決を図っている。つまり、完成した性格の実現には道徳的動因が必要であるが、それがなくとも怜悧の作用によって発展途上の性格は確立できるのであって、ひいては完成した性格の確立を促進していくこともできるはずだ、というのである（七五頁）。

続いて『人間学』における「性格は尊厳をもつ」というテーゼが取り上げられ、それに対して解釈が加えられる。自律的な理性的存在者が尊厳をもつという批判期の尊厳論に対して、『人間学』では、尊厳は性格に帰属させられる。著者はここで、自由概念の変遷に着目して「自律と性格の異同」や「誰の尊厳が問題になっているのか」について論じることで、性格の尊厳を説明している（八二―八五頁）。さらに、性格と徳の比較を通じて、徳と異なり性格は道徳性を必要としないという性格の独自性も指摘している。

続く第三章「性格形成論」では、前章の性格概念の分析を踏まえ、どのようにして性格は形成されるのかということが、これまであまり注目されてこなかった『教育学』を中心に考察される。前半は、性格形成には従順・誠実性・社交性が必要であるという『教育学』の叙述を契機として議論が展開していく。さしあたり、従順と誠実性が性格形成においてどのような役割を担っているのかが検討され、その結果として両者は自身の傾向性から距離をとること、また格率を時間的に保持することのトレーニングになると主張される。しかし、従順であれ誠実性であれ、思考様式の独自性、すなわち「自分で考えること」が前提とされている以上、性格形成においてどちらも限界がある、というのである。

そこで後半は、そもそも自分で考えるとはどういうことなのか、それはどのようすればできるようになるのかについて考察される。「自分で考えること」とは、まさしく啓蒙のことであるが、この啓蒙との関係で、先入見について取り上げられる。先入見の主要な源泉である模倣・習慣・傾向性が端的に整理され、これらが「自分で考えること」を妨げるということが確認される。さらに、カントが引き合いに出している二種類の先入見のうち「論理的エゴイズムに基づく先入見」に焦点をあわせて、自身への偏愛をもつ論理的エゴイストは、自身の判断を他者の悟性に照らして吟味することがなく、先入見から完全に逃れることができないため、自分で考えているとは言えないと指摘される。要するに、「他者と共に考えることなしには、どれほど私が自分自身で考えていると思っていても、それは自分の気付かぬまま先入見に侵されており、「自分で考えること」が成立していないのである」（一三四頁）。この章を通じて、先入見を打ち破り自分で考えるためには、他者との思想交換こそが必要だということが、著者によって導き出されるのである。

第四章「社交論」は、性格形成には思想交換の場としての「社交（Gesellschaft）」が必要不可欠であるという本書において中核をなす考察が展開される意欲的な一章である。ここではまず、どのようにして他者との思想交換へと動機づけられるのかという視点から、カントの社交論が取り上げられる。

はじめに、道徳的動機や自らを啓蒙したいという（著者の言うところの）世界市民的動機は、他者との思想交換への動機にはなりえないことが確認される。というのも著者によれば、これらの動機をもつには、すでにある程度道徳的であったり啓蒙されていたりすることが必要だからである。著者は、これを「道徳化のパラドックス」と名付ける。この道徳化のパラドックスは、これ以降の議論でも繰り返し登場し、これをどのように解消するかが本書の大きな鍵となっている。

このパラドックスを解消するために、『人間学』における社交論が検討され、思想交換のための動機となりうるのは、社交への「自然的動機」であるということが指摘される。談話というかたちでなされる社交は、世間話・議論・冗談という三段階（著者はこれを「談話の順序」と呼ぶ）をたどるが、このうち議論を通じて思想交換が不可避的に生じる（一八一―一八二頁）。社交を楽しむという社交的快楽が談話の目的であるが、図らずもそれが他者との思想交換のための動機になると著者は主張するのである。しかも、こうした社交的快楽へ向かう傾向性（思想交換への自然的動機）は、感性を備えた人間であれば誰しももちうるものであることから、思想交換の場としての社交に参加するのに、すでに道徳的であることも啓蒙されていることも必要ないのである（一八四頁）。

さらに、この章では「談話」と「議論」のあいだにある緊張関係についても指摘される。談話は、それ自体が快適である「遊び」であるのに対して、議論は、目的や意図によってそれへと強制される「労働」であるという理解に基づくと、遊びであるはずの談話に含まれる議論が労働であるという緊張関係が生じるという（一八五頁）。

この緊張関係をどのように読み解くべきかという視点から、遊びと労働の関係について再検討が試みられる。そこから著者が引き出す帰結は、労働として位置づけられていた議論も遊びとしての談話の一部に含むことができる、というものである。遊びにも、遊びを遊びたらしめるルールなどの強制が含まれる余地があること、また快楽を生じさせる交替が遊びを遊びとして持続させることから、先述の「談話の順序」やカントがあげる五つの「談話の規則」のような強制的なメカニズムによって、議論も遊びとして位置づけることができる、というのである（一九三頁）。ここで、意図的な試みがなくとも、思考様式の独自性を陶冶できるという可能性が示されるのである。

第五章「礼儀作法論」では、社交における「礼儀作法(Manier)」が論じられる。本章の前半では、『人間学』ならびに『道徳形而上学』に基づいて、礼儀作法に関する三つの問題設定がなされる。「①礼儀作法はいかにして社交性を促すことができるのか、②礼儀作法はいかにして自己を道徳化するのか、③礼儀作法はいかにして他者を道徳化するのか」（二二六頁）というものである。この三つの問いに最終的に応答するのが、第五章である。

問い①は、前章の議論を受け継いで考えると「道徳性を前提とすることなしに」（二二六頁）答えられなければならないとされる。社交において相手への尊敬と好意を示さなければならないという談話の規則は、それが礼儀作法であるかぎり、社交に参加するにあたって、すでに礼儀作法という道徳的実践を身に付けていなければならない、という循環を生み出すことになるからである（二二〇頁）。ここでもまた、著者の言う「道徳化のパラドックス」が立ちはだかる。そこでパラドックスを解消するために、礼儀作法を道徳的実践ではなく「世間的怜悧」の実践として理解する解釈が提示される。礼儀作法は、自身の欠陥を他者からは見えないように隠し、よりよく見せようとする実践として理解され、こうした自身のための見せかけの礼儀作法が、他者に気に入られ社交を促す、というのである（二二七―二三二頁）。

さらに、『人間学』第一三節における「錯覚」と「欺瞞」の区別を取り入れることによって、礼儀作法が、自己にとっては「二重の欺瞞としての錯覚」として、他者にとっては「許された錯覚」として働くことが説明される。著者が結論的に示すのが、この「錯覚」としての礼儀作法によって、自己も他者も道徳化される、ということである。

ここにきて、ようやく礼儀作法による自己と他者の道徳化そのものに分析のメスが入れられる。問い②に応答するために、著者は安楽への傾向性についてのカントの説明をもとに、礼儀作法に関する「二重の欺瞞」の解明を試みる。「二重の欺瞞」とは、道徳に関して欺瞞する傾向性を礼儀作法によって再び欺瞞するということであり、この二重の欺瞞によって、理性的に意図せずとも道徳化がもたらされる、というのである（二四四頁）。ここで著者が強調しているのは、社交において自己を隠し、相手から自身への愛と尊敬を得ようとする世間的怜悧としての礼儀作法が、自己支配・自己強制をもたらし、たとえ徳そのものでなくとも、「徳への接近を可能にしてくれる」ということなのである（二四六頁）。

最後に、問い③に対する応答がなされる。著者によれば、礼儀作法が他者にとって許された錯覚であるのは、この錯覚がたとえそれが仮象だとわかっていても他者にとって「遊びであるがゆえに快適」であり、「徳に似た美しい仮象」であることによる（二六一―二六二頁）。つまり、この仮象によって、他者の「道徳的感情を涵養していく」（二六四頁）ことになるのである。

第六章「信頼論」では、社交における「信頼（Vertrauen）」概念が扱われる。前章までの議論で明らかにされた、礼儀作法は社交を促すという主張に対して、ここでは礼儀作法には同時に思想交換を妨げるという側面もあることが指摘される。礼儀作法は、他者から自身の欠陥を隠す実践であり、非社交的社交性のあらわれでもあるため、談話においても自分を隠す傾向をもたらす、というのである（二九一頁）。そこで、自己の思想を開示するために必要とされる信頼概念を取り上げ、カントの信頼論を構築しようというのが、著者が本書の最後に試みる企てである。カントの読者なら知るように、信頼について語られる文脈は、決して多いとは言えず、主題化して論じられているわけでもない。そのなかで著者が試みるのが、思想交換における信頼の必要性という視点からの広範なテクスト分析である。

まず、開かれた思想交換を可能にするためには、社交において信頼関係を築くことが必要不可欠であるということが、カントの文脈にそって確認される。そのうえで、信頼概念の分析に立ち入るまえの予備的考察として、社交における率直さを信頼以外で可能にしうるものが検討される。すなわち、飲酒による率直さと悪徳者の排除であるが、これらでは心を開いた社交を可能にするための根本的な解決には至らないという。

ここから、そもそも信頼とは何か、どのようにして信頼は構築されるのか、という問いが明らかにされていく。はじめに『道徳形而上学』徳論の第四六節ならびに第四七節における友人同士のあいだで築かれる信頼に光が当てられる。ここで、信頼についての要点が四つに整理されるが、なかでも著者が重視するのが「信頼は徳の義務である」というテーゼである。このテーゼが後の議論において重要な位置を占めることになる。

後半では、友人間の信頼とそれ以外の文脈で語られている信頼とに分けて考察を進めている。まず、『コリンズ道徳哲学』などの道徳哲学講義の文脈から、友情論の枠組で語られる信頼について明らかにしている。同等の分別・思考様式をもつ友人同士のあいだでは、互いへの尊敬に基づく愛によって、自分の思想を打ち明けることができるような信頼関係が築かれる、というものである。それに対して友人間の信頼以外の文脈からは、相手からもたらされる道徳に反する行為、すなわち相手からの尊敬の欠如が、相手を信頼すべきでない条件（信頼不相当性）となりうるということが明らかにされる。

　ここでの考察をもとに、先の「信頼は徳の義務である」というテーゼが再考され、二つの解釈が提示される。第一に、信頼を「感性的信頼」として理解するというものである。著者によれば、友人間の信頼とは、「同情という感性的な感情を基盤とした愛」のことであり、それは、相手からの「尊敬を欠いた行為、尊敬の義務に反した行為」によって制限されるべきものである（三二七―三三〇頁）。こうした相手への信頼は、信頼不相当性が認められない状態を時間のなかで経験することによって培われていくという。

　しかし、この「感性的信頼」には問題があると言われる。「社交しなければ相手を信頼できないが、信頼しなければ社交することができない、という循環が生じてしまう」（三三三頁）からである（著者はこれを「社交と信頼の循環」と呼ぶ）。そこで第二に、信頼を「怜悧としての信頼」として理解する解釈が示される。表面的ではない他者との開かれた思想交換を楽しむためには、互いに社交で得た情報を悪用しないという「沈黙への約束・契約」を交わす必要があるというのである（三三九―三四〇頁）。これが「怜悧としての信頼」である。つまり、社交への参加者は、社交に参加した時点でこの「暗黙への契約」に同意したと見なされるのである。

　最後に、本書を通読しての印象を述べておきたい。本書は、繰り返し立ちはだかる「道徳化のパラドックス」をうまく解消しながら、理性を付与されつつも感性に悩まされる生身の人間が、いかに道徳化していくのかというプロセスをダイナミックに描いている。この試みが成功しているかどうか、つまり『人間学』の性格論と社交論を「道徳的人間学」として位置づけることができるのかについては、ここでは言及せず、読者一人ひとりの判断に委ねたい。しかし間違いなく、著者独自の積極的な解釈や明確な意見表明は、読者の思考を誘い、さらなる議論の可能性を開くものであろう。評者も著者のより詳しい見解を問いたい点がいくつかあった。本書にとって本質的とは言えないうえ、理解不足による的外れな疑問かもしれないが、例えば次のようなものがある。根本的批判ではなくとも個別的批判への応答を通じて、場合によっては著者が考えるよりも道徳形而上学の厳格さは、引き下げられることがあるのではないかということ（例えば、著者が何度となく主張する、批判期において想定されているのは、あらゆる理性的存在者であり、それに対して『人間学』が想定するのは、理性を付与された感性的存在としての人間であるという図式は、基本的には変わらないとしても、道徳法則と定言命法、理性の事実などの解釈によって、多少なりとも揺らぐことがあるのではないか）、また本書では、談話の構成要素としての議論を労働ではなく遊びとして位置づけているが、議論は労働と遊びの両面をもつと解釈すれば、遊び（世間話や冗談）と労働（議論）の交替、また議論そのものにおける労働と遊びの交替という二重構造によって、談話は快楽を生じさせる交替、すなわち遊びであると理解することができるのではないかということなどがあげられる。ほかにも、著者自身が今後の課題としている社交論についての思想史的な考察などは、本書がカントの内在的な研究に終始していることから、今後どのように著者が展開していくのか興味を惹かれるものがある。とはいえ、これ以上の論点をここで展開することはできないため、いずれ談話としての社交の機会に恵まれることを期待したい。

高畑菜子氏の書評への応答

髙木裕貴

まず、拙著を細やかに読み、書評を執筆してくださった高畑氏に心より感謝をお伝えしたい。書評における拙著の要約のおかげで、その内容がよりスリリングなものに感じられた。また、我々のやりとりを実現してくださった編集委員のみなさまにも感謝を申し上げる。以下では書評の最終段落で示された三つの疑問点に対して応答していきたい。

第一に、カント道徳哲学に対する（根本的批判ではなくとも）例えば、道徳法則と定言命法、理性の事実に関する個別的批判への応答を通じて、「筆者［髙木］が考えるよりも」その厳格さは引き下げられるのではないか、という疑問である。この疑問は非常に真っ当であろう。そもそも、拙著が暗にカント道徳哲学の厳格さを支持していること、それに対する個別的批判への応答を自ら試みていないこと、あるいは過去の応答の試みを検討していないことは、不誠実の誹りを免れないかもしれない（これまでの二次文献の努力をすべて無視しているようにさえ映りうるだろう)。またこれに関連して、そもそも個別的批判と根本的批判という区分も一定の解釈を前提としている。その意味では、まさに「筆者」である私がカント道徳哲学の本質をいかに考えているのか、そしてひとつひとつの個別的批判に対してどのような応答を想定しているのか、という点も問われてしかるべきであろう。これらの点においては、(執筆当時にあって自覚していたが、)拙著第一章の内容はやはり簡易過ぎた、と反省するところである。

ここでそれを詳細に述べることはできないが、それでも応答が許されるならば、私は個別的批判への応答によってカント道徳哲学そのものの厳格さが引き下げられる可能性は否定しない。しかし、私見では、その試みは主にカント道徳哲学を一貫的で理解可能なものにすることに終始しており、それがその動機であれ、結果であれ、その厳格さをわずかに軽減しうるにすぎないだろう。あるいは、個別的批判は道徳哲学の本質とは別のところで解決される副次的な事柄にすぎないのかもしれない。そうでなければ、カント道徳哲学そのものの厳格さを引き下げる解釈は、やはりその本質に反する結果になるのではないだろうか。この事態を避けつつ、しかも「多少なりとも」ではなく、根本からカント道徳哲学の理解を改革するならば、根本的に着眼点を変えるべきと考えたのが拙著の出発点であることは強調しておきたい。

第二に、談話における遊びと労働の交替、そして議論における労働と遊びの交替という二重構造によって、談話は遊びであると解釈できないか、という指摘である。私がこの指摘を正確に理解できていれば、私はその解釈に賛成であり、実際、拙著でもそのように解釈している(拙著一九三頁)。まず、目的を持った議論は、それでもそれ自体で遊びたりうる。ここで機能するのは談話の規則である(ここで「議論の規則」ではなく、「談話の規則」という表現を使用することはミスリーディングにも思われるが、労働であるはずの議論が遊びと化するための規則であるから、そのままこの表現を使用しよう)。他方で、議論を談話の一部に組み込むことで、議論を含む談話は遊びたりうる。ここで談話の順序が機能する。つまり、世間話・議論・冗談の交替によって、その全体である談話は遊びとなる。

第三に、社交論についての思想史的な考察の展開について問いかけていただいた。この点については、拙著のコラム(2)と(3)で少し展望を示している。カントの社交論というと珍しい気がするかもしれないが、いざ蓋を開けてみれば、近世ドイツには社交を扱った哲学者・思想家が大勢いる。コラムで扱った思想家に限れば、トマジウス、クルジウス、ガルヴェ、シュライエルマッハー、クニッゲがそうである。これら各人は基本的に異なる思想・主義を展開しているにもかかわらず、社交論を書き残しているのが興味深い。カントの社交論とて、無から創造されたものではなく、先人の社交論に多かれ少なかれ影響されたものと仮説を立てるのが穏当であろう。最も身近なところでは、カントが倫理学講義においてバウムガルテンの書を教科書として使用していたという点も無視することはできない。またカントがトマジウスをどれだけ読んでいたかは未知数であるが、この社交論の系譜の出発点にトマジウスがいた、というのが私の見立てである（現在、私はトマジウス社交論の研究に従事している）。他方で、もちろん、カントに対するシャフツベリ、ヒューム、スミス、バークらの影響も濃厚であることは想像に難くない（この観点からの研究は国内でも既にいくつか存在する）。カントへの影響という視点に拘ることなく、ドイツ近世以降の社交論の系譜を描くことが私の将来的な目的である。これは非常に長期的なプロジェクトであり、書評者ならびに諸賢には温かく見守っていただければ幸いである。

〔研究動向〕

Werkprofile シリーズ（de Gruyter 社）の紹介

辻麻衣子

はじめに

ドイツ de Gruyter 社から刊行中の「作品プロフィール：一七、一八世紀の哲学者、文学者たち（原タイトル：Werkprofile: Philosophen und Literaten des 17. und 18. Jahrhunderts）」は、一七～一八世紀ドイツに活躍した思想家を紹介し、当時のドイツの思想状況を詳らかにするための新たな基盤を形成することを目的としている。「まえがき」にあるように、本巻は「同時代のドイツの思想とカントがどのように対峙したのかに着目することで、カント哲学の哲学史上の位置づけや独自性を明らかにすることを目指した」ものであるが、こうした本巻のテーマにおいて欠かすことのできない「（カントと）同時代のドイツの思想」に光を当てようというのが「作品プロフィール」シリーズの眼目である。

本論では、本シリーズを概観したのち、論者がこれまで自らのカント研究において着目してきたヨハン・ニコラウス・テーテンス（一七三六―一八〇七）の関連する二冊をそれぞれ紹介することで、本シリーズの大きな二つの柱について、いくらかのことを示したい。

一 「作品プロフィール」シリーズのプロフィール

まずはこの「作品プロフィール」シリーズ全体のプロフィールを紹介しよう。本シリーズは、二〇一一年にズルツァーをテーマとしたアンソロジーが刊行されたのを皮切りに、二〇二四年五月現在、刊行予定も含めて二四冊を数える。de Gruyter 社ウェブサイトの特設ページを見ると、本シリーズは「一七～一八世紀の哲学者、科学者、著作家による包括的な著作のテキスト解釈と注釈版を集めた」もので、原則的には⑴当該人物の一次文献の注釈版、⑵その人物の思想におけるさまざまな側面（認識論、言語論、政治哲学など）を取り上げたアンソロジーの二冊がセットで刊行されることが多い[1]。特設ページの説明を読む限り、メインとなるのは⑴のテクスト注釈版であり、⑵のアンソロジーはその付属巻という扱いのようだが、両者は互いに独立した書籍として刊行されている。

これまでに刊行されてきた中には、ガルヴェやフェーダー、ヤコービなどのビッグネームのほか、ランベルトやマイアー、クルジウス、ライマールスなどがいる。題材として取り上げられるこれら人物を大別するなら、(A)当時の議論に革新をもたらした、(B)これまでの先行研究ではその重要性がまだ充分に認識されていない、これらいずれか、ないしは両方の要素を満たす人物である。言い換えれば、総じて、啓蒙思想期の思想家で、かつプロパーの研究がいまだ進んでいるとは言い難い人物に特化しており、その意味ではヘンリッヒによる「コンステラチオーン・プログラム」以降の新たな近代ドイツ哲学観に通ずる、一七〜一八世紀当時の思想状況を浮かび上がらせる研究プロジェクトの産物と言うことができるだろう。

なお、ここで扱われる啓蒙思想期の思想家には、むしろ啓蒙思想に対するカウンター的立場の急先鋒だったクリストフ・マイナースや、フランス百科全書派の唯物論を肯定的に受容し、シャルル・ド・ブロスやコンディヤックの著作をドイツ語訳するなど目覚ましい業績を残したものの早逝したミヒャエル・ヒースマンなども含まれている。デカルト以来のフランス唯物論の系譜や反啓蒙主義的運動にも目配せをするという意味で、本シリーズはドイツ語圏を越えてヨーロッパ全体における一七〜一八世紀の思想地図を眼前におさめるための第一級の史料を提供している。

二 Tetens, 2014, *Philosophische Versuche* (1777) (Volume 5)

テーテンスの著作において、主著と呼びうるものは二つ存在する。すなわち、『一般思弁哲学について *Über die allgemeine speculativische Philosophie*』(一七七五年)(以下、『思弁哲学』)および『人間本性に関する哲学的試論 *Philosophische Versuche über die menschliche Natur und ihre Entwicklung*』(一七七七年)(以下、『試論』)である。論者がテーテンス研究を始めた二〇一〇年代初頭、テーテンスの一次文献は『試論』および小論群が収められたOlms社の著作集(Tetens, 1979–2005)があるほかは、言語哲学に関連するテクストを抜粋した哲学文庫版(Tetens, 1971)[2]が一冊存在するのみだった。[3]二〇一四年、「作品プロフィール」シリーズからRoth & Stieningによる『試論』の注釈版が新たに刊行されたのは、およそ充実しているとは言い難かったテーテンス研究のそうした状況の中での出来事で、当時の論者は光明が差し込んできた思いだった。[4]

この新たな注釈版は、七五ページにわたる詳細な注釈が施されたほか、一七七七年刊行のオリジナル版におけるページ付けを付記、付録としてテーテンスの年表および関連文献一覧が巻末に収録されており、本格的な文献研究の対象として『試論』およびテーテンスを扱うためのプラットフォームとなる水準がここに至ってようやく満たされたと言って差し支えないだろう。欲を言えば、注釈はテーテンスがテクスト中で言及する過去の哲学者たち（ロックやヒュームにとどまらず、ハチソンやビーティ、オズワルド、リードなどスコットランド啓蒙の諸家、コンディヤック、ヴィーコ、ひいてはキケロなど）の該当文献の補足を主としているのだが、テーテンスのテクストそのものの理解を助け、深めるような内容も盛り込んでほしかった。もっとも、これは度を超した要求だろう[5]。

特に関連文献一覧では、テーテンスの存命中に出版されたものも含めた著作、他言語への翻訳版、論文集や雑誌への寄稿論文、テーテンスの手による書評、そして何より、一八世紀後半から二一世紀の現在まで二五〇年近くの間に世に出た二次文献を網羅している。また、索引も人名索引、事項索引ともにかなり詳細に整備されている。編者による巻頭の前書きも、『試論』が哲学史的に見てどのような文脈から生まれてきたのかを文献的な裏付けを取りながら丁寧に解説されており、ここには「作品プロフィール」シリーズの理念が息づいているように思われる。とりわけテーテンスは、「ドイツのロック deutschen Lokke」[6]とも称されるように、ライプニッツ・ヴォルフ学派の合理主義とロックやヒュームらによる英国経験論という一八世紀を代表する二つの認識論パラダイムを折衷する必要性を確信していた哲学者であり、ドイツ語圏にありながら英国経験論に強い影響を受けた人物であるという点で、こうした鳥瞰的な哲学史的視座からの解説が他の哲学者にもまして理解の一助になるだろう。

三　Stiening & Thiel (eds.), 2014, *Johann Nicolaus Tetens (1736-1807)* (Volume 6)

『試論』注釈版が刊行された同年、今度は注釈版の編者を務めたStieningとThielの編によるアンソロジーも刊行された。このアンソロジーは「ヨーロッパ経験主義の伝統における哲学 *Philosophie in der Tradition des Europäischen Empirismus*」という副題を持つことからも察せられるように、テーテンスの経験主義的（あるいは自然主義的とも言い換えられるかもしれない）思想にさまざまな観点から光を当てようとしたものである。

執筆者にはPa. KitcherやDyckとともに*Kant and his German Contemporaries: Volume 1, Logic, Mind, Epistemology, Science and Ethics*[7]を編集したF. Wunderlichなどカント研究でも定評のある執筆者も名を連ねており、そうした面でも信頼性の高いアンソロジーであると言えるだろう。

さて、『試論』注釈版と同様、こちらにおいても編者による「痒いところに手が届く」解説があり、『試論』注釈版でのそれがあくまでも『試論』という著作に定位したものであったのと対照的に、アンソロジーの解説ではテーテンスという人物そのひとについての概略が目指されているようである。また、巻末には『試論』と同じ年表、関連文献一覧が付録として収められている。

主に四部からなるこのアンソロジーは、前半部で理論的部門を、後半部で実践的部門、あるいは狭義の哲学からはいささか外れた領域を扱うことで、テーテンスの思想を包括的に捉えようとしている。より詳細には、第一部が論理学、形而上学、神学、第二部が認識論、第三部が人間学、道徳論、法学、歴史学、第四部が文芸、言語を表題として掲げている。実際、（オリジナル版では）一六〇〇頁にも及ぶ大著である『試論』は、知覚や表象など直接的な感覚能力から彼が「思惟力 Denkkraft」と名付ける悟性的認識能力へと上昇していく段階的発展を伴った認識能力論を第一巻で展開した後、続く第二巻では、第一巻における認識能力論を基盤とした自由論や道徳論が披瀝されるが、テーテンスは前者に劣らない紙幅を後者にも割いている。また、比較的若い時分、テーテンスは言語哲学的な問題にも取り組んでおり、『語源学の原理と有用性について *Über die Grundsätze und Nutzen der Etymologie*』（一七六五―六六年）、『諸言語と文字の起源について *Über den Ursprung der Sprachen und der Schrift*』（一七七二年、ただしこの著作は匿名で出版された）などの著作を著しているうえ、『試論』でもこうした問題に関する関心は衰えておらず、人間の言語能力と認識の関係について詳細に論じた箇所が見出される。テーテンスは関心の幅が広く、あらゆる分野に一家言あったのか、多くのテーマについて論じているが、それらを全方位的にフォローしようとするこのアンソロジーの姿勢には論者も好感を抱く。(8)

おわりに

本論第二節および第三節においてテーテンスを例にとって見てきたように、「作品プロフィール」シリーズには(1)一次文献の注釈版と(2)アンソロジーという二つの柱がある。前者が当該人物のテクストの構造の厳密な再構築を、後者が当時のさまざまな問題意識という文脈において当該人物の遺した理論的成果の検討を行うことで、本シリーズはいわばテクスト内部と外部の二重の観点からドイツ啓蒙思想に新たな可能性を拓こうとする意欲的な取り組みとして評価されるべきだろう。

註

（1）例えばヒースマンはその交流の広さから、彼の単著に加えて書簡集も刊行されているし、ガルヴェは一次文献が二分冊にされているなど、例外もある。

（2）この哲学文庫版は、論者がテーテンス研究に足を踏み入れるきっかけとなった一冊である。修士課程在学中、論者は何らかの文献で知ったテーテンスなる人物について指導教員に尋ねてみた。すると、自分もまた若いころテーテンス研究に着手しようと考えていたが、それは果たして叶わなかった、と吐露し、この哲学文庫版を書棚から取り出して「私の代わりに研究してほしい」と譲ってくれたのだ。論者の指導教員は、駆け出しの研究者だった当時、まさに本巻のようなプロジェクトを同世代の仲間たちと構想していたという。「同時代のドイツの思想とカントがどのように対峙したのか」の全体像を明らかにすべく、それぞれがヴォルフやランベルトなど一人の哲学者を研究する計画を立て、その中で彼はテーテンスを担当するはずだったという事情である。

（3）テーテンスの存命中に出版されたもの以外には、一九一三年には、「貴重な哲学書の復刻版 Neudrucke seltener philosophischer Werke」シリーズとして Kant-Gesellschaft から二つの主著『思弁哲学』と『試論』が再版されたのみである（Tetens, 1913）。なお、『思弁哲学』は本シリーズで『試論』注釈版が刊行された三年後、二〇一七年に frommann-holzboog 社から「ドイツ啓蒙哲学に関するテクスト（原タイトル：Texte zur Philosophie der deutschen Aufklärung）」シリーズから歴史校訂版が刊行された。

（4）事実、二〇一四年にこの注釈版が刊行されてから二〇二四年までの一〇年間で発表されたテーテンスに関する文献の数は、かつてテーテンス研究が盛り上がりを見せた一九世紀末から二〇世紀初頭以来、注釈版刊行前のどの一〇年間よりも圧倒的に多く、この注釈版をきっかけにテーテンス研究が再び活気づいている事実を裏づけている。テーテンス研究のこれまでの歴史については、辻、二〇一八を参照。

（5）なにしろ、後述するように『試論』は一六〇〇頁を超える大著なのだ。論者が求めるような仕事は、この注釈版を手元に置いてテーテンス研究を進めることができる論者自身、そして次世代の研究者たちに課せられた宿題である。

（6）Cf. Rosenkranz, 1840, p. 65; Zappalorto, 2011, p. 132f.

（7）二〇一八年に刊行されたこのアンソロジーもまた、（カントというハブは設定されているものの）一七～一八世紀ドイツの思想状況を俯瞰しようという点で「作品プロフィール」シリーズと同様の意図をもって編まれており、同時に本巻のテーマの源泉の一つともなった。

（8）そのタイトルと発表時期から示唆されるように、後者は一七七一年にベルリン・アカデミーが公募した、人間の言語の起源を問う懸賞論文のための原稿であったようである。もっとも、したためた原稿をテーテンスが実際に応募したか否かは定かでない。この懸賞論文で最優秀賞を受賞したのがヨハン・ゴットフリート・ヘルダー（一七四四―一八〇三）であり、後に『言語起源論』（一七七二年）が彼の主著となったのは、歴史の知るところである。Cf. Tetens, 1971, Einleitung, p. IXff.

文献一覧

Dyck, C. W., Wunderlich, F. (eds.), 2018, *Kant and his German Contemporaries: Volume 1, Logic, Mind, Epistemology, Science and Ethics*, Cambridge.

Rosenkranz, K., 1840, *Geschichte der Kant'schen Philosophie*, Leipzig.

Tetens, J. N., 1913, *Über die allgemeine speculativische Philosophie. Philosophische Versuche über die menschliche Natur und ihre Entwickelung*, Neudrucke seltener philosophischer Werke, Bd. 4, hrsg. von Uebele, W., Berlin.

Tetens, J. N. 1971, *Sprachphilosophische Versuche*, mit einer Einleitung von Heintel, E., hrsg. von Pfannkuch, H., Philosophische Bibliothek 258, Meiner.

Tetens. J. N. 1979–2005, *Die Philosophischen Werke*, Bd. I–IV, Olms.

Tetens, J. N., 2014, *Philosophische Versuche über die menschliche Natur und ihre Entwickelung. Kommentierte Ausgabe*, hrsg. von Roth, U. & Stiening, G., de Gruyter.

Tetens, J. N., 2017, *Über die allgemeine speculativische Philosophie. Historisch-kritische Ausgabe*, eingeleitet und hrsg. von Krouglov, A. N. & Delfosse, H. P., Stuttgart-Bad Cannstatt: frommann-holzboog.

Zappalorto, M., 2011, *Johann Nicolaus Tetens: il Locke tedesco?*, Rubbettino.

辻麻衣子、二〇一八、「テーテンス・ルネサンスとカント――「三重の総合」に見る経験心理学への態度――」、『日本カント研究』（一九）、七三―八七頁。

〔カント生誕三〇〇年記念企画〕

カント研究会のこれまでとこれから

『現代カント研究』第一巻の「あとがき」によれば、カント研究会の設立理念は「メンバーの間には年齢、学力、人格など様々な差異はあるが、カント研究に関してはまったく対等であるべきこと」と「各人閉鎖的にならず、自由にカント研究の情報を交換しあうこと」の二点にある。この理念のおかげもあって、カント研究会は現在でもなお幅広い世代の会員がカント研究に関してフラットかつ深く議論できる場であり続けている。しかし、世代交代が進む中で、これまでのカント研究会の歩みが特に若い世代には十分に伝わっているとは言い難い。さらに近年、研究者を取り巻く環境は大きく変わってしまった。カント研究会も、当初の理念は維持しつつ、この変化に適応していく必要があるだろう。

以上の点をふまえ、本巻の編者二名は、カント生誕三〇〇年を迎えるにあたって、カント研究会のこれまでの歩みをふりかえりつつ、今後の展望を考えていく必要があると思い至った。その一環として、本企画では、現在進行形で会との関わりが深い会員三名に、カント研究会で体験したこととカント研究会に今後望むことを自由に綴っていただいた。会員のみなさまは、カント研究会との関わり方を考えるきっかけとして、会員以外の読者諸賢は、カント研究会という団体を知る材料として、以下の三本の文書をお読みいただけると幸いである。

第一六巻共編者　増山浩人

カント研究会のこれまでを振り返り、今後を考える

菅沢龍文

カント研究会の発足は一九八六年だから、それからかれこれ四〇年になろうとしている。筆者が入会したのは九〇年代半ばだから、発足してほぼ一〇年後であり、カント研究会の先輩諸兄には、ご存命の方々が数多くおられる。そうしたなか、このたびの文章をご依頼いただいたのは、現在も毎月の例会に参加することが多い会員のなかでは古株だからである。これは、カント研究会の例会という、カント哲学に関する多様な研究発表と、時間をかけた質疑応答とがある希有な場が代々の世話人のご尽力の下で継承され、その場に多く参加できるという幸運に恵まれた結果である。

カント研究会の例会は、日本哲学会と日本カント協会の学会がある五月と一一月には開催されないので、年に一〇回となる。例会は日曜の昼過ぎの一時半（筆者の参加当初は一時）から、夜七時にまでおよび、その後に近場の店で懇親会が行われる。研究発表は通常二本（それぞれ二時間半）あり、その間に短時間の「会務報告」がある。毎回の参加者は一〇～二〇名程度である。これが発足当初からしばらくして固まったカント研究会の形態であったと思われる。

例会は地方で開催される回もあり、これは三月や九月に行われることが多かった。地方例会は、当地の所属会員のご尽力により関西（多くは京都）・中京圏や東北圏で開催された。これは、地方のカント研究者が参加しやすい機会もあるとよい、という配慮であった。また内容面では、カント研究関連の新著の合評会や、シンポジウム形態の例会もあった。

ところで、カント協会や日本哲学会や日本倫理学会では個人研究発表の時間が短く、用意された論文が読み上げられ、その後に質疑応答に一〇分程度の時間しかとれず、いくつかの短い質疑応答があって終わるというのが典型的なパターンである。これへの不満もひとつの理由となって、一本の論文について十分に時間を使って徹底的に討論する研究会の必要を訴えたのが、中島義道をはじめとするカント研究会発足当時の大先輩諸兄である。

こうして発足したカント研究会の例会では、発表論文に対する忌憚のない意見を吐露することが或る種の義務となり、結構激しいバトル（論戦）が繰り広げられたと聞いている。なかでも、『現代カント研究』シリーズへの掲載を目指す研究発表論文は、四〇〇字詰め原稿用紙七〇枚ぐらいの、ボリュームのある完成論文であることが求められ、しかもこのような研究会の論戦に耐え抜いた論文が、『現代カント研究』シリーズに掲載された。

カント研究会の会員になるには、会員の推薦があってオブザーバとしての参加をして、研究発表を果たすことが条件であった。これは、研究発表の水準を配慮したからであったと聞く。発表希望者は空いている発表枠のある月に研究発表したい旨を世話人に申し出て発表する。ところが、偶に発表枠がいつまで経っても埋まらない場合もあり、このような場合には世話人が発表者を開拓することで、近年まで発表枠が埋まって例会が開催されてきた。ところが、近年は、コロナ禍以前にすでに、発表枠が埋まらず例会が休会となることが散見されるようになり、コロナ禍の間はオンラインでの例会となり、休会が増えた。その後にコロナ禍が収束してからも、遠方からの参加者にとって便利だということもあり、オンライン例会が一般化した。とはいえ対面でのリアルな交流の機会もつくられ、一二月と三月に対面開催されている。

カント研究会の存在を一躍有名にしたのは、『現代カント研究』の刊行であると思われる。当初の第一巻（一九八九年）と第二巻（一九九〇年）は理想社から刊行され、それを第一巻と第二巻の再刊も含めて引き継いでくださったのが晃洋書房で、二〜三年ごとに刊行を続けることができ、現在に至る。各巻の刊行を担当した編者は二名か三名であり、会員の間で次巻のテーマ・趣旨文が募られるなどして、例会の「会務報告」の中で話し合われて編者が決まった。

以上のようにカント研究会は月々の例会での研究発表と、『現代カント研究』の刊行とを二つの活動軸としている地道な研究者集団である。カント研究会において、ドイツの『カント・ステューディエン』のように「孫子の代まで『現代カント研究』の綿々と続くこと」(第一巻の中島義道による「あとがき」から)があるとすれば、それは時代の移り変わりに耐えるカント哲学の深みを捉える研究活動が、世代を越えて継承されていることの証となる。画期的な新版カント全集の刊行がドイツで始まったこともあり、人類的な危機の時代に、新たにカント哲学を深掘りすることが求められているように思われ、カント研究会の存在意義も大きいと言わざるをえない。

オプス・ポストゥムムの新編集に寄せて

山根雄一郎

第三六五回例会（二〇二四年三月二四日）における鵜澤和彦世話人による「報告：生誕三〇〇年を迎えたカント像――書籍、学会、メディア、展示会の海外動向をめぐって――」は、「各人閉鎖的にならず、自由にカント研究の情報を交換しあう」本研究会の伝統（＝「これまで」）を体現する啓発的報告であった。そこでは、アカデミー版カント全集の現在の編集母体ベルリン＝ブランデンブルク学術アカデミーがウェブ刊行するJahresmagazin 2024から、いわゆるオプス・ポストゥムムの新たな編集の作業のありようについても紹介された。ところで、二〇二三年末に、同全集の新編集版（Neuedition）の初回配本として刊行された第一巻の冒頭に置かれた「イマヌエル・カントの書き物（第一部門およびオプス・ポストゥムム）の新版への序言」において、ゲアハルト（Volker Gerhardt）とヴィラシェク（Marcus Willaschek）は連名で、「アカデミー版の第二一巻と第二二巻におけるオプス・ポストゥムムの新編集は、二三年という作業年月の末に今や完了を目前にしている。極端に困難なテキスト構築、またそれと結びついた、テキスト諸部分の判読や徹頭徹尾必要になった新たな配列に纏わるもろもろの困難事については、何度か公的に報告された」と述べている（原文の斜体表記は傍点で示す。以下同様）。この序言は二〇二三年七月付である。そこで小稿では、二〇一九年五月に同アカデミーが主催した会議「イマヌエル・カント　一七二四―二〇二四　ヨーロッパの思想家」（URLは以下。〈https://www.bbaw.de/mediathek/archiv-2019/immanuel-kant-1724-2024-ein-europaeischer-denker〉二〇二四年八月一八日確認。）の成果をまとめた同題の論集（グロイター社より二〇二二年六月刊。ISBN 978-3-11-076281-5）に収められた、オプス・ポストゥムムの新編集をフェルスター（Eckart Förster）とともに担当するカール（Jacqueline Karl）

の寄稿「新たなオプス・ポストゥムム　作業場の報告」（S. 201-210）から、意義深く思われる若干の点を紹介したい。

カールによれば、「筆跡を読み取り、判読困難または殆ど判読不能の箇所を解読すること」と、「個々の手稿ページに書かれた、或いは二つ折り判の全紙一枚全体に書かれた個々のテキスト部分を配列し、筆記を年代順に《クロノローギッシュ》あとづけること」は、どちらも「しばしば極度に精密で、手間がかかり骨が折れもする作業」であるが、オプス・ポストゥムムの新編集作業では、前者つまり「読み取り翻字《トランスクリプツィオーン》」と後者つまり「筆記の年代順《クロノロギー》の分析」は、「差し当たり同時進行で行われた」。カントの「手書き遺稿や同時代人の手紙や報告から、カント研究にとってはほぼ既知である通り、カントの書き物は、もろもろの思索の「ばらばらの紙片《ローゼ・ブレッター》」への筆記に始まり、腹案・浄書稿・その写しにおける数度の改訂を経て、版下にまで至る多段階の制作過程を通過した」。注意すべきことに、カントは「著作を執筆する場合だけでなく、腹案や準備原稿を書き記す場合にも、作業過程を明確に区別できるような或る決まった進め方を守るのが通例だった。すなわち、全紙の紙面は、組み版面にならって、テキストと外部の余白とに区分された。カントがまずテキストを書くとき余白はそのまま残される」。推敲の過程で、初めはテキストの「行間や周囲に」、次いでこの欄外「余白」に、「参照記号や結合記号」が縦横無尽に駆使されながら、補足が書き込まれていく。カントは「ページの余白に、予想され得るように上から下へ順々にでなく、下から上へ向かって、補足を記入した」というカールの指摘は、それだけでも興味深いが、カントのこうした「注目すべき独特のやり方」を念頭に置いて初めて、錯綜した文字群・文字列からカントの意図したであろう本文が可視化され得る以上、文献学の域を越えて意味をもつ（引用はS. 201: 204より）。

オプス・ポストゥムムに関しては「元来、筆記の年代研究《クロノロギー》の成果を新編集版であわせて表示することが計画されていた」が、作業の実状を踏まえ、「筆記の年代順を表示するのは一義的に決まる場合にとどめ、疑問の残る場合には〔…〕行わないことに決定した」ともカールは伝えている。例えば、「一八〇〇年四月から一八〇三年二月までの時期の最後の二つの腹案には極小のスペースすらびっしり書き込まれており、最新の補足はすでに書かれたテキストの行間に見出されることがしばしばで、補足の個々の部分の、それどころか行または単語個々の配列は、私〔カール〕が多色マーカーで書き入れてようやく、読み取り翻字の準備としてテキストの個々の部分が区別できるようになったほどに、錯綜を極めてい」て、「年代順が疑いの余地なく立証され得る」ようにすべての手稿ページが記述されているわけではないのが実態だからである（引用はS. 204より。なお、件の「錯綜」状況は前出Jahresmagazin 2024の二〇三頁所載の作業原稿のカラー図版からも窺われる）。

こうした苦心の作業の末に一新されるオプス・ポストゥムムの本文が、「これから」のカント研究（会）において取り組まれるべき課題を様々に投げかけてくることは確かだと言えよう。

二つの「これまで」と、「これから」

中野愛理

このような貴重な機会をいただいたので、改めて既刊をはじめから読み返したところ、あたかも一人の人間が徐々に固有の性格を形成してゆくさまを見たような心持ちがした。若手代表ということでまずは読者に近い外の目線からカント研究会のこれまでを紹介したい。

第一巻には黎明期特有の熱気が立ち昇っている。単にカントを対等に論じる場を作るというだけでなく、「欧米の若手の研究者とも真に対等に議論できる場を作ること」（第一巻［理想社］、二〇四）や、「各論文の内容がいったい同時代のだれに対してどのような思想的インパクトをもちうるか」（同、一）を重視した、外に開かれた結束を固めることが高らかに宣言されている。

四年後、当会は日本における責務を一層自覚した趣を見せる。「既刊の場合、いずれも執筆者各自の関心領域に基づいた、多方面からのカント哲学研究の集積という性格を多かれ少なかれ有していたのに対して、本巻は〔……〕明確に設定されたテーマのもとに、各論文相互の内容的な連関と全体的な統一を図」（第四巻［晃洋書房］、三〇九）ったとテーマベースの論集を編むのみならず、「これまでの原始共同体的なあり方」（同、三一三）を脱却すべく会の規約を定める。次巻以降も三批判書に留まらない幅広いテーマが選ばれ、初期の熱気は日本における最先端の研究を読者へ紹介する公的な意図へと昇華したと言える。

しかしその数年後、長期化した当会には倦怠と閉塞の相が垣間見える。「各発表者に二時間半をかける議論の内では、議論の密度を削ぐ傾向も皆無とはいえない。〔……〕徹底的な議論空間を創出することの難しさを、実感せざるを得ない状況ではある。〔……〕カント研究会も新たな脱皮が模索されて然るべき段階のような気もする」（第七巻、ii―iii）。この難しい局面を打開すべく、会員らは英語原稿を掲載したり、書評に応答を付したりと当会は新しい試みに次々と着手するようになる。その結果として数年後には「若手の研究者が次々と参加してくる」（第十巻、ii）魅力ある会へと上首尾に転向したようである。続く巻も各編者によるクレンメ氏の招聘と寄稿など策が講じられるのだが、紙幅の都合上これ以上展開を追うことはできない。

以上簡単ではあるが、外側から見たカント研究会のこれまでである。あたかも一人の人間がその意志によって世界の中に位置を占め、環境の変化に戸惑いつつもその都度自らのなすべき役割を引き受けるよう努める成熟過程をみるようである。この文章を書く過程でこうした大きな流れの中に自分もまた属していることを改めて自覚することができたのはありがたい。

しかし私が入会してから今に至るまで、当会は主観的にはむしろ、完成された知識人の集まりに見えていた。初回発表は修士論文をベースにしたもので、法政大学の一室でコの字型に並んだカンティアンらに囲まれながら原稿を読み上げた。質疑では小谷会員が、引用したD・シェーネッカーの独語文献中のラテン語について私の解釈の誤りを指摘し、その場で当該文献を開いて――偶然にも誰かが持っていたので――検討が始まった。研究はこうして最も細かい部分にまで、複数の人の目を通し、誤りを正してはじめてよいものになりうるのだと手に汗を握りつつも感じ入ったものだった。またコロナ禍の最中、悪をテーマとしたオンライン発表を行った際、先行研究としてW・ウッドとP・R・フライアソンの英語文献を論じたところ、ちょうど前日にウッドを読んでいたという千葉建会員が当該解釈の曖昧な箇所を指摘し、再び検討が始まった。このように、カント研究会は、いつ、どのようなテーマの文章を持ち込んでも、そしてドイツ語、ラテン語、英語のどの文献を先行研究としても、ただ発表者が一方的に報告するだけでなく、カントに関わる論考を共に推敲するという営みが可能になる場であるものとして私の目には映ってきた。

　最後にこれからのカント研究会について希望を述べたい。現在カント研究の発表をする場には国内外を含めて複数の選択肢がある。しかし依然としてカント研究会は固有の価値を持ちうるし、持ち続けてほしい――日本のカント研究のハブ、すなわち中心地であり、中継地であることによって。ここは最新の研究が集まる場でもあり、研究という孤独な作業が本来は共同的な営みであることを再確認する場でもある。そしてそれは研究を続けるかけがえのないモチベーションになる。しかし観測する限り会員同士の関係は仲間や同志というよりは国家連合に近いようだ。結成当初から「どこにも中心がなく、しかもいたるところに中心がある」（第二巻、二）と形容されるように、各会員は異なるバックグラウンドから出でて守るべき伝統をもつ独立国家のように、各自の中心を持っている。カント研究会は末長く日本のカント研究者の連合であってほしい。

あとがき

本書は、カント自身が実際に対峙した哲学思想との比較研究を通じて、カント哲学の一八世紀における同時代的意義を明らかにしようという試みである。その意味では、本書は哲学史研究に属する。

哲学研究と哲学史研究は重なり合う部分もあるが、前者は真理を探究するものであり、後者は事実を追究するものである、とひとまず言えよう。ある哲学的テキストがどのような別のテキストへの反応であったのかを調査し、明らかにしようとする本書は事実の探求を軸とした論文集であるが、このような研究は、たしかに哲学的には「だからどうした?」と言われかねないような側面を含んでいる。しかしながら、そのような研究の積み重ねから新しい哲学的論点が見いだされることもしばしばあるし、歴史的事実をふまえた再文脈化によって、既存の概念理解に関する勘違いが判明することもある。私たちがある哲学者とともに思考したいのであれば、哲学史研究を無視することはできないはずである。

このことは、もちろんカントにも当てはまる。本年（二〇二四年）はカント生誕三〇〇年、『純粋理性批判』の刊行からまもなく二五〇年に当たる。いまだにカント哲学が世界中で、普遍的・脱時代的な哲学的価値をもった著作として——少なくともそうした価値を追い求める際の基礎文献として——読まれていることは、驚嘆に値する。しかしだからこそ、カント哲学の安易な現代化には注意が必要である。カント哲学の可能性と限界は、哲学的・哲学史的観点の双方から慎重に検討されるべきなのである。

冒頭で増山が述べているように、同時代の具体的文脈を通じたカント哲学研究は、まだ緒に就いたばかりであり、行うべき作業も課題も山積している。その意味では本書は大海の一滴にすぎない。しかしながら、管見の限り、同時代のドイツの哲学者とカントの影響関係に関する研究としては、本書は日本で類例のない、かつ最先端の論文集である。一編者として、カント研究会の中から本テーマに関する論者を募り、研究会合を重ね、『現代カント研究』第一六巻として上梓できたことを嬉しく思う。哲学的な気づきを得るばかりでなく、哲学史研究のおもしろさが伝われば、これほど喜ばしいことはない。

本書は増山から小谷の方に声掛けいただき、共同編者として企画を進めた。日本カント協会事務局を引き受けたこともあり、渉外を中心とした企画進行を増山に任せきりであった。企画をけん引していただいたことに、厚く感謝したい（増山は増山で、別の学会事務局をご担当であったのだが……）。カント研究会会員、晃洋書房のみなさまにも、再度感謝を申し上げたい。

二〇二四年九月一九日

第一六巻共編者　小谷英生

現代カント研究　16
同時代思想との対峙

2024年11月10日　初版第1刷発行　　＊定価はカバーに表示してあります

編　者　カント研究会©
発行者　萩原淳平
印刷者　田中雅博

発行所　株式会社　晃洋書房
〒615-0026　京都市右京区西院北矢掛町7番地
電　話　075(312)0788番(代)
振替口座　01040-6-32280

ISBN978-4-7710-3868-4　　印刷・製本　創栄図書印刷(株)

《執筆者紹介》（掲載順）

増山浩人（ますやま　ひろと）　1983年生．北海道大学大学院文学研究科博士後期課程修了．博士（文学）．現在，東京都立大学人文社会学部准教授．《主要著書・論文》『カントの世界論：バウムガルテンとヒュームに対する応答』（北海道大学出版会，2015年），『見ることに言葉はいるのか：ドイツ認識論史への試み』（共著，弘前大学出版会，2023年），「世界への接近：カントにおける相互性のカテゴリーの役割」（『ヘーゲル哲学研究』26号，2020年）．

小谷英生（こたに　ひでお）　1981年生．一橋大学大学院社会学研究科単位取得退学．博士（社会学）．現在，群馬大学共同教育学部准教授．《主要業績》『加速する社会：近代における時間構造の変容』（ハルトムート・ローザ，出口剛司監訳，福村出版，担当：第11章，2022年）．『歴史を書くとはどういうことか：初期近代ヨーロッパの歴史叙述』（網谷壮介，飯田賢穂，上村剛との共編著，勁草書房，2023年）．『カントの「嘘論文」を読む：なぜ嘘をついてはならないのか』（白澤社，2024年）．

千葉　建（ちば　けん）　1975年生．筑波大学大学院博士課程哲学・思想研究科修了．博士（文学）．現在，筑波大学人文社会系講師．《主要論文》「カントの徳倫理学と感情の問題」（筑波大学哲学・思想学会（編）『哲学・思想論叢』33，2015年）．「カント倫理学における徳と感情：シラー『優美と尊厳について』のカント批判への応答」（筑波大学倫理学研究会（編）『倫理学』37，2021年）．「カントの『道徳の形而上学』における徳理論の構造」（日本カント協会（編）『日本カント研究』23，2022年）．

李　明哲（り　あきのり）　1985年生．神戸大学大学院人文学研究科博士後期課程修了．博士（学術）．現在，神戸大学大学院人文学研究科研究員．《主要論文》「カント人種論における合目的的体系：批判哲学との関連」（日本哲学会（編）『哲学』73，2022年）．「批判期カント有機体論についての試論：ライプニッツとの関連から」（神戸大学哲学懇話会（編）『愛知』32，2022年）．「自然地理学と実用的人間学の連続性／非連続性：カント哲学における人種概念をめぐって」（日本カント協会（編）『日本カント研究』23，2022年）．

渡邉浩一（わたなべ　こういち）　1981年生．京都大学大学院人間・環境学研究科博士後期課程修了．博士（人間・環境学）．現在，福井県立大学学術教養センター准教授．《主要著書・論文》『『純粋理性批判』の方法と原理：概念史によるカント解釈』（京都大学学術出版会，2012年）．「魂と認識論：カントの心理学をめぐって」（日本カント協会（編）『日本カント研究』21，2020年）．「新カント派におけるイデアとアプリオリ：オットー・リープマン『現実の分析のために』に即して」（佐藤義之・松枝啓至・渡邉浩一（編）『観念説と観念論：イデアの近代哲学史』ナカニシ

ヤ出版，2023年）．

〈書評執筆者・応答者〉

浜野喬士（はまの　たかし）　1977年生．明星大学教育学部教授．早稲田大学博士（文学）．

高木　駿（たかぎ　しゅん）　1987年生．北九州市立大学基盤教育センター准教授．一橋大学博士（社会学）．

高畑菜子（たかはた　なこ）　1987年生．都城工業高等専門学校助教．新潟大学大学院現代社会文化研究科博士後期課程単位取得満期退学．

髙木裕貴（たかき　ゆうき）　1990年生．日本学術振興会特別研究員 PD（信州大学人文学部）．京都大学博士（文学）．

〈研究動向執筆者〉

辻麻衣子（つじ　まいこ）　1985年生．京都大学大学院文学研究科特定助教．上智大学博士（哲学）．

〈カント生誕300年記念企画執筆者〉

菅沢龍文（すがさわ　たつぶみ）　1957年生．法政大学文学部教授．法政大学大学院人文科学研究科博士後期課程単位取得満期退学．

山根雄一郎（やまね　ゆういちろう）　1970年生．大東文化大学法学部教授．東京大学博士（文学）．

中野愛理（なかの　あいり）　1991年生．慶應義塾大学文学部非常勤講師．法政大学修士（哲学）．

〈文献目録作成者〉

浜野喬士

〔欧 文 梗 概〕

Kant's Confrontation with His Contemporary Thought

Systematization of Metaphysics According to the "World Concept" of Philosophy: Kant's Confrontation with Baumgarten's Definition of Metaphysics

Hiroto MASUYAMA (Tokyo)

This paper clarifies how Kant reformed metaphysics by examining his criticism of Baumgarten's definition of metaphysics. Baumgarten defined metaphysics as "the science of the first principles in human knowledge." By analyzing this definition, the present author argues that Baumgarten attempted to ground practical philosophy in fundamental concepts and principles in metaphysics. Subsequently, an examination is conducted on Kant's criticism of Baumgarten's definition of metaphysics by relying on the "world concept" of philosophy. Based on this examination, it is concluded that Kant's reform of metaphysics necessitated a rejection of Baumgarten's grounding of practical philosophy.

Kant against Garve's *Cicero* in his *Groundwork*

Hideo KOTANI (Gunma)

According to M. Kuehn, from the end of 1781 to the beginning of the following year, Kant started writing a book which contained a long-term

concept of metaphysics of morals (Kuehn, 2001, p. 277). And in 1783 summer, he intended to publish the first part of it as a textbook for his metaphysical lecture.

This plan was delayed, and it was forced to change by reading the translation of Garve's *Cicero*. Kant intended to argue back against this translation. However, this new plan was also abandoned, and eventually the text we are seeing now came out, i.e., *Groundwork of the Metaphysics of Morals*.

It is strange that there is no direct reference to Garve's *Cicero*. However, this doesn't mean that the Groundwork is a work completely unrelated to Garve's *Cicero*. For Kant, *Cicero* is not the work playing an active role in developing his ideas for moral philosophy, but in clarifying typical fallacies of German popular philosophy which Garve is thought to be playing a leading role. If it is true, Kant's *Groundwork* should contain indirect refutations against Garve's *Cicero*. From this point of view, we will here reconstruct Kant's critique of Galve, and clarify the hidden contribution of it to the Groundwork.

Asymmetry of Self and Others: The Transition from the Wolffian School to Kant on Perfection.

Ken CHIBA (Ibaraki)

By exploring texts from the Wolffian school and by Immanuel Kant, this study examines the philosophical debate over the moral obligation to promote the perfection of others. Proponents such as Wolff, Köhler, and Baumgarten advocate for duties that enhance both one's own and others' perfection to achieve individual and mutual happiness. In contrast, Kant asserts that obligating oneself to promote the perfection of others undermines moral

agency, since each person must independently determine their moral ends. A detailed analysis of Johann Christoph Schwab's critique reveals Kant's reasons for excluding the perfection of others from obligatory ends, emphasizing Kant's critical distinction between the human being (homo phaenomenon) and humanity (homo noumenon) inherent in each person. This distinction enables Kant's view to utilize one's own perfection to promote the happiness of others without compromising the dignity of humanity.

The Role of "Physiological Knowledge of the Human Being" in Kant's Lectures on Anthropology
—With Kant's Counter to Platner's Anthropology—

Akinori LEE (Kobe)

For Kant, anthropology is not itself knowledge of the human being, but the "systematically formulated" "doctrine of the knowledge of the human being" (7: 119). In his lectures on anthropology, Kant argues that anthropology "can exist either in a physiological or in a pragmatic point of view" (7: 119). This distinction between physiological and pragmatic points of view in anthropology is therefore not itself a distinction of the kinds of knowledge — though, Kant *does* distinguish elsewhere between physiological and pragmatic knowledge. The distinction between physiological and pragmatic points of view is *methodological*, appertaining to *ways of utilizing knowledge*. Consequently, both pragmatic knowledge and physiological knowledge of the human being are relevant to the pragmatic *point of view*. In this paper, I will demonstrate how Kant adopts these two distinctions, highlighting Kant's counter to E. Platner's Anthropology. Then, I clarify the role of physiological knowledge of the human being in pragmatic points of view.

The conflict over Knutzen, "Kant's teacher": Between B. Erdmann's *Martin Knutzen und seine Zeit* and M. Kuehn's *Kant*

Koichi WATANABE (Fukui)

Regarding Martin Knutzen's influence on Kant, a conflict arises between B. Erdmann's classic work (1876) and M. Kuehn's recent Kant biography (2001). According to Erdmann, Knutzen is the teacher who gave Kant his first philosophical standpoint. In contrast, Kuehn interprets Kant's first work, *Thoughts on the True Estimation of Living Forces*, as an expression of his opposition to Pietism, to which Knutzen belongs. Incidentally Erdmann's work has been supplemented by E. Watkins and J. J. Fehr in terms of philosophy and theology, and, based on their analysis, the assertion that young Kant was positively influenced by Knutzen remains tenable.

事項・人名・文献索引（Ⅰ～Ⅴ章）

【事項索引】

〈ま　行〉

〈や　行〉

〈ら　行〉

【人名索引】

〈あ　行〉

アモン　Ch. F. Ammon　115
アプト　Th. Abbt　54
アルブレヒト　M. Albrecht　75,78
イェスケ　D. Jeske　75,78
石川文康　128,129
ヴァイテンカンプ　J. F. Weitenkampf　115
ヴァシュキース　H.-J. Waschkies　117,118,129
ヴァジヤンスキー　A. Ch. Wasianski　127
ヴィラシェク　M. Willaschek　107,131
ヴァルヒ　J. G. Walch　24,25
ヴェーバー　M. Weber　126
ヴォルフ　Ch. (Chr.) Wolff　23,24,46,58-71,75-77,79,110-113,116,120,122,124,128,131
ヴンダーリッヒ　F. Wunderlich　104,107
エファーツ　D. Effertz　131
エルトマン　B. Erdmann　108-120,122,124,125,127-129,131
オイラー　W. Euler　97,106,130
オイラー　L. Euler　115,129

〈か　行〉

加藤尚武　129
ガルヴェ　Ch. Garve　26-54
河村克俊　23,24,76,78
キケロ　M. T. Cicero　28-33,35,38,43,45,53
ギャバ G. Gava　14,15,22-24
キューン　M. Kuehn　26,27,108,109,114-131
キュプケ　J. D. Kypke　114
クヌッツェン　M. Knutzen　108-122,124-131
クラウス　Ch. J. Kraus　117
クルージウス　Ch. A. Crusius　7,23,120
グレゴロヴィウス　J. A. Gregorovius　114
クレンメ　H. F. Klemme　131
ケーラー　H. Köhler　58,63,66,67,77,78
ゴットシェート　J. Ch. Gottsched　111

〈さ　行〉

佐藤慶太　14,22,23,25
佐藤恒徳　76,77,79
芝烝　127
清水颯　23,25,76,79
シュヴァイガー　Cl. Schwaiger　23,25,63,68-71,73,74,77-79
シュヴァープ　J. Chr. Schwab　58-64,66,71,75,76,78,79
シュタルク　W. Stark　117,118,125,130
シュッツ　Chr. G. Schütz　53,75
シュトゥルム　T. Sturm　82,98-101,106
シュトラウス　W. Strauß　75,79
シュミット　C. Chr. Schmid　75
シュミット＝ビッゲマン　W. Schmidt-Biggemann　75
シュルツ　F. A. Schulz　110-113,116,122-124,128
シュレプファー　H. Schröpfer　75,79
スウィツァー　A. Switzer　2,25
陶久明日香　24,127
菅沢龍文　127

〈た　行〉

ダイク　C. W. Dyck　131
高木裕貴　105,107
田端信廣　76,79
千葉建　23,24
ティール　U. Thiel　104,107
ディットマー　S. G. Dittmar　30
デニス　L. Denis　75,78
テスケ　J. Teske　113-115
テーテンス　J. N. Tetens　99
デボーワ K. de Boer　2,14,18,19,23,24
トレルチ　E. Troeltsch　126

〈な　行〉

中澤武　127
長綱啓典　24,127
ニコライ　Fr. Nicolai　75,79
ニュートン　I. Newton　115,117,129

【文献索引】

〈ま　行〉

〈わ　行〉

日本におけるカント文献目録（2020-2022年）（抄）

浜野喬士／カント研究会編

注記：本文献目録は二〇二〇年一月一日から二〇二二年一二月三一日の間に刊行されたカント関連の学術的文献を収録している（抄録）.

Ⅰ：カント自身の著作の日本語訳

Ⅰ－１：単行本

〈2022〉

『永遠平和のために』丘沢静也訳，講談社，2022.1，118p.

Ⅰ－２：雑誌・紀要・単行本掲載翻訳

なし.

Ⅱ：カントに関する研究文献

Ⅱ－Ａ：研究書（単行本）

〈2020〉

秋元康隆『意志の倫理学：カントに学ぶ善への勇気』，月曜社，2020.1，295p.

　第一部：カントの言葉を頼りに考えてみる／第二部：伝統的なカント倫理学批判／第三部：カント倫理学への批判的考察／第四部：他の倫理学説との関係／第五部：カントの啓蒙思想と教育論

金子裕介『リンリのロンリ：カントと功利主義にいたる六十三の哲学講義』，晃洋書房，2020.10，280p.

　第１章：科学を超えて／第１講：主観／第２講：科学と因果／第３講：脳科学／第４講：知覚／第５講：ダマシオとゲージ／第６講：意志／第２章：倫理に向けて／第７講：原因から理由へ／第８講：論理／第９講：目的と手段／第10講：因果関係に対する信念／第11講：行為のパースペクティブ／第３章：倫理／第12講：アンスコムを超えて／第13講：問いの立て方／第14講：状況／第15講：倫理の論理／第４章：功利主義／第16章：快楽主義の原理／第17講：功利性の原理／第18講：衝突

萱野稔人『カント永遠平和のために：悪を克服する哲学』，NHK 出版，2020.4，173p.
高田純『カント実践哲学と応用倫理学：カント思想のアクチュアル化のために』，行路社，2020.9，327p.

第Ⅰ章 カント哲学の応用倫理的射程／第Ⅱ章 人間観と応用倫理学／第Ⅲ章 人格の構成要素としての生命と身体／第Ⅳ章 自然への依存と自然からの独立／第Ⅴ章 自由と権利の根拠づけ／第Ⅵ章 人民主権と世界平和の理念／第Ⅶ章 所有と公共性／第Ⅷ章 カントの教育論と人間観

西研『カント『純粋理性批判』：理性が孕む危うさ』，NHK 出版，2020.6，131p.
西田雅弘『カントの世界市民主義：十八世紀ドイツ啓蒙におけるカント歴史哲学の知識社会学的研究』，晃洋書房，2020.2，392p.

序論／第Ⅰ部 カント同時代の「啓蒙」のエートス／第1章 カント晩年の筆禍事件／第2章 秘密結社のベルリン水曜会／第3章 ベルリン水曜会の啓蒙論議／第4章 道徳性優位のエートス／第Ⅱ部 歴史哲学と世界市民主義の文献内在的検証／第5章 形而上学的見地と世界市民的見地／第6章 歴史哲学の重層的構造／第7章 市民社会論の課題／第8章 法的市民社会論／第9章 道徳的市民社会論／第Ⅲ部 世界市民主義の新たな地平と現代的意義／第10章 世界市民主義の系譜とカントの世界市民主義／第11章 カント市民社会論の歴史的社会的様相／第12章 カント世界市民主義の現代的意義／結論

福田喜一郎『カントとシュンカタテシス論』，春風社，2020.11，352p.

はじめに／序論 フレーゲの「思想」／第一部 シュンカタテシス論の展開／第一章 アリストテレスの弁論術（説得と確信）／第二章 ストア派のシュンカタテシス論（シュンカタテシス論の原型）／第三章 懐疑主義（シュンカタテシスの回避）／第四章 デカルト（自由なシュンカタテシス）／第五章 プラグマティズム（信念論の展開）／第六章 ヴィトゲンシュタイン（確実性の問題）／第七章 プラトンとスピノザ（反シュンカタテシス論）／第八章 サルトル（自己欺瞞）／第九章 ウィリアムズとコーエン（信念と承認）／第二部 カントのシュンカタテシス論／第一編 カントの論理学思想／第一章 論理学における様相の理論／第二章 クルージウスの用語／第三章 クルージウスとヤコービに対するカントの批判／第二編 カントの格率論／第一章 判定の原理と執行の原理／第二章 格率概念／第三章 マイヤー『論理学』／第四章 カントの自己欺瞞論／あとがき

船木祝『カントの思考の漸次的発展：その「仮象性」と「蓋然性」』，論争社，2020.10，160p.

序言／第一章 17・18世紀の百科事典及び著作における verisimile と probabile の概念：概念史及び源泉史の問題／第二章 カントの思考の道程における verisimilitudo と probabilitas の概念：ほぼ1770年代初頭における「仮象的（scheinbar）」／第三章 カントの思考の道程における verisimilitudo と probabilitas の区別：ほぼ『純粋理性批判』出版の時期における「仮象的（verisimile; scheinbar）」と「蓋然的（probabile; wahrscheinlich）」の概念／結語

御子柴善之『カント純粋理性批判』，KADOKAWA，2020.12，772p.

人と作品／純粋理性を批判するとは：初版の序文から／コペルニクス的転回：第二版の序文から／『純粋理性批判』を貫く問い：緒論から／論理学の外部に位置づく感性論：超越論的感性論／純粋悟性概念とはなにか：超越論的分析論（一）／純粋悟性概念の演繹へのアプローチ：超越論的分析論（二）／純粋悟性概念の演繹（初版）から：超越論的分析論（三）／純粋悟性概念の演繹（第二版）から：超越論的分析論（四）／純粋悟性概念の図式機能について：超越論的分析論（五）／純粋悟性の諸原則の体系：超越論的分析論（六）／フェノメノンとヌーメノン：超越論的分析論（七）／反省概念の多義性：超越論的分析論（八）／超越的仮象と純粋理性：超越論的弁証論（一）／超越論的

理念：超越論的弁証論（二）／純粋理性の誤謬推理：超越論的弁証論（三）／純粋理性の二律背反（その提示）：超越論的弁証論（四）／純粋理性の二律背反（その解決）：超越論的弁証論（五）／純粋理性の二律背反（その解決二）：超越論的弁証論（六）／純粋理性の理想：超越論的弁証論（七）／超越論的弁証論への付録：超越論的弁証論（八）／純粋理性の訓練：超越論的方法論（一）／純粋理性の規準：超越論的方法論（二）／純粋理性の建築術と歴史：超越論的方法論（三）

森哲彦『善く生きることとカント』，晃洋書房，2020.1，306p.

序章 哲学すること／第一章 カント哲学の神の存在証明／第二章 カント前批判期の自然科学期，独断的・合理的形而上学期／第三章 カント前批判期の経験的，懐疑的形而上学期／第四章 カント前批判期の批判的形而上学期／第五章 カント純粋理性批判の解明／第六章 カント実践理性批判の解明／第七章 カント批判哲学とヤスパース

〈2021〉

渋谷治美『カントと自己実現：人間讃歌とそのゆくえ』，花伝社，2021.10，p392.

第Ⅰ部 認識存在論／第一章 カントの純粋統覚と物自体／第二章 カントにおける〈身心問題〉の止揚／第三章『純粋理性批判』「演繹論」の「三つの難問」再考／第四章 カント「観念論論駁」再考／第五章〈研究ノート〉悟性による内的触発の現場を索めて／第Ⅱ部 実践価値論／第一章 カント〈実践理性の優位〉の構造と射程／第二章 カントと黄金律／第三章 カントにおける価値のコペルニクス的転回／第四章〈研究ノート〉カント実践哲学における演繹の戦術転換とその帰趨／第Ⅲ部 カントの真意を読む／第一章 カントと愛国心の問題／第二章〈見える大学〉と〈見えざる大学〉／第三章 カント『人間学』の諸問題

高橋一行『カントとヘーゲルは思弁的実在論にどう答えるか』，ミネルヴァ書房，2021.12，320p.

第一章 物自体・実在・目的：思弁的実在論批判／第二章 資本主義は超えられないのか：加速主義批判／第三章 病の精神哲学／第四章 カントとヘーゲルは思弁的実在論にどう答えるか／終章 偶然性を巡るヒューム，カント，ヘーゲル

中島義道『晩年のカント』，講談社，236p.

第１章 老哲学者の日常生活／第２章『宗教論』による筆禍事件／第３章 フィヒテとの確執／第４章 政治に対する態度：『永遠平和論』／第５章 法と道徳：『人倫の形而上学』／第６章 宗教に対する態度：『学部の争い』／第７章 地上のあらゆるものへの興味：『人間学』『自然地理学』／第８章 老衰そして死

中野裕考『カントの自己触発論：行為からはじまる知覚』，東京大学出版会，2021.2，349p.

序論「乗り越える」とは別の仕方で／第一部 自己触発／第一章 超越論的感性論における自己触発／第二章 超越論的演繹論における自己触発／第三章 カントのエナクティヴィズム／第四章 現象学の自己触発論との関係／第二部 意識に与えられたものの内容／第五章 概念主義論争におけるカントの位置／第六章「直観の形式」と「形式的直観」／第七章 時間の超越論的観念性／第八章 カントの実在論／第九章『純粋理性批判』初版と『プロレゴメナ』の問題点／第一〇章『純粋理性批判』第二版演繹論前半の証明構造／第一一章『純粋理性批判』第二版演繹論後半の証明構造／結論 行為からはじまる知覚

船木祝『55歳からの哲学・宗教の言葉：カント，シェーラー，シュタイン，ヒルティ，アビラのテレジア』，論争社，2021.12，122p.

第１章 不確実な状況において，どのような態度をとればいいのか：カントの論理学講義・人間学講義／第２章 苦悩の意味と周囲の人たちのあり方：シェーラーにおける苦悩の分析，共同体論，孤独についての考え方／第３章 人間の本質に基づく他者受容の

道：シュタインによる共同体形成の道案内／第４章 憂い・恐怖に向き合う：ヒルティの『幸福論』から学ぶ／第５章 他罰志向の人間関係の変化：アビラのテレジアの神秘思想

松野充貴『ミシェル・フーコーの歴史的「批判」：カントと対話するフーコー』，ミネルヴァ書房，2021.3，273p.

第１章「批判」の思想史とフーコーの「批判」／第２章 若きフーコーのカント解釈と「批判」の経験化／第３章 経験的「批判」の歴史化／第４章 エピステーメーとそのモデル／第５章 批判的思考の三様態／第６章 第三の批判的思考様態としての考古学／第７章 技術論と認識論の円環と対象化された対象／第８章 自己にかんする技術論

松山壽一『シェリングとカント：『オプス・ポストゥムム』研究序説』，法政大学出版局，2021.12，386p.

第一部 シェリング自然哲学とカント自然哲学／第一章 カントの自然哲学／第二章 化学革命とカント，シェリング／第三章 シェリングの自然哲学／第二部『オプス・ポストゥムム』というラビュリントス／第四章 移行プロジェクトとエーテル演繹／第五章 自然学の可能性／第六章 超越論的観念論と超越論哲学

〈2022〉

秋元康隆『いまを生きるカント倫理学』，集英社，2022.7，238p.

序章 カント倫理学の骨格／第１章 ビジネス倫理／第２章 道徳教育／第３章 生殖・医療倫理／第４章 環境倫理／第５章 AI 倫理／第６章 差別に関わる倫理

太田匡洋『もう一つの19世紀ドイツ哲学史：ポストカントにおける哲学方法論の系譜』，京都大学学術出版会，2022.3，372p.

はじめに「なぜ19世紀ドイツ哲学史が問い直されなければならないのか」／序論「なぜフリースの思想の再構成から始める必要があるのか」／第１章「批判主義の徹底化による哲学方法論の主題化：J. F. フリースの哲学」／第２章「批判主義による哲学方法論に立脚した意志形而上学の展開：ショーペンハウアー哲学の再読」／第３章「批判主義による哲学方法論の継承と発展：フリース学派と新フリース学派の成立と展開」／結語に代えて

河村克俊『カントと十八世紀ドイツ講壇哲学の自由概念』，晃洋書房，2022.3，272p.

第一章 ヴォルフとドイツ講壇哲学の自由概念／はじめに／第一節 ヴォルフとその学派の自由概念／第二節 自由概念の階層的解釈／第三節 クルージウスのテレマトロジーと自由概念／第四節 フェーダー，テーテンスならびにレキシコンにみる自由概念／第二章 前批判期カントの自由概念／はじめに／第一節『新解明』における「自発性」／第二節 一七六〇年代の「自発性」ならびに「選択意志」／第三節『就職論文』とその前後のカントの思索／第四節『就職論文』以降の「自発性」ならびに「選択意志」／第三章 カントの二律背反論と「宇宙論的な自由」の前史／はじめに／第一節 ノルベルト・ヒンスケによる「アンチノミー」解釈／第二節 第三アンチノミー「定立」と「反定立」の背景／第三節 一七七〇年代のメモ書き遺稿にみるカントの二律背反論／第四章『純粋理性批判』での自由概念／はじめに／第一節 第三アンチノミーと因果法則／第二節 自由のアンチノミーの解決

高峯一愚『カント講義』，論争社，2022.5，328p.

まえがき／第１章 哲学者への歩み／第２章 知識の問題／第３章 道徳の問題／第４章 芸術の問題／あとがき

Ⅱ－B：単行本所収論文・章

〈2020〉

城戸　淳　「カントの平和の歴史哲学」，『人文社会科学講演シリーズ11：未来への遺産』，東北大学大学院文学研究科講演・出版企画委員会編，東北大学出版会，2020.3，pp. 83-122.

〈2021〉

網谷壮介　「カントの平等論」，『平等の哲学入門』，新村聡，田上孝一編，社会評論社，2021.1，pp. 86-100.

網谷壮介　「国際法の他者：正戦論と不正な敵」，『法の理論』40，長谷川晃，酒匂一郎，河見誠，中山竜一編，成文堂，2021.12，pp. 25-46.

鵜澤和彦　「直観と概念：カント理論哲学をめぐる現代の論争について」，『批判哲学がめざしたもの』，現代カント研究15，カント研究会，千葉清史，山根雄一郎編，晃洋書房，2021.11，pp. 1-20.

木原　淳　「所有秩序と他者：法的体制への移行要請と自然の目的」，『法の理論』40，長谷川晃，酒匂一郎，河見誠，中山竜一編，成文堂，2021.12，pp. 3-23.

繁田　歩　「カントにおける否定性の問題：欠如の表象可能性をめぐって」，『批判哲学がめざしたもの』，現代カント研究15，カント研究会，千葉清史，山根雄一郎編，晃洋書房，2021.11，pp. 21-40.

嶋崎太一　「カントの『遺稿』「エーテル演繹」における経験の理論」，『批判哲学がめざしたもの』，現代カント研究15，カント研究会，千葉清史，山根雄一郎編，晃洋書房，2021.11，pp. 41-60.

千葉清史　「ア・プリオリな哲学的認識はいかにして可能であるか」，『批判哲学がめざしたもの』，現代カント研究15，カント研究会，千葉清史，山根雄一郎編，晃洋書房，2021.11，pp. 61-80.

山下和也　「カントが描く未来」，『批判哲学がめざしたもの』，現代カント研究15，カント研究会，千葉清史，山根雄一郎編，晃洋書房，2021.11，pp. 81-99.

山根雄一郎「二人の弟子：「ア・プリオリ」をめぐって」，『批判哲学がめざしたもの』，現代カント研究15，カント研究会，千葉清史，山根雄一郎編，晃洋書房，2021.11，pp. 100-119.

〈2022〉

小田部胤久「美的仮象論の成立過程：カントからシラーへ」，『フィクションの哲学：詩学的虚構論と複数世界論のキアスム』，樋笠勝士編，月曜社，2022.3，pp. 212-236.

佐藤慶太　「カントと「誠実さ」の問題」，『哲学的エッセイ集：石川徹先生退職記念誌』，三宅岳史，佐藤慶太編，美巧社，2022.3，pp. 70-82.

山根雄一郎「二一世紀初頭におけるカント受容の一断面：キューン著『カント伝』書評に見る」，『モナドから現存在へ：酒井潔教授退職記念献呈論集』，陶久明日香・長綱啓典・渡辺和典編，工作舎，2022.3，pp. 128-142.

Ⅱ－C：雑誌・紀要掲載論文

〈2020〉

青井興太郎「カント『判断力批判』における移行問題と反省的判断力」，『関西学院哲学研究年報』54，関西学院大学哲学研究室，2020.3，pp. 53-77.

浅利　誠　「『Dの研究』を中心にした柄谷行人論(6)：「世界共和国」と「永遠平和」をめ

ぐるカントの位置づけ」,『三田文学』第3期:99(141),三田文学会,2020.4, pp. 250-263.
網谷壮介 「(理論的には)非実在的だが(実践的には)実在的である政治の理念について」,『法と哲学』6,信山社,2020.5,pp. 101-128.
有吉弘樹 「カントの道徳目的論と政治」,『産大法学』53(03/04),京都産業大学法学会,2020.1,pp. 319-361.
飯泉佑介 「演繹と経験:イェナ時代初期のヘーゲルによるカント受容の一側面」,『哲学雑誌』134(807),哲学会,2020.11,pp. 123-140.
井川義次 「啓蒙期ヨーロッパにおける儒教情報の流入」,『日本カント研究』21,日本カント協会,2020.9,pp. 89.
石川　求 「カントのオデュッセイア」,『東北哲学会年報』36,2020.6,pp. 89-100.
池田全之 「ライプニッツとカントの間で:フンボルトの陶冶論の背景にあったもの」,『近代教育フォーラム』29,教育思想史学会,2020.11,pp. 16-24.
伊藤貴雄 「コンテクストにおけるショーペンハウアー自然哲学:カント・シェリング・フィヒテのアナロジー論と対比しつつ」,『ショーペンハウアー研究』25,日本ショーペンハウアー協会,2020.12,pp. 34-43.
伊野　連 「カント『純粋理性批判』の「無限判断」と「無限」をめぐる誤解:カント,コーヘン,エルトマン」,『東洋大学大学院紀要』56,東洋大学大学院,2020.3, pp. 53-66.
伊野　連 「量子力学と哲学:ハイゼンベルク,プラトン,カント」,『埼玉学園大学紀要:人間学部篇』20,2020.12,pp. 15-28.
植島幹登 「ジンメルの主知主義批判:カント道徳論への批判に定位して」,『哲学世界:別冊』12,早稲田大学大学院文学研究科人文科学専攻哲学コース,2020.2,pp. 29-43.
宇佐美公生 「尊厳概念の形而上学的意味の再検討」,『日本カント研究』21,日本カント協会,2020.9,pp. 51-62.
内田浩明 「カントの『オプス・ポストゥムム』と初期シェリング哲学」,『シェリング年報』28,日本シェリング協会,2020.10,pp. 27-35.
宇野重規 「ポスト・トゥルース時代にカントを考える」,『法と哲学』6,信山社,2020.5, pp. 45-54.
尾崎賛美 「カント自己認識論における自己触発:注意作用に着目して」,『哲学の門:大学院生研究論集』2,日本哲学会,2020.3,pp. 75-89.
笠原賢介 「多声的思考の系譜:レッシング,ヘルダーからカントへ」,『日本カント研究』21,日本カント協会,2020.9,pp. 77-87.
片山光弥 「カントによる空間の関係説批判と幾何学のア・プリオリな応用可能性」,『日本カント研究』21,日本カント協会,2020.9,pp. 1-11.
河村克俊 「カントの二律背反論」,『外国語・外国文化研究』18,関西学院大学法学部外国語研究室,2020.3,pp. 1-72.
河村克俊 「ショーペンハウアーのカント批判:「統覚」と「原因性としての自由」」,『ショーペンハウアー研究』25,日本ショーペンハウアー協会,2020.12,pp. 44-55.
北尾宏之 「カント『道徳形而上学の基礎づけ』の研究(4):第二章の研究(その2)」,『立命館文學』665,立命館大学人文学会,2020.2,pp. 865-875.
北尾宏之 「カント『道徳形而上学の基礎づけ』の研究(5):第二章の研究(その3)」,『立命館文學』669,立命館大学人文学会,2020.9,pp. 60-70.
金　慧 「熱狂と理性:カント哲学における観衆の公共圏の位置づけをめぐって」,『政

治思想研究』20，政治思想学会，2020.5，pp. 119-138.
桐原隆弘　「人間的自然と歴史へのまなざし：ヘルダー言語起源論とカント歴史哲学」，『下関市立大学論集』64(1)，下関市立大学学会，2020.8，pp. 41-50.
桐原隆弘　「ヘルダーの形態学的・経験論的人間観：『人類史の哲学への諸構想』から『純粋理性批判の批判』へ」，『下関市立大学論集』64(2)，2020.9，下関市立大学学会，pp. 85-103.
蔵田伸雄　「人間の尊厳という価値の実在性：センセンによる人間の尊厳概念の理解をめぐって」，『日本カント研究』21，日本カント協会，2020.9，pp. 63-74.
小林信之　「美的なものの概念をめぐって：カントとメルロ=ポンティの思考から」，『現象学年報』36，日本現象学会，2020.11，pp. 85-93.
小森健太朗「カント『視霊者の夢』への新しい視座」，『渾沌：近畿大学大学院総合文化研究科紀要』17，近畿大学大学院総合文化研究科，2020.8，pp. 51-57.
坂本武憲　「カント「自然学の形而上学的諸基礎」を読む(1)：行為規範学は自然学とは独立な学問か」，『専修法学論集』140，専修大学法学会，2020.11，pp. 109-161.
佐々木尽　「「理性の事実」はいかなる問いへの答えだったのか？：カントの「演繹」概念に定位して」，『メタフュシカ』51，大阪大学大学院文学研究科哲学講座，2020.12，pp. 27-40.
佐藤宗大　「「第三項理論」批判：文学教育にカント哲学は何ができるか」，『作大論集』10，作新学院大学，2020.2，pp. 43-54.
繁田　歩　「カントにおける「真とみなすこと」概念」，『哲学』71，日本哲学会，2020.4，pp. 149-159.
嶋崎太一　「カントの教師論」，『HABITUS』24，西日本応用倫理学研究会，2020.3，pp. 17-32.
嶋﨑太一　「カントの『遺稿』における自然と自己認識：第Ⅹ束における「現象の現象」」，『ぷらくしす』21，広島大学応用倫理学プロジェクト研究センター，西日本応用倫理学研究会，2020.3，pp. 15-25.
下城　一　「ヘーゲルの『法哲学』その成立の背景(13)：外編４「カントの論理学・形而上学・存在論」」，『横浜国立大学教育学部紀要：Ⅲ：社会科学』，横浜国立大学教育学部，2020.2，pp. 23-44.
菅沢龍文　「カントにおける「人間性の権利」概念について：カントの『法論』は批判哲学に基づくのか」，『法政大学文学部紀要』80，法政大学文学部，2020.3，pp. 27-46.
杉田孝夫　「二つのカント平和論：朝永三十郎と南原繁」，『思想』1160，岩波書店，2020.12，pp. 16-32.
鈴木崇夫　「現代日本とカントの平和思想」，『清泉女子大学人文科学研究所紀要』41，清泉女子大学，2020.3，pp. 71-100.
鈴木　宏　「平和という理念の実現に向けた道徳教育の哲学的基礎づけ：カントの平和論を手がかりに」，『道徳と教育』338，日本道徳教育学会，2020.3，pp. 3-13.
須田　朗　「ハイデガーとリアリティー問題（その二）：カントとハイデガー」，『人文研紀要』97，中央大学人文科学研究所，2020.9，pp. 193-217.
瀬戸一夫　「カントの諸空間一般(6)：承前」，『成蹊法学』92，成蹊大学法学会，2020.6，pp. 247-273.
高木　駿　「醜さとは何か？『判断力批判』の趣味論に基づいて」，『哲学』71，日本哲学会，2020.4，pp. 172-183.
高木　駿　「カントと「自然の崇高」」，『日本カント研究』21，日本カント協会，2020.9，pp. 13-24.

高木裕貴　「誠実，社交，そして信頼」，『倫理学研究』50，関西倫理学会，2020.6，pp. 72-85.
髙木裕貴　「「美と崇高の感情に関する観察」（1764年）における感情の位置づけ：カント前批判期の道徳哲学に関する一探求」，『実践哲学研究』43，京都倫理学会，2020.12，pp. 1-34.
高田明宜　「「カントの啓蒙」とは何か：カント的啓蒙の再検討」，『社会科学ジャーナル』87，2020.3，pp. 91-108.
高畑祐人　「カントにおける自然美と芸術美」，『中部哲学会年報』51，中部哲学会，2020.10，pp. 107-118.
多賀谷誠　「H・E・アリソンによるカント哲学の再解釈」，『HABITUS』24，西日本応用倫理学研究会，2020.3，pp. 105-121.
但馬　亨　「カント数学思想と自然哲学の相関性」，『津田塾大学数学・計算機科学研究所報』41，津田塾大学数学・計算機科学研究所，2020.3，pp. 110-123.
田端信廣　「「法―権利」概念の演繹におけるフィヒテとカントの相違について」，『倫理学研究』50，関西倫理学会，2020.6，pp. 59-71.
千葉　建　「内的義務の考古学序説：カントの義務論の一源泉としてのヴォルフ学派の義務論」，『倫理学』36，筑波大学倫理学研究会，2020.3，pp. 89-100.
堤林　剣　「カント＝コンスタン虚言論争におけるコンスタンの論理と狙い：「嘘つきは泥棒のはじまり」と「嘘も方便」の間」，『法と哲学』6，信山社，2020.5，pp. 77-100.
中島義道　「カントにおける「嘘」の問題」，『法と哲学』6，信山社，2020.5，pp. 55-76.
永守伸年　「道徳心理学とカントの実践哲学の接点を探る」，『日本カント研究』21，日本カント協会，2020.9，pp. 105-114.
西田雅弘　「カントの形式主義と世界市民主義：「嘘」論文に対する批判を糸口にして」，『下関市立大学論集』64(2)，下関市立大学学会，pp. 105-114.
檜垣良成　「カントと「何であるか」の問い：レアールな述語と綜合的判断」，『哲学・思想論叢』38，筑波大学哲学・思想学会，2020.1，pp. 71-87.
平出喜代恵「大西祝に見られるカント哲学受容のありよう」，『東アジア文化交渉研究』13，関西大学大学院東アジア文化研究科，2020.3，pp. 349-362.
平野明彦　「カントの「啓蒙」に関する一考察：ヤスパース，ポパー，アーレントを中心に」，『国際関係研究』40(2)，日本大学国際関係学部国際関係研究所，2020.2，pp. 1-13.
福田俊章　「カント倫理学における自由と強制：意欲の分析性と命法の正当性根拠」，『比較文化研究』140，日本比較文化学会，2020.7，pp. 121-132.
福地信哉　「「第四誤謬推理」における懐疑論批判について」，『日本カント研究』21，日本カント協会，2020.9，pp. 25-35.
藤永綾乃　「ショーペンハウアーにおける責任と共苦：カントの「叡知的性格」受容を手掛かりに」，『倫理学研究』50，関西倫理学会，2020.6，pp. 86-98.
増山浩人　「世界への接近：カントにおける相互性のカテゴリーの役割」，『ヘーゲル哲学研究』26，日本ヘーゲル学会，2020.12，pp. 86-98.
松本大理　「『人倫の形而上学の基礎づけ』における二つの立場」，『日本カント研究』21，日本カント協会，2020.9，pp. 37-47.
松山壽一　「「移行」プロジェクトと「エーテル演繹」」，『シェリング年報』28，日本シェリング協会，2020.10，pp. 36-45.
水島徳彦，阿部悟郎「スポーツ世界における道徳法則の検討：カント哲学を中心として」，『体育・スポーツ哲学研究』42(1)，日本体育・スポーツ哲学会，2020.9，pp.

33-45.

水島徳彦，阿部悟郎「スポーツ行為者の道徳に関する内的原理の深淵：カント倫理学における「嫌々の念」を手がかりに」，『体育・スポーツ哲学研究』42(2)，日本体育・スポーツ哲学会，2020.11，pp. 65-82.

満井頌城　「カントの趣味のアンチノミーと「趣味の懐疑論的問題」」，『保健医療経営大学紀要』12，保健医療経営大学，2020.3，pp. 45-51.

宮永　孝　「明治期のカント」，『社会志林』67(2)，法政大学社会学部学会，2020.9，pp. 1-160.

宮永　孝　「カントの目に映じた日本」，『社会志林』67(3)，法政大学社会学部学会，2020.12，pp. 1-54.

宮村悠介　「カント哲学の人間学的還元：G・クリューガーのカント解釈」，『愛知教育大学研究報告：人文・社会科学編』69，愛知教育大学，2020.3，pp. 57-64.

村上吉男　「ヴェーユ感受性研究(10)：カントにみる感性とは何か（その５）」，『欧米の言語・社会・文化』26，新潟大学大学院現代社会文化研究科「欧米の言語・社会・文化の総合的研究」プロジェクト班，2020.3，pp. 77-102.

山口　匡　「カントの実例概念に関する教育学的試論：その両義性をめぐって」，『愛知教育大学研究報告：教育科学編』69，愛知教育大学，2020.3，pp. 85-92.

山根秀介　「シャルル・ルヌヴィエの反カント主義とウィリアム・ジェイムズ」，『フランス哲学・思想研究』25，日仏哲学会，2020.9，pp. 14-26.

八木　緑　「カントにおける反省的判断力と実践」，『人文論究』70(2)，関西学院大学人文学会，2020.9，pp. 31-46.

柳田詩織　「カントにおけるたましいの不死性の問題」，『倫理学紀要』27，東京大学大学院人文社会系研究科・文学部倫理学研究室，2020.3，pp. 1-24.

山蔦真之　「和辻の「個人」論：カント，ヘーゲルとの比較を中心に」，『倫理学年報』69，日本倫理学会，2020.3，pp. 19-29.

山根雄一郎「キューンとオンナッシュ：90年代カントの思索への視座」，『大東文化大学紀要：人文科学』58，大東文化大学，2020.3，pp. 1-7.

湯浅正彦　「カントとデイヴィドソン：近堂秀『『純粋理性批判』の言語分析哲学的解釈：カントにおける知の非還元主義』を手がかりに」，『立正大学文学部論叢』143，立正大学文学部，2020.3，pp. 29-48.

渡邉浩一　「魂と認識論：カントの心理学をめぐって」，『日本カント研究』21，日本カント協会，2020.9，pp. 93-103.

渡邉倬郎　「カント哲学における「判断力」の視座から「気候変動（地球温暖化）」を考える：「反省的判断力」は，「自然の合目的性」の理念を学的追究の「手引き」とする」，『哲学と教育』67，愛知教育大学哲学会，2020.6，pp. 57-83.

〈2021〉

石川伸子　「「治者」足る責任主体をめぐる一考察：Ｉ．カントとM. ヴェバーの思考を素材に」，『学習院大学大学院政治学研究科政治学論集』34，学習院大学大学院政治学研究科，2021.12，pp. 1-96.

石黒義昭　「『純粋理性批判』における感性と想像力：神経科学を参考に」，『研究紀要』2021年度版，奈良芸術短期大学，2021.12，pp. 58-74.

石田京子　「カントにおける市民の有徳さと国家」，『日本カント研究』22，日本カント協会，2021.7，pp. 67-79.

伊藤貴雄，川口雄一「序：新カント派価値哲学とその受容史：近代日本における価値哲学者の群像(1)」，『東洋学術研究』60(1)，東洋哲学研究所，2021.5，pp. 78-87.

伊藤貴雄　「序：新カント派価値哲学とその受容史(二)：近代日本における価値哲学者の群像(2)」，『東洋学術研究』60(2)，東洋哲学研究所，2021.11，pp. 75-76.
伊野　連　「相対論・量子力学による物理学革命と哲学的図式論：マッハ，アインシュタイン，カント」，『東洋大学大学院紀要』57，東洋大学大学院，2021.3，pp. 49-62.
宇佐美公生「情動の道徳理論とカントの「情動」理解」，『岩手大学文化論叢』10，岩手大学教育学部社会科教育科，2021.2，pp. 27-41.
内田浩明　「批判と体系：カント哲学と初期ドイツ観念論」，『日本カント研究』22，日本カント協会，2021.7，pp. 96-105.
大橋容一郎「近代日本における論理学移入とカント哲学」，『日本カント研究』22，日本カント協会，2021.7，pp. 39-50.
大橋容一郎「明治前期における論理学の位相：西周，清野勉とカント論理学」，『思想』1170，岩波書店，2021.10，pp. 54-69.
小川　侃　「キラリティの起源と生活世界における右と左の方向の意味：「カントの問題」のために」，『人間存在論』27，京都大学大学院人間・環境学研究科『人間存在論』刊行会，2021.7，pp. 35-43.
尾崎賛美　「カント『オプス・ポストゥムム』における自己定立論の再検討」，『哲学』2021(72)，日本哲学会，2021.4，pp. 103-114.
尾崎賛美　「フィヒテの自己定立論とカントの自己意識論」，『早稲田大学総合人文科学研究センター研究誌：WASEDA RILAS JOURNAL』9，早稲田大学総合人文科学研究センター，2021.10，pp. 21-31.
笠井　哲　「カント『形而上学講義』における神の存在の道徳的証明について」，『研究紀要』61，福島工業高等専門学校，2021.3，pp. 93-101.
片山光弥　「カントにおける存在論的デフレ主義：ニュートン的絶対空間説に対する批判の意義」，『東京大学大学院人文社会系研究科・文学部哲学研究室論集』39，東京大学大学院人文社会系研究科哲学研究室，2021.3，pp. 73-86.
勝西良典　「カントと affectio：キリスト教思想の伝統を補助線としたカントの受動性問題の解釈(2)」，『紀要』20，藤女子大学キリスト教文化研究所，2021.3，pp. 1-17.
川上英明　「他者の人格の手段化に抗する道徳教育：森昭によるカント解釈の特質と「種の論理」受容の問題」，『研究室紀要』47，東京大学大学院教育学研究科基礎教育学研究室，2021.7，pp. 53-63.
河村克俊　「『純粋理性批判』における「力学的アンチノミー」」，『言語と文化』24，関西学院大学言語教育研究センター紀要委員会，2021.3，pp. 81-99.
北尾宏之　「カント『道徳形而上学の基礎づけ』の研究(6)：第三章の研究」，『立命館文學』676，立命館大学人文学会，2021.12，pp. 427-440.
城戸　淳　「カントの共通感覚論：共同性の感情的基礎のために」，『エモーション・スタディーズ』6，日本感情心理学会，2021.3，pp. 13-21.
桐原隆弘　「「法の支配」と「人の支配」：カントにおける「法則」理解とその批判を手掛かりに（上）」，『下関市立大学論集』65(1)，下関市立大学学会，2021.8，pp. 47-59.
桐原隆弘　「「法の支配」と「人の支配」：カントにおける「法則」理解とその批判を手掛かりに（下）」，『下関市立大学論集』65(2)，下関市立大学学会，2021.12，pp. 119-131.
九鬼一人　「真理の宛て先：新カント学派とスピノザ」，『スピノザーナ』17，スピノザ協会：学樹書院，2021.9，pp. 19-34.
久呉高之　「カントの「純粋」をめぐる「誤解」について：超越論哲学の特有性と理念」，

『哲学誌』63，東京都立大学哲学会，2021.3，pp. 1-27.

熊谷英人　「政体論の発見：フィヒテはカントの『永遠平和論』をどう読んだか」，『フィヒテ研究』29，フィヒテ研究編集委員会：日本フィヒテ協会：晃洋書房，2021.11，pp. 22-31.

小林信之　「感覚の共有可能性と個別性：カント『判断力批判』再考」，『美学』72(2)，美学会，2021.12，pp. 1-11.

齋藤拓也　「普遍性と党派性：カントが思考様式について語るとき」，『日本カント研究』22，日本カント協会，2021.7，pp. 53-65.

坂本武憲　「カント「自然学の形而上学的諸基礎」を読む(2)・(完)：行為規範学は自然学とは独立な学問か」，『専修法学論集』141，専修大学法学会，2021.3，pp. 52-123.

坂本武憲　「概説・ベルクソンの形而上学(1)：カント形而上学との関係性を基本視座として」，『専修法学論集』142，専修大学法学会，2021.7，pp. 51-115.

坂本武憲　「概説・ベルクソンの形而上学(2)：カント形而上学との関係性を基本視座として」，『専修法学論集』143，専修大学法学会，2021.11，pp. 115-183.

相楽　勉　「ハイデガーと和辻哲郎にとってのカント」，『国際哲学研究』別冊14，東洋大学国際哲学研究センター，2021.3，pp. 67-79.

佐々木尽　「コミュニケーションか良心か：ヒューム，スミス，カントから」，『待兼山論叢』55，大阪大学大学院文学研究科，2021.12，pp. 39-55.

佐藤　仁　「カント「永遠平和のために」から見る自律型殺傷兵器（LAWS）」，『社会デザイン学会学会誌』12，社会デザイン学会，2021.3，pp. 84-93.

佐藤宗大　「近世哲学の見地からのヘルバルト再評価の試み：カント主義者としてのヘルバルト」，『教育学研究紀要』66(1)，中国四国教育学会，2021.3，pp. 19-24.

佐藤宗大　「カント的「主体」概念による国語教育の再構築：文学の「力」を引き出す「物自体」に出会うために」，『日本文学』70(11)，日本文学協会，2021.11，pp. 36-49.

澤田義文　「カント『純粋理性批判』アンチノミー論第9節の帰責論」，『思索』54，東北大学哲学研究会，2021.12，pp. 75-97.

繁田　歩　「存在の概念をめぐるカントとクルージウスの対決」，『早稲田大学総合人文科学研究センター研究誌：WASEDA RILAS JOURNAL』9，早稲田大学総合人文科学研究センター，2021.10，pp. 77-89.

柴田　克　「君津学園建学の精神「真心教育」の一考察：日本の道徳教育とカント・ヘーゲル・孔子・孟子の思想を手がかりに」，『清和大学短期大学部紀要』50，清和大学短期大学部，2021.1，pp. 1-25.

嶋﨑太一　「カント『遺稿』における philosophia naturalis と scientia naturalis について」，『HABITUS』25，西日本応用倫理学研究会，2021.3，pp. 34-50.

杉田孝夫　「「カント『永遠平和のために』論評」の意味とコンテクスト」，『フィヒテ研究』29，フィヒテ研究編集委員会：日本フィヒテ協会：晃洋書房，2021.11，pp. 2-11.

須田　朗　「超越の哲学：カントとハイデガー」，『人文研紀要』100，中央大学人文科学研究所，2021.9，pp. 1-31.

関口光春　「エルンスト・マッハとカントの『プロレゴメナ』」，『東洋大学大学院紀要』57，東洋大学大学院，2021.3，pp. 21-34.

高木　駿　「カントと公的空間：趣味の多元主義からのアプローチ」，『江戸川大学紀要』31，江戸川大学，2021.3，pp. 311-320.

髙木裕貴　「カント社交論における遊びとしての談話と議論」，『アルケー：関西哲学会年

報』29，関西哲学会，2021.7，pp. 41-51.
高田明宜　「I・カントの革命について：自由のための行為としての近代革命」，『社会科学ジャーナル』88，国際基督教大学，2021.3，pp. 25-45.
高橋洋城　「カント『法論』は何を語るのか：近年の研究書に見るカント法・政治哲学研究の現在地」，『法哲学年報』2020，日本法哲学会，2021.10，pp. 122-131.
髙宮正貴　「「間柄」と「尊敬」の倫理学：和辻哲郎とカントから見る道徳の内容項目」，『近代教育フォーラム』30，教育思想史学会，2021.9，pp. 50-55.
瀧川裕英　「カントと「正しい植民地」」，『法の理論』40，長谷川晃，酒匂一郎，河見誠，中山竜一編，成文堂，2021.12，pp. 47-77.
竹山重光　「友よ，友なんて，いない．カント理解のためのノート」，『紀要』50，和歌山県立医科大学，2021.3，pp. 15-53.
田中綾乃　「「生の促進」としての演劇：カント美学を手がかりに」，『人文論叢：三重大学人文学部文化学科研究紀要』38，三重大学人文学部文化学科，2021.3，pp. 17-24.
田村一郎　「カントの思想形成へのルソーとヒュームの影響の見直し」，『理想』705，理想社，2021.2，pp. 30-43.
千葉　建　「カント倫理学における徳と感情：シラー『優美と尊厳について』のカント批判への応答」，『倫理学』37，筑波大学倫理学研究会，2021.3，pp. 63-79.
塚野慧星　「人間学者としてのカント：近代教育批判を問い直す」，『飛梅論集』21，九州大学大学院人間環境学府教育システム専攻教育学コース，2021.3，pp. 17-30.
津田栞里　「実体化された現象（phaenomenon substantiatum）とは何か：実体的なもの（substantiale）による再構成の試み」，『日本カント研究』22，日本カント協会，2021.7，pp. 1-11.
デュフルモン，エディ「新カント主義の先駆者としての中江兆民：「理義」から見た1880年代における兆民の自由論と孟子，カント，ルソーとアレクサンダー・ベイン」，『日本漢文学研究』16，二松学舎大学東アジア学術総合研究所日本漢学研究センター，2021.3，pp. 152-111.
寺崎賢一　「正論を逆手にとったいじめには「カント道徳」の処方を」，『月刊生徒指導』51(1)，学事出版，2021.1，pp. 22-26.
寺田俊郎　「フィヒテ「カントの『永遠平和のために』論評」を読む」，『フィヒテ研究』29，フィヒテ研究編集委員会：日本フィヒテ協会：晃洋書房，2021.11，pp. 12-21.
林　克樹　「カントにおける「目的自体」：批判的形而上学に属する概念」，『人文學』207，同志社大学人文学会，2021.3，pp. 1-21.
檜垣良成　「意志の自由とは何か：カントにおける絶対的自発性と純粋理性による規定」，『哲学・思想論集』46，筑波大学大学院人文社会科学研究科哲学・思想専攻，2021.3，pp. 186-173.
福田俊章　「カント倫理学における理性的行為者と「目的の意欲」：意欲の分析性と仮言命法の可能性」，『比較文化研究』144，日本比較文化学会，2021.8，pp. 155-166.
牧野英二　「大学史の一側面：法政大学の教授陣と「カント・コレクション」」，『HOSEI ミュージアム紀要』1，HOSEI ミュージアム，2021.3，pp. 7-22.
松岡玲子　「「有」の悲しみ：カントの共通感覚について」，『理想』705，理想社，2021.2，pp. 44-56.
道下拓哉　「カント批判哲学と超越論的反省：生成史の観点から」，『哲学世界』43，早稲田大学大学院文学研究科人文科学専攻哲学コース，2021.2，pp. 113-128.
満井頌城　「超越論的自由と超越論的対象」，『保健医療経営大学紀要』13，保健医療経営

大学，2021.3，pp. 21-28.
村上吉男　「ヴェーユ感受性研究⑾：カントにみる感性とは何か（その６）」，『欧米の言語・社会・文化』27，新潟大学大学院現代社会文化研究科「欧米の言語・社会・文化の総合的研究」プロジェクト班，2021.3，pp. 37-164.
村山保史　「井上円了とカント」，『国際井上円了研究』8，国際井上円了学会，2021.4，pp. 187-210.
森　良太　「カントと「義認」の問題」，『宗教哲学研究』38，宗教哲学会，2021.3，pp. 61-73.
八木　緑　「理性批判の非歴史性を再考する：「非歴史的カント主義」と「歴史的ヘーゲル主義」の対立について」，『関西学院哲学研究年報』55，関西学院大学哲学研究室，2021.3，pp. 33-49.
柳橋　晃　「教師の実践の自律性を拡大するために：カントの教師論を手がかりにして」，『教育』900，教育科学研究会，2021.1，pp. 83-89.
柳橋　晃　「カントの道徳哲学と道徳教育思想における実例の位置づけ」，『道徳と教育』66(340)，日本道徳教育学会，2021.3，pp. 3-13.
山口修二　「カントにおける美的経験の意味について」，『玉川大学リベラルアーツ学部研究紀要』14，玉川大学，2021.3，pp. 51-58.
湯浅正彦　「カントの幾何学論について：その再構成的な擁護の一つの試み」，『立正大学文学部研究紀要』37，立正大学文学部，2021.3，pp. 1-47.
横井祐哉　「無限に回帰する過程としての普遍的啓蒙概念：カントの啓蒙概念と「大学生の生徒化問題」に着目して」，『上智教育学研究』34，上智大学教育学研究会，pp. 17-30.
横地徳広　「カント主義者クラウゼヴィッツ」，『人文社会科学論叢』10，弘前大学人文社会科学部，2021.2，pp. L1-L34.
脇坂真弥　「未遂の道徳：カントの道徳哲学と人間の自由の問題」，『現代思想』49(9)，青土社，2021.8，pp. 138-142.
渡辺浩太　「カントと動機付け論争」，『哲学世界：別冊』13，早稲田大学大学院文学研究科人文科学専攻哲学コース，2021.2，pp. 13-26.

〈2022〉
伊藤貴雄　「序：新カント派価値哲学とその受容史（三）：近代日本における価値哲学者の群像⑶」，『東洋学術研究』61(1)，東洋哲学研究所，2022.5，pp. 260-261.
伊藤貴雄　「序：新カント派価値哲学とその受容史（四）：近代日本における価値哲学者の群像⑷」，『東洋学術研究』61(2)，東洋哲学研究所，2022.11，pp. 241-242.
犬竹正幸　「空間論から見たカント批判哲学への道」，『拓殖大学論集：人文・自然・人間科学研究』47，拓殖大学人文科学研究所，2022.3，pp. 1-28.
伊野　連　「カントをめぐる物理学者と哲学者の討論，およびヤスパースによるハムレットと不可知論についての序説」，『開智国際大学紀要』21(2)，開智国際大学，2022.3，pp. 127-137.
榎本庸男　「カントにおける美のエレメントとオーナメント」，『人文論究』72(1)，関西学院大学人文学会，2022.5，pp. 47-62.
大橋容一郎「カントのカテゴリー論について」，『哲学科紀要』48，上智大学哲学科，2022.3，pp. 1-36.
大橋容一郎「カント哲学に見る論理の多様性」，『哲学論集』51，上智大学哲学会，2022.10，pp. 55-71.
大森一三　「世界市民的教育の理念と啓蒙の課題の解明の試み：ルソーとカントにみるグ

ローバル・シティズンシップ教育の理念の考察」,『法政大学文学部紀要』84, 法政大学文学部, 2022.3, pp. 61-70.

大森一三　「徳への問いと批判哲学の射程：カントの世界市民的な徳の教育」,『日本カント研究』23, 日本カント協会, 2022.9, pp. 114-126.

大森一三　「ディルタイのカント倫理学批判再考：ディルタイ倫理学の徳倫理学的解釈の試み」,『ディルタイ研究』33, 2022.11, pp. 59-79.

岡崎佑香　「婚姻をめぐる女性の分断：カントとフィヒテにおける内縁」,『Scientia：Journal of Modern Western Philosophy』2, 京都大学大学院文学研究科西洋近世哲学史研究室, 2022.3, pp. 8-29.

岡崎　龍　「ヘーゲル『精神現象学』における教団内の対立：カント, シュライアマハーとの比較を通じて」,『倫理学年報』71, 日本倫理学会, 2022.5, pp. 129-143.

尾崎賛美　「カントにおける自己認識論：自己意識論との連関から」,『日本カント研究』23, 日本カント協会, 2022.9, pp. 1-13.

片山光弥　「直観はいかなる意味で概念に依存するのか：『純粋理性批判』演繹論における直観の理論について」,『東京大学大学院人文社会系研究科・文学部哲学研究室論集』40, 東京大学大学院人文社会系研究科哲学研究室, 2022.3, pp. 63-76.

片山光弥　「カントにおける規則としての数概念と算術的判断の総合性」,『日本カント研究』23, 日本カント協会, 2022.9, pp. 14-24.

城戸　淳　「観念論論駁におけるカントのデカルト批判」,『思索』, 東北大学哲学研究会, 2022.11, pp. 1-26.

木村勝彦　「道徳的人格形成と教育：カントとヤスパースをめぐってⅠ」,『長崎国際大学論叢』22, 長崎国際大学研究センター, 2022.3, pp. 1-10.

木村勝彦　「道徳的人格形成と教育：カントとヤスパースをめぐってⅡ」,『長崎国際大学論叢』22, 長崎国際大学研究センター, 2022.3, pp. 11-20.

桐原隆弘　「財産の徳：アリストテレスとカントの徳論の社会経済的背景と「中庸」説の再構成」,『下関市立大学論集』66(1), 下関市立大学学会, 2022.8, pp. 35-47.

櫛桁（横井）祐哉「「抵抗」概念から見るカント教育学：「訓育」論を超えた「抵抗」論」,『教育哲学研究』126, 教育哲学会, 2022.11, pp. 1-19.

桑原俊介　「批判期カントの構想力概念再考：心理学, 超越論, 天才論の系譜から」,『フィヒテ研究』30, 日本フィヒテ協会, 晃洋書房, 2022.11, pp. 23-38.

五郎丸仁美「性淘汰説を「ダーウィン美学」として読む：カント美学と照らし合わせて」,『人文科学研究：キリスト教と文化』54, 国際基督教大学, 2022.12, pp. 1-32.

近堂　秀　「直観と判断力：ニーチェからカントへ」,『言語と文化』19, 法政大学言語・文化センター, 2022.1, pp. 167-178.

齊藤万丈　「カント『天界の一般自然史と理論』と「逆ニュートン主義」：自然史をめぐるメタ科学史的考察（その１）」,『地質学史懇話会会報』58, 地質学史懇話会, 2022.7, pp. 30-36.

齊藤万丈　「カント『天界の一般自然史と理論』と「逆ニュートン主義」：自然史をめぐるメタ科学史的考察（その２）」,『地質学史懇話会会報』58, 地質学史懇話会, 2022.7, pp. 37-42.

坂本武憲　「概説・ベルクソンの形而上学(3)：カント形而上学との関係性を基本視座として」,『専修法学論集』144, 専修大学法学会, 2022.3, pp. 109-173.

坂本武憲　「概説・ベルクソンの形而上学(4)：カント形而上学との関係性を基本視座として」,『専修法学論集』145, 専修大学法学会, 2022.7, pp. 139-211.

坂本武憲　「概説・ベルクソンの形而上学(5)：カント形而上学との関係性を基本視座として」,『専修法学論集』146, 専修大学法学会, 2022.11, pp. 87-159.

櫻井真文　「批判期カントにおける選択意志の二重構造」,『アルケー』30, 関西哲学会, 2022.6, pp. 30-41.
佐藤慶太　「『純粋理性批判』における「哲学すること」」,『哲学』73, 日本哲学会, 2022.4, pp. 271-286.
佐藤恒徳　「カントとケーニヒスベルクのアリストテレス主義：宗教改革以降のアリストテレス主義の消息」,『日本カント研究』23, 日本カント協会, 2022.9, pp. 128-139.
重松順二　「「誤謬推理」章における自己意識について」,『日本カント研究』23, 日本カント協会, 2022.9, pp. 25-37.
重本直利　「生産様式論から交換様式論へ：柄谷行人の「カントとマルクスのトランスクリティーク」の検討」,『龍谷大学経営学論集』61(2), 龍谷大学経営学会, 2022.5, pp. 75-91.
芝崎厚士　「近代日本における新カント学派受容史研究の対象と方法（上）」,『東洋学術研究』61, 東洋哲学研究所, 2022.11, pp. 243-257.
嶋崎太一　「18世紀ドイツにおけるニュートンの運動法則Ⅱの受容」,『長野工業高等専門学校紀要』56, 長野工業高等専門学校, 2022.6, pp. 1-19.
嶋崎太一　「物質は運動力に本質的なものか：『自然科学の形而上学的原理』におけるカントのニュートン批判」,『日本カント研究』23, 日本カント協会, 2022.9, pp. 38-49.
清水　颯　「完全性と義務づけ：18世紀ドイツ倫理思想の一側面」,『研究論集』21, 北海道大学大学院文学院, 2022.1, pp. 237-251.
下城　一　「ヘーゲルの『法哲学』：その成立の背景⒁：外編５：カント『可感界と可想界の形式と原理』」,『横浜国立大学教育学部紀要：Ⅲ：社会科学』5, 横浜国立大学教育学部, 2022.2, pp. 60-84.
菅沢龍文　「カントとケーニヒスベルク大学：アリストテレス主義の観点で」,『日本カント研究』23, 日本カント協会, 2022.9, pp. 140-151.
杉本俊介　「カントと Why be moral? 問題：北尾宏之先生の著作に基づいて」,『立命館文學』680, 立命館大学人文学会, 2022.12, pp. 437-448.
鈴木伸国　「人間, 理性, ロゴスを問う：カント哲学からの視座」,『哲学論集』51, 上智大学哲学会, 2022.10, pp. 49-53.
鈴木　宏　「道徳科の内容項目「個性の伸長」の哲学的基礎づけ：カントの義務論を手がかりに」,『上智大学教育学論集』56, 上智大学総合人間科学部教育学科, 2022.3, pp. 1-13.
高木　駿　「カント美学における醜さ：イギリス式庭園とグロテスクさ」,『基盤教育センター紀要』38, 北九州市立大学, 2022.3, pp. 1-15.
高木　駿　「隠された美の家父長制：ジェンダーに基づくカント美学批判」,『日本カント研究』23, 日本カント協会, 2022.9, pp. 153-164.
高木　駿　「カントと趣味のエリート主義」,『基盤教育センター紀要』39, 北九州市立大学, 2022.12, pp. 33-47.
髙木裕貴　「カント『道徳形而上学の基礎づけ』における定言命法の諸定式と道徳形而上学」,『立命館文學』680, 立命館大学人文学会, 2022.12, pp. 459-473.
髙木裕貴　「カント『道徳形而上学の基礎づけ』第二章の方法論：北尾［2008］の批判的検討を中心として」,『実践哲学研究』45, 京都倫理学会, 2022.11, pp. 1-27.
高田　純　「カントにおける国際国家と国家連盟」,『政治哲学』32, レオ・シュトラウス政治哲学研究会, 2022.11, pp. 61-73.
橋　　柃　「自由と自在：自然と自然（じねん）：カント『判断力批判』と道元『正法眼

蔵』の自然観」,『比較思想研究』48, 比較思想学会, 2022.3, pp. 133-137.
千葉　建　「カントの『道徳の形而上学』における徳理論の構造」,『日本カント研究』23, 日本カント協会, 2022.9, pp. 101-113.
塚野慧星　「道徳教育の教材を「秩序ある未確定の場」として捉える視点：カントの『実用的見地における人間学』から得られる示唆をもとに」,『教育学研究』89(2), 日本教育学会機関誌編集委員会, 2022.6, pp. 195-206.
土橋茂樹　「カントの徳理論と徳倫理学の諸相」,『日本カント研究』23, 日本カント協会, 2022.9, pp. 89-100.
土屋　創　「カントにおける「二重の固有性」の問題」,『研究室紀要』48, 東京大学大学院教育学研究科基礎教育学研究室, 2022.7, pp. 81-89.
寺田俊郎　「多様な人々の自由が共存する体制：イマヌエル・カントの憲法論」,『現代思想』50(3), 青土社, 2022.3, pp. 164-173.
冨田恭彦　「詩としての哲学：ローティ, カント, ハイデガー」,『Heidegger Forum』16, Heidegger Forum, 2022.5, pp. 1-13.
豊田　剛　「カント「尊厳」論の構造と意義」,『季報唯物論研究』154, 季報「唯物論研究」刊行会, 2021.2, pp. 48-58.
中沢　哲　「定言的命法：カントの道徳指導の基礎」,『龍谷大学教育学会紀要』21, 龍谷大学教育学会紀要編集委員会, 2022.3, pp. 1-12.
中野愛理　「カントの倫理的公共体概念を構成する三要素」,『哲學』149, 三田哲學會, 2022.3, pp. 57-83.
根無一行　「希望なき祈りとカントの「信」:『純粋理性批判』「規準論」から」,『龍谷大学社会学部紀要』62, 龍谷大学社会学部学会, 2022.11, pp. 140-153.
浜田郷史　「カントの競争的人間観」,『哲学論集』51, 上智大学哲学会, 2022.10, pp. 87-107.
浜田郷史　「『純粋理性批判』第二類推における因果関係の推論について：純粋理性のエピジェネシス」,『埼玉学園大学紀要：人間学部篇』22, 埼玉学園大学, 2022.12, pp. 15-27.
林　克樹　「カントにおける「自己自身に対する義務」: 慮への問い」,『文化學年報：庭田茂吉先生・山田史郎先生退職記念論文集』71, 同志社大学文化学会, 2022.3, pp. 1-24.
檜垣良成　「カントの「確信」概念：真とみなすことと理性信仰」,『哲学・思想論集』47, 筑波大学大学院人文社会科学研究科哲学・思想専攻, 2022.3, pp. 164(1)-152(13).
福田俊章　「行為をめぐる2つの問い：カント倫理学における「どの行為をなすべきか」と「いかに行為をなすべきか」」,『比較文化研究』148, 2022.7, 日本比較文化学会, pp. 97-107.
福谷　茂　「カントへの私の道」,『創価教育』15, 創価大学創価教育研究所, 2022.3, pp. 77-90.
藤井基貴　「哲学的大学像の再考：デカルト, カント, サクラエビ」,『近代教育フォーラム』31, 教育思想史学会, 2022.9, pp. 73-80.
堀永哲史　「ヘーゲル判断論における思考と存在との同一性としての真理：カントの超越論的真理との比較」,『Scientia：Journal of Modern Western Philosophy』2, 京都大学大学院文学研究科西洋近世哲学史研究室, 2022.3, pp. 49-77.
本田　稔　「新カント主義刑法思想と日本法理運動：小野清一郎の法理学はいかにして「敗北」したか」,『立命館法学』399/400, 立命館大学法学会, 2022.3, pp. 809-824.

松本和彦　「カントの批判哲学における『法論の形而上学的基礎論』の位置づけ：J・ペーターゼンの所論を中心にして」，『北陸大学紀要』52，北陸大学，2022.3，pp. 53-114.

松本長彦　「純粋理性の第一及び第二誤謬推理について：『純粋理性批判』第一版に従って』，『愛媛大学法文学部論集：人文学編』52，愛媛大学法文学部，2022.2，pp. 1-17.

御子柴善之「義務と責任との相補関係：カントの「拘束力」概念を手がかりとして」，『哲学世界』44，早稲田大学大学院文学研究科人文科学専攻哲学コース，2022.2，pp. 1-12.

水島徳彦，阿部悟郎「競技スポーツにおける道徳的所与と競争概念に関する検討：カント倫理学とA・コーンの競争論議を中心として」，『体育哲学年報』52，日本体育学会体育哲学専門領域運営委員会，2022.3，pp. 13-18.

道下拓哉　「カントの「比較」論」，『フィロソフィア』110，早稲田大学哲学会，2022.3，pp. 63-84.

村上吉男　「ヴェーユ感受性研究⑿：ヴェーユとカント」，『欧米の言語・社会・文化』28，新潟大学大学院現代社会文化研究科「欧米の言語・社会・文化の総合的研究」プロジェクト班，2022.3，pp. 27-45.

森　良太　「カントの「弁神論」は成功したのか：「ヨブ記」解釈を手がかりに」，『哲学論集』51，上智大学哲学会，2022.10，pp. 123-139.

ヤオ，シャオトン「全体主義下の生得的権利の不在について：カントの生得的権利からアーレントの全体主義論を考察する」，『若手研究者フォーラム要旨集』6，大阪大学大学院人文学研究科，2022.9，pp. 43-46.

八木　緑　「アーレントの反省的判断力解釈と自律の問題」，『日本カント研究』23，日本カント協会，2022.9，pp. 50-61.

栁田詩織　「カント倫理学に対する形式主義批判の再考」，『倫理学年報』71，日本倫理学会，2022.5，pp. 115-128.

柳瀬大輝　「「存在のゼロ」：後期メルロ＝ポンティにおける否定的なもののカント的意味」，『フランス哲学・思想研究』27，日仏哲学会，2022.9，pp. 203-214.

柳橋　晃　「カントにおける訓練と徳の仮象」，『研究室紀要』48，東京大学大学院教育学研究科基礎教育学研究室，2022.7，pp. 127-136.

山下　巧　「カントの超越論的感性論における空間と時間」，『哲学会誌』46，学習院大学哲学会，2022.5，pp. 101-118.

山蔦真之　「ヘーゲルのカント批判を再考する：美と理念」，『日本カント研究』23，日本カント協会，2022.9，pp. 165-175.

湯浅正彦　「「純粋直観」としての「空間」：「カントの幾何学論について」補論」，『立正大学文学部論叢』145，立正大学文学部，2020.3，pp. 1-15.

義積弘幸　「カント「啓蒙とは何か」を読む：自分で考えることの勧め」，『季報：唯物論研究』159，季報：唯物論研究刊行会編，2022.5，pp. 148-151.

義積弘幸　「カント「万物の終り」覚書」，『季報：唯物論研究』160，季報：唯物論研究刊行会編，2022.8，pp. 135-139.

米田　恵　「カントの自立命題における誤謬とその帰結について」，『アルケー：関西哲学会年報』30，関西哲学会，2022.6，pp. 55-66.

米田　恵　「「内的法義務」および「生得的権利」から見る法と道徳の関係について」，『日本カント研究』23，日本カント協会，2022.9，pp. 62-73.

李　明哲　「批判期カント有機体論についての試論：ライプニッツとの関連から」，『愛知：φιλοσοφια』32，神戸大学哲学懇話会，2022.3，pp. 77-93.

李　明哲　「カント人種論における合目的的体系：批判哲学との関連」，『哲学』2022(73)，日本哲学会，2022.4，pp.391-407.

李　明哲　「自然地理学と実用的人間学の連続性／非連続性：カント哲学における人種概念をめぐって」，『日本カント研究』23，日本カント協会，2022.9，pp.74-87.

渡邉偉郎　「再検討：「カント『純粋理性批判』書き換え問題」を「二重の視点」で再考する：鈴木千晶氏の論文「カント倫理学における道徳感情について：イギリス道徳感情論学派と比較して」の手法を導きの糸として」，『哲学と教育』69，愛知教育大学哲学会，2022.3，pp.37-55.

Ⅱ―ａ：翻訳（単行本）

〈2020〉

オニール，オノラ（加藤泰史監訳，高畑祐人，城戸淳，宇佐美公生，高木駿，中澤武，木場智之，上野大樹，柳橋晃，津田栞里，馬渕浩二訳）『理性の構成：カント実践哲学の探究』，法政大学出版局，2020.11，494p.

序文／第Ⅰ部　理性と批判／第１章　カントの企てにおける理性と政治／第２章　理性の公共的使用／第３章『基礎づけ』第三章における理性と自律／第４章　行為，人間学，自律／第Ⅱ部　格率と義務／第５章　行為における一貫性／第６章　合意する大人の関係／第７章　普遍的法則と目的それ自体／第８章　美徳なき時代におけるカント／第Ⅲ部　カントの倫理学とカント主義的倫理学／第９章　実例の力／第10章　子どもたちの権利と生活／第11章　倫理学における構成主義／第12章　正義と慈愛という偉大な原理／オニールとカント，あるいはオニールのカント：監訳者「後書き」に代えて

ヘッフェ，オトフリート（品川哲彦，竹山重光，平出喜代恵訳），『自由の哲学：カントの実践理性批判』，法政大学出版局，2020.6，554p.

第一部　四つの駆動力／第一章　啓蒙／第二章　批判／第三章　道徳／第四章　世界市民主義／第二部　カントによる道徳哲学の革命／第五章　実践哲学としての倫理学／第六章　幸福の原理にたいする批判／第七章　新たな法式：定言命法／第八章　意志の自由と理性の事実／第三部　カントの挑発／第九章　挑発一：最高善とは／第一〇章　挑発二：義務と傾向性とは対立するのか／第一一章　挑発三：道徳の「形而上学」とは／第一二章　展望／第四部　政治哲学／第一三章　法に関する定言的な命法／第一四章　生得の権利／第一五章　カントによる平和の正義論／第五部　歴史／第一六章　世界市民の歴史哲学／第一七章　永遠平和を保証するために／第一八章　カント以後の，もしくはカントに協調する歴史哲学／第六部　宗教／第一九章　宗教にたいする理性の限界／第二〇章　哲学的聖書解釈学／第二一章　悪について：悪意について／第七部　展望／第二二章　教育の目的：陶冶，市民化，道徳化／第二三章　究極目的としての道徳的存在者である人間

リオタール，ジャン＝フランソワ（星野太訳）『崇高の分析論：カント『判断力批判』についての講義録』，法政大学出版局，2020.12，376p.

第一章　美感的反省／第二章　崇高と趣味の比較／第三章　崇高のカテゴリー的検証／第四章　数学的総合としての崇高／第五章　力学的総合としての崇高／第六章　異質性の複数のしるし／第七章　美と崇高における美感的なものと倫理的なもの／第八章　趣味の伝達／第九章　崇高な感情の伝達

〈2022〉

モサイェビ，レザ編（石田京子，舟場保之監訳，高畑菜子，田原彰太郎，平出喜代恵訳），『カントと人権』，法政大学出版局，2022.8，470p.

レザ・モサイェビ「緒論」／Ⅰ：人権――カントとともに／オトフリート・ヘッフェ「生得的権利は唯一である」：カントに人権の哲学はあるか／ゲオルク・モーア「人権を

根拠づける原理：カントにおける内的な法義務という概念」／オリヴァー・センセン「人権の根拠としての自律」／アンドレアス・ニーダーベルガー「カントの法哲学は人間の尊厳を必要とするか」／コリーナ・ミートおよびクリストフ・バンバウアー「カント，社会的人権，援助義務」／ヘニング・ハーン「カントによる歓待の権利を再生する試み」／ゲオルク・ローマン「示唆を与える者としてのカント：カント以降の人権と人間の尊厳」／Ⅱ：人権――カントなしで（も）／クリストフ・ホーン「カントの法概念とその義務論的基礎」／シュテファン・ゴーゼパート「カントにおける人権の問題」／アレッサンドロ・ピンツァーニ「人間性の権利と人権」／Ⅲ：インスピレーションとしてのカント／ライナー・フォアスト「人権の意味と基礎：カント的構成主義のパースペクティヴ」／レザ・モサイェビ「自己要求として自己自身の人権を主張すること」

Ⅱ―b：単行本所収翻訳・章

なし．

Ⅱ―c：雑誌・紀要掲載翻訳

〈2020〉

クリューガー，ゲルハルト（宮村悠介訳）「カントの批判における哲学と道徳（六）」，『知のトポス：世界の視点：Topos』15，新潟大学大学院現代社会文化研究科：新潟大学人文学部哲学・人間学研究会，2020.3，pp. 147-203.

〈2021〉

クリューガー，ゲルハルト（宮村悠介訳）「カントの批判における哲学と道徳（七）」，『知のトポス：世界の視点：Topos』16，新潟大学大学院現代社会文化研究科：新潟大学人文学部哲学・人間学研究会，2021.3，pp. 105-165.

クレメ，ハイナー・F（尾崎賛美，中村涼訳）「自己自身を保持するということ：カント実践哲学の主要概念について」，『哲学世界』43，早稲田大学大学院文学研究科人文科学専攻哲学コース，2021.2，pp. 45-68.

クレメ，ハイナー・F（繁田歩，寺嶋雅彦，道下拓哉訳）「健康と病気：イマヌエル・カントにおける哲学と医学の関係について」，『哲学世界』43，早稲田大学大学院文学研究科人文科学専攻哲学コース，2021.2，pp. 69-89.

〈2022〉

ツァツィック，ライナー（飯島暢訳）「「しかし人を殺害したのであれば，死ななくてはならない」：カントと刑法」，『關西大學法學論集』71(6)，関西大学法学会，2022.3，pp. 1678-1699.

Ⅲ：書評

〈2020〉

相原　博　「カトリーヌ・マラブー著，平野徹訳『明日の前に：後成説と合理性』」，『日本カント研究』21，日本カント協会，2020.9，pp. 125-237.

網谷壮介　「書評：カントにおける倫理と政治：思考様式・市民社会・共和制：斎藤拓也著」，『社会思想史研究：社会思想史学会年報』44，社会思想史学会，2020.9，pp. 166-170.

荒井正雄　「論評：渡邉偉郎論文：カント批判哲学における「判断力」について：規定的判断力と反省的判断力」，『哲学と教育』67，愛知教育大学哲学会，2020.6，pp. 11-20.

宇佐美公生「御子柴善之著『カント哲学の核心：『プロレゴーメナ』から読み解く』」，『日本カント研究』21，日本カント協会，2020.9，pp. 115–117.
鵜澤和彦　「書評：近堂秀『『純粋理性批判』の言語分析哲学的解釈：カントにおける知の非還元主義』：心の存在と言語の意味」，『法政哲学』16，法政哲学会，2020.3，pp. 85–87.
小谷英生　「網谷壮介著『共和制の理念：イマヌエル・カントと一八世紀末プロイセンの「理論と実践」論争』」，『日本カント研究』21，日本カント協会，2020.9，pp. 131–133.
佐藤慶太　「石川求著『カントと無限判断の世界』」，『日本カント研究』21，日本カント協会，2020.9，pp. 121–124.
佐藤恒徳　「否定と制限：石川求『カントと無限判断の世界』に寄せて」，『東北哲学会年報』36，東北哲学会，2020.6，pp. 63–73.
杉田孝夫　「批判哲学の政治学：網谷壮介『共和制の理念：イマヌエル・カントと一八世紀末プロイセンの『理論と実践』論争』（法政大学出版局，2018年）」，『政治思想研究』20，政治思想学会，風行社，2020.5，pp. 396–397.
田中　均　「書評：ディーター・イェーニッヒ著，神林恒道訳『芸術は世界といかに関わるか：シェリング，ニーチェ，カントの美学から』（三元社，2018年）」，『シェリング年報』28，日本シェリング協会，2020.10，pp. 127–129.
永守伸年　「書評：寺田俊郎『どうすれば戦争はなくなるのか：カント『永遠平和のために』を読み直す』」，『倫理学研究』50，関西倫理学会，2020.6，pp. 146–149.
西田雅弘　「寺田俊郎著『どうすれば戦争はなくなるのか：カント『永遠平和のために』を読み直す』」，『日本カント研究』21，日本カント協会，2020.9，pp. 128–130.
野本和幸　「石川求著『カントと無限判断の世界』要約紹介とコメント若干」，『哲学誌』62，東京都立大学哲学会，2020.3，pp. 5–29.
松本大理　「大森一三著『文化の進歩と道徳性：カント哲学の「隠されたアンチノミー」』」，『日本カント研究』21，日本カント協会，2020.9，pp. 118–120.
三重野清顕「否定と〈否定〉をめぐって：石川求著『カントと無限判断の世界』（2018年，法政大学出版局）に寄せて」，『哲学誌』62，東京都立大学哲学会，2020.3，pp. 31–42.
山蔦真之　「否定の力・制限の力：石川求『カントと無限判断の世界』に寄せて」，『哲学誌』62，東京都立大学哲学会，2020.3，pp. 43–56.
由井秀樹　「患者の生命短縮をめぐる議論において，カント主義は貫徹可能か：有馬斉『死ぬ権利はあるか：安楽死，尊厳死，自殺幇助の是非と命の価値』へのコメント」，『立命館生存学研究』4，立命館大学生存学研究センター，2020.8，pp. 5–9.

〈2021〉
相原　博　「書評：大森一三『文化の進歩と道徳性：カント哲学の「隠されたアンチノミー」』（二〇一九年，法政大学出版局）：「隠されたアンチノミー」からカント哲学を読み直す」，『法政哲学』17，2021.3，pp. 63–66.
網谷壮介，稲村一隆，金慧，斎藤拓也「書評会ノート：斎藤拓也『カントにおける倫理と政治：思考様式・市民社会・共和制』（晃洋書房，2019年）をめぐって」，『メディア・コミュニケーション研究』74，北海道大学大学院メディア・コミュニケーション研究院，2021.3，pp. 59–83.
石田京子　「杉田孝夫氏の書評への応答」，『批判哲学がめざしたもの』，現代カント研究15，カント研究会，千葉清史，山根雄一郎編，晃洋書房，2021.11，p. 126.

小谷英生　「書評：斎藤拓也著『カントにおける倫理と政治：思考様式・市民社会・共和制』」，『ドイツ研究』55，日本ドイツ学会編集委員会，2021.3，pp. 65-68.

佐藤慶太　「石川求著『カントと無限判断の世界』」，『日本カント研究』22，日本カント協会，2021.7，pp. 121-124.

杉田孝夫　「「根源的契約」の理念にもとづく「市民社会」の再構成：斎藤拓也「カントにおける倫理と政治：思考様式・市民社会・共和制」（晃洋書房，2019年）」，『政治思想研究』21，政治思想学会，風行社，2021.5，pp. 320-321.

杉田孝夫　「石田京子著『カント自律と法：理性批判から法哲学へ』」，『批判哲学がめざしたもの』，現代カント研究15，カント研究会，千葉清史，山根雄一郎編，晃洋書房，2021.11，pp. 120-126.

勢力尚雅　「書評：永守伸年著『カント：未成熟な人間のための思想：想像力の哲学』，『社会と倫理』35，南山大学社会倫理研究所，2021.1，pp. 248-252.

高橋克也　「永守伸年著『カント：未成熟な人間のための思想 想像力の哲学』」，『批判哲学がめざしたもの』，現代カント研究15，カント研究会，千葉清史，山根雄一郎編，晃洋書房，2021.11，pp. 127-133.

田原彰太郎「書評：秋元康隆著『意志の倫理学：カントに学ぶ善への勇気』」，『日本カント研究』22，日本カント協会，2021.7，pp. 113-116.

永守伸年　「高橋克也氏の書評への応答」，『批判哲学がめざしたもの』，現代カント研究15，カント研究会，千葉清史，山根雄一郎編，晃洋書房，2021.11，pp. 133-136.

平出喜代恵「書評：永守伸年『カント：未成熟な人間のための思想：想像力の哲学』」，『倫理学研究』51，関西倫理学会，2021.6，pp. 97-102.

松本和彦　「カント法哲学の批判哲学における体系的位置：高橋洋城氏の書評への応答」，『法哲学年報』2021，日本法哲学会，2021.11，pp. 119-122.

山内廣隆　「高田純とマイヤー・アービッヒ：高田純『カント実践哲学と応用倫理学：カント思想のアクチュアル化のために』（行路社）を読む」，『政治哲学』30，レオ・シュトラウス政治哲学研究会，2021.11，pp. 111-116.

〈2022〉

伊藤貴雄　「想像力を基軸としたカント解釈の最前線」（特集：永守伸年著『カント 未成熟な人間のための思想：想像力の哲学』をめぐって），『創価大学人文論集』34，創価大学人文学会，2022.3，pp. 97-103.

太田匡洋　「書評：河村克俊著『カントと十八世紀ドイツ講壇哲学の自由概念』（晃洋書房，二〇二二年）」，『ショーペンハウアー研究』27，日本ショーペンハウアー協会，2022.11，pp. 99-103.

城戸　淳　「H. E. Allison, *Kant's Conception of Freedom: A Developmental and Critical Analysis*」，『日本カント研究』23，日本カント協会，2022.9，pp. 179-182.

坂本尚志　「書評：松野充貴著『ミシェル・フーコーの歴史的「批判」：カントと対話するフーコー』」，『フランス哲学・思想研究』27，日仏哲学会，2022.9，pp. 269-272.

高田　純　「オノラ・オニール『理性の構成 カント実践哲学の探究』」，『日本カント研究』23，日本カント協会，2022.9，pp. 183-185.

滝沢正之　「御子柴善之『カント 純粋理性批判 シリーズ世界の思想』」，『日本カント研究』23，日本カント協会，2022.9，pp. 193-194.

田中綾乃　「小田部胤久『美学』」，『日本カント研究』23，日本カント協会，2022.9，pp. 190-192.

蝶名林亮　「啓蒙の循環？永守伸年『カント未成熟な人間のための思想』へのコメント」，

『創価大学人文論集』34，創価大学人文学会，2022.3，pp. 87-96.

辻麻衣子　「書評：太田匡洋『もう一つの19世紀ドイツ哲学史：ポストカントにおける哲学方法論の系譜』」，『フィヒテ研究』30，日本フィヒテ協会，晃洋書房，2022.11，pp. 75-80.

堤田泰成　「書評：太田匡洋『もう一つの19世紀ドイツ哲学史：ポストカントにおける哲学方法論の系譜』」，『ショーペンハウアー研究』27，日本ショーペンハウアー協会，2022.11，pp. 89-93.

円谷裕二　「ジャン＝フランソワ・リオタール『崇高の分析論：カント『判断力批判』についての講義録』」，『日本カント研究』23，日本カント協会，2022.9，pp. 186-189.

中澤　武　「船木祝『カントの思考の漸次的発展：その「仮象性」と「蓋然性」』」，『日本カント研究』23，日本カント協会，2022.9，pp. 176-178.

Ⅳ：カント研究動向紹介

〈2020〉

寺田俊郎　「第十三回国際カント学会報告」，『日本カント研究』21，日本カント協会，2020.9，pp. 134-137.